国家社会科学基金“十一五”规划课题
“以就业为导向的职业教育教学理论与实践研究”研究成果

全国高等职业教育旅游大类专业规划教材

旅游心理学

Tourism Psychology

张雪松　主　编
张秀军　史晓爽　周栋国　副主编
王立职　主　审

中国铁道出版社
CHINA RAILWAY PUBLISHING HOUSE

内 容 简 介

本书为全国高等职业教育旅游大类专业规划教材，从旅游行业发展和旅游教育教学的实际出发，结合高职院校学生的个性特点和学习规律，融合旅游心理学的相关知识和旅游行业的最新实践经验，总结长期教育教学实践经验的基础上编写而成。

本书以旅游者的旅游行程为主线，跟随旅游者的足迹来学习和体会旅游者的需要和旅游企业员工相应的服务技巧。依据旅游从业者必备的相应服务技能设置了8个单元，分别是预订服务心理与待客技巧、接团服务心理与待客技巧、旅游沿途交通服务心理与待客技巧、住店服务心理与待客技巧、游览服务心理与待客技巧、旅游购物服务心理与待客技巧、游客投诉服务心理与待客技巧、旅游从业人员的心理与调适技巧。各个部分互相衔接，以旅游者在旅游活动过程中的6个不可缺少的构成要素和构成环节，即住、行、游、购、娱进行具体的应用分析，探讨旅游者的饮食心理、住宿心理、交通心理、娱乐与审美心理和购物心理以及服务心理。

本书适合作为高职高专旅游管理专业的教材，也可以作为成人高校、本科院校和民办高校的旅游管理专业教材，还可作为旅游服务工作人士的参考书。

图书在版编目（CIP）数据

旅游心理学/张雪松主编．—北京：中国铁道出版社，2012．6

全国高等职业教育旅游大类专业规划教材．国家社会科学基金“十一五”规划课题“以就业为导向的职业教育教学理论与实践研究”研究成果

ISBN 978-7-113-14643-6

Ⅰ．①旅… Ⅱ．①张… Ⅲ．①旅游心理学—高等职业教育—教材 Ⅳ．①F590

中国版本图书馆CIP数据核字（2012）第088729号

书　　名：旅游心理学
作　　者：张雪松　主编

策　　划：秦绪好　祁　云　　**读者热线：**400-668-0820
责任编辑：祁　云　冯彩茹
封面设计：刘　颖
责任印制：李　佳

出版发行：中国铁道出版社（100054，北京市西城区右安门西街8号）
网　　址：http://www.51eds.com
印　　刷：北京米开朗优威印刷有限责任公司
版　　次：2012年6月第1版　　2012年6月第1次印刷
开　　本：787mm×1092mm　1/16　印张：12　字数：284千
印　　数：1～3000册
书　　号：ISBN 978-7-113-14643-6
定　　价：38.00元

全国高等职业教育旅游大类专业规划教材

PREFACE 序

国家社会科学基金（教育学科）“十一五”规划课题“以就业为导向的职业教育教学理论与实践研究”（课题批准号BJA060049）在取得理论研究成果的基础上，选取了高等职业教育十个专业类开展实践研究。高职高专旅游类专业是其中之一。

本课题研究发现，高等职业教育在专业教育上承担着帮助学生构建起专业理论知识体系、专业技术框架体系和相应的职业活动逻辑体系的任务，而这三个体系的构建需要通过专业教材体系和专业教材内部结构得以实现，即学生的心理结构来自于教材的体系和结构。为此，这套高职高专旅游类专业系列教材的设计，依据不同课程教材在其构建知识、技术、活动三个体系中的作用，采用了不同的教材内部结构设计和编写体例。

承担专业理论知识体系构建任务的教材，强调了专业理论知识体系的完整与系统，不强调专业理论知识的深度和难度；追求的是学生对专业理论知识整体框架的把握和应用，不追求学生只掌握某些局部内容，而求其深度和难度。

承担专业技术框架体系构建任务的教材，注重让学生了解这种技术的产生与演变过程，培养学生的技术创新意识；注重让学生把握这种技术的整体框架，培养学生对新技术的学习能力；注重让学生在技术应用过程中掌握这种技术的操作，培养学生的技术应用能力；注重让学生区别同种用途的其他技术的特点，培养学生职业活动过程中的技术比较与选择能力。

承担职业活动体系构建任务的教材，依据不同职业活动对所从事人特质的要求，分别采用了过程驱动、情景驱动、效果驱动的方式，形成了“做中学”的各种教材的结构与体例。由于旅游大类专业毕业生的职业活动，基本上是情景导向的，因此多数旅游大类的教材采用了情景导向的教材结构。这对于培养从事旅游业高技能型人才的个性化服务理念，情景导向的思维方式，规范而又不失灵活的行为方式，富有情感的语言和交往沟通能力，特别是对游客的情感和旅游管理与服务情景的敏感特质，是十分有效的。

序 PREFACE

本套教材从课程标准的开发、教材体系的建立、教材内容的筛选、教材结构的设计，到教材素材的选择，均得到了旅游业行业专家的大力支持。他们依据旅游业不同职业的职业资格标准，对课程标准提出了十分有益的建议；他们根据课程标准要求，提供了大量的典型职业活动案例，使教材素材鲜活起来。国内知名职业教育专家和一百多所高职高专院校参与本课题研究，他们对高职高专旅游类高技能人才培养提出了宝贵的意见，对高职高专旅游类专业教学提供了丰富的素材和鲜活的教学经验。

这套教材是我国高职教育近年来从只注重学生单一职业活动逻辑体系构建，向专业理论知识体系、技术框架体系和职业活动逻辑体系三个体系构建的转变的有益尝试，也是国家社会科学研究基金课题“以就业为导向的职业教育教学理论与实践研究”研究成果的具体应用之一。

如本套教材有不足之处，敬请各位专家、老师和广大同学不吝赐教。希望通过本套教材的出版，为我国高等职业教育和旅游业的发展做出贡献。

邓泽民

2011 年 11 月

前言 FOREWORD

世界经济的飞速发展，人们的可支配收入和可支配时间的增加，为旅游业的发展创造了广阔空间。旅游业迫切需要的服务人才，是不仅能够分析旅游者的心理需要，把握游客不同的需求心理，还能提供超前的个性化服务。为此高职高专旅游服务与管理专业把“旅游心理学”确定为专业必修课程。

在国家社会科学基金课题“以就业为导向的职业教育教学理论与实践研究”成果的指导下，为了切实培养学生旅游服务的职业能力，能够运用心理学知识有针对性地提供旅游服务，本教材在教材目标的定位、教材内容的筛选、教材结构的设计、教材素材的选择上，进行了精心的设计，充分体现了该课题的相关要素。

为了培养适应现代化旅游需要的服务人才，本书采取了情景导向的教材设计思维，打破了传统的心理学知识体系，以旅游服务情景为导向，将必要的心理学知识融入到旅游服务工作中，便于学生掌握旅游服务中所需要的知识和技能。随着情境的变化，体验游客心理变化，提升心理服务分析能力，并运用好待客技巧，引领学习者愉快地学习和感悟。

书中每个单元均由“情境描述、服务心理与待客技巧分析、相关知识、待客训练、学习评价、课后练习”6个部分组成，符合学习者的学习认知规律，达到学以致用的目的。

情景描述

选择典型的导游服务情景展示给学习者，激发学习者的学习兴趣和探索精神，调动学习者的学习主动性。

服务心理与待客技巧分析

通过对服务情境的分析，使学习者准确把握游客需求心理，恰当运用待客技巧和服务方法，提供超前的个性化服务。

相关知识

详细介绍服务中需要的相关服务知识和心理学知识。

待客训练

通过技能训练，使学生掌握完成任务的规范方法和礼仪，并学会洞察旅游者的心理需求，使服务能力得到提升。

学习评价

采用小组合作展示学习成果，组间、师生间相互评价。大家共同分享、探讨服务的策略与技巧，提升与巩固学习成果。

课后练习

通过课后练习巩固学习成果，并让学生进行进一步的社会实践，拓展服务视野与服务能力。

本教材是在邓泽民教授设计的教材结构框架下撰写的。单元一由大连商业学校史晓爽老师编写，单元二、三、六、八由大连商业学校张雪松老师编写，单元四由大连商业学校王立职老师编写，单元五、七由河北旅游职业学院张秀军老师编写；大连职业技术学院的周栋国老师参与了教材内容选择、学习评价等设计工作；张雪松老师对全书进行了统稿；王立职老师担任全书的主审。

本教材在编写过程中得到了大连商业学校、大连职工大学、河北旅游职业学院、大连职业技术学院的大力支持和协作。同时得到全国商业中专教育研究会副会长安如磐教授，大连职工大学张庭雁教授、邓国民教授、常青教授、刘菊教授，大连商业学校李文东处长、宋靳奕老师等给予的关怀和指导，在此一并表示衷心感谢！同时感谢王立职老师在全书编写过程中给予的倾力指导和合作！

期望本书的出版能为高职高专的教育教学改革作出一点贡献。由于编者水平有限，书中难免存在不足和疏漏，真诚期望各位同仁不吝赐教，提出宝贵意见。

编 者

2012 年 2 日

CONTENTS 目 录

目 录 CONTENTS

单元一

预订服务心理与待客技巧

随着市场竞争的加剧，旅游企业间的竞争也更加激烈。旅游预订服务不仅是旅行社赢得竞争的有效手段之一，而且也有利于旅行社建立良好品牌形象。旅行社门市人员的素质对游客能否得到满意的服务及确定购买决策影响最大。

心理学研究表明，人类的一切活动都源于需要，需要是动力的源泉。许多旅游动机的产生，在很大程度上是旅游者为了满足其体验消费的需要。这就要求旅游预订服务过程中，旅行社人员应充分了解旅游者及其行为，把握他们的需要、动机、喜好等内在的心理因素，掌握旅游者购买决策过程以及分析影响他们行为的外在因素。采取积极有效的宣传、努力开发游客满意的旅游产品、提高服务质量，有效激发旅游者的旅游动机，使旅游者能从中获得深刻印象、全新感受和愉快时光，从而满足旅游者的需要。

把握需求 激发动机

学习目标

- ✧ 散客预订的心理与待客技巧。
- ✧ 团队预订的心理与待客技巧。

任务一 散客预订服务心理与待客技巧

散客旅游，即半自主旅游，在国外又称自主旅游，是由游客自行安排旅游行程、零星的现付各项旅游费用的旅游形式。旅行社按照散客的要求提供各项导游服务，有旅游咨询服务、单项委托服务和选择性导游服务等。散客旅游相对于团队旅游而言，有批量小、批次多、预订期短、要求多、变化多等特点。散客旅游的出现是旅游市场成熟的标志之一，说明旅游者的旅游消费观念日趋成熟。散客对旅行社提供接待服务的要求不同于团体旅游者，对于服务的效率和质量更为注重。这就需要接待人员把握散客旅游者的心理需求，主动提供相应的预订服务，以满足他们追求个性化和多样化的消费心理特点。

情景描述

8 月的一天，旅行社门市接待员小江（见图 1-1-1）迎来了前来咨询的史女士："您好，欢迎光临，请问我可以为您做点什么？""我们一家三口想趁暑假出去旅游，放松一下。本省我们都已经游遍了，另外还去过北京、上海等许多国内的大城市。现在我对都市旅游已经不太感兴趣了。""现在是夏天，天气炎热。亲近山水是个不错的选择，您说呢？就像我们这个门市的布置一样，清凉舒畅。""嗯，有道理！"，小江边说边拿起资料和图片，热情地说："您看，我们这里有几条适合夏季旅游的线路，距离较远的有四川九寨沟、内蒙古的草原之旅、江西的庐山等线路，距离较近的有湖南的张家界、福建武夷山等。价钱适中，行程也都比较轻松，适合家人一起出游。这里有线路介绍的小册子和精美的图片，您可以具体了解一下这几条线路。"

史女士饶有兴致地翻看起来。小江察言观色，揣摩她的需求并一一给予耐心讲解……，如图 1-1-2 所示。史女士说："那增城的白水寨怎么样？"

"非常漂亮，而且是消夏避暑的好选择。这里有我们的旅游团队在白水寨旅游的录像资料，我给您播放一下。"史女士边看边不住地赞叹："真的非常漂亮啊！"，脸上露出向往和欣喜的表情。

图 1-1-1 热情的门市接待员

图 1-1-2 揣摩客人需求

服务心理与待客技巧分析

从门市接待情景中可以明显看出接待员小江接待的是一位散客旅游者，接待中她能够把握顾客的心理需要，处处从游客的角度考虑问题，想游客所想，急游客所急，每一次提问都有很强的针对性和专业性；充分运用景点图片、录像资料、电脑上网等手段，极大地增强了促销的具体性、可信度。在使用过程中注意使用的顺序与促销的进度相互配合，在游客感兴趣的初始阶段使用文字资料和静态图片，在游客有明显的取舍偏向后，给游客播放录像，最后通过游客自由浏览网页的有关介绍，促使游客最终做出决定；有很强的逻辑性，层层推进。接待员通过了解游客准备出游的形式、人数，拥有的旅游经验以及旅游线路、旅游偏好等，再进行有针对性的促销。由于接待人员每一步都占据主动地位，大大提高了促销的成功率。

旅行社门市人员在预订服务中，必须掌握以下必要的散客接待技巧。

1. 旅行社的品牌形象对游客需求预期的影响

旅行社是旅游供给部门与旅游需求者的中介机构，以“人”为经营对象的特殊性质决定了旅行社企业形象的重大意义。它不仅是适应目前市场的必要手段，还是旅行社自身发展的长远大计。

游客在购买旅游产品之前，既看不到产品又无法对产品进行检验，为了降低购买风险，游客理性选择的结果是越来越重视旅行社的品牌形象。

旅行社门市接待员应深刻了解游客的这种心理，努力提高业务水平和服务质量，促进企业品牌建设，通过有效的品牌经营，树立诚信服务的良好形象，提高企业在游客心目中的知名度，培育出稳定并不断增长的客源市场。只有这样才能适应目前激烈的市场竞争环境。

（1）产品或服务的质量是构成旅行社形象的实质要素

绝大多数客人视质量为他们进行旅游消费的首要因素。旅行社所提供的服务是否细致和全面，是否真正满足游客的旅游需求，都会使游客感知旅行社的企业形象。因此，旅行社人员的“质量意识”不可缺少，时刻把握质量，提高客人的满意程度，既能赢得客人，又能维护旅行社的形象。

（2）信誉度是旅行社形象的关键因素

信誉度是企业形象的支点之一，良好的信誉是保持老客人，吸引新客人，刺激潜在旅游者的经营法宝。

一个信誉良好的旅行社容易提高知名度和得到客人的信赖，也易于与交通、饭店等部门建立融洽的业务关系，顺畅合作。一些急功近利的做法会使旅行社的信誉受到极大的破坏。一旦在客人中失去信誉，将很难再挽回其企业形象。

（3）人才是旅行社形象的动力因素

离开了人的创造与开拓，企业形象将无从谈及。旅行社员工是旅游产品或服务的直接生产者和组织者，员工的知识水平、业务能力、言谈举止、时间观念、办事效率等都会影响旅行社在客人心目中的形象。这就要求旅行社的管理者和员工自觉提高自身素质，培养“企业形象意识”，维护和改善本旅行社的接待服务工作，做一名优秀的旅游从业者。

（4）企业精神和经营风格是旅行社形象的重要因素

企业精神是企业思想作风、道德情操、群体意识、行为规范的总和，主要起凝聚作用，使企业成员共同为企业目标奋斗。经营风格一方面是作为服务原则，另一方面则是让客人了解、接受和传播企业。客人只有从员工服务中感受并体验到这种风格，才能留下难忘的印象。

一个旅行社的美好形象一旦树立起来，并能很好地维护，那么它将得到更多客人的青睐，从而更好地提高经济效益。

2. 旅行社的接待环境

旅行社的门市布置应该说是旅行社产品有形展示的重要组成部分，它能给企业带来“先入为主”的效应，是旅游服务产品存在的不可缺少的条件。一个功能齐备、高雅、清洁、明亮、和谐的环境，会增强顾客享用服务的信心，对企业产生信赖，产生良好的口碑效应，反之，则会使顾客产生反感，对企业提供的服务采取排斥的态度。

越来越多的顾客从旅行社门市部的地点和内外的装饰及布局来判断旅行社的产品质量，并决定是否向旅行社门市人员进一步了解旅游产品的内容和价格。旅行社门市部的服务环境设计应考虑地点、外部环境、内部环境、气氛等因素。

地点：关键是要使门市部接近于目标顾客集中的地区。旅行社的门市部选址，应充分考虑人流量，交通便捷、区域规划等条件，便于顾客上门咨询，了解旅游产品。

外部环境：包括旅行社的实际规模大小、建筑造型、建筑门面、外部照明、使用的建筑材料、其所在地点位置以及与邻近建筑物的比较，大门进入式样、标记、车辆等。

内部环境：包括招牌整齐清洁、宣传文字字迹清楚，盆景修剪整齐，会客洽谈一角桌椅摆放整齐清洁（见图 1-1-3 和图 1-1-4）。各种服务设施如开放式柜台（见图 1-1-5）、洽谈室、多媒体大厅、触摸式计算机等布局合理（见图 1-1-6），资料架上摆放各种旅游图片、文字资料供顾客阅读。

图 1-1-3　会客区

图 1-1-4　会客区

图 1-1-5　开放式柜台

图 1-1-6　办公区布局合理

气氛：设计、装饰、布局、视觉（照明、陈设布局、颜色，服务人员的外观和着装）、气味（可使用芳香气味来烘托氛围）、声音（可根据其细分市场确定目标顾客最喜欢的音乐，音量要适中，不要影响顾客与旅行社服务人员的沟通）、触觉等方面都赏心悦目。

3. 门市接待员的仪表仪态

随着旅游业的进一步发展，旅行社和饭店一样，也可以分为前区和后区。处于旅行社前区最主要的是门市（服务网点）和导游这两个部门的工作人员。而门市工作人员则又处在“前沿的前沿”。他们最早和旅游者接触，是他们把产品的信息详细地传递给了旅游者，取得了旅游者的信任，才把产品销售给了旅游者。

对旅行社门市（服务网点）而言，在许多情况下，尤其是散客旅游，旅游者与旅行社的第一次亲密的面对面接触以及旅游信息的获得往往都是在门市完成的。门市是旅行社给旅游者留下美好“第一印象”的地方，是产生“关键时刻”、“关键效益”的地方。所以，接待员的仪表仪态凸显重要。

在岗位上必须按规定着装、佩戴胸牌。要保持个人清洁卫生，保持仪表仪容端庄。接待客人要讲文明礼貌，做到不敷衍、不推诿、不顶撞、不争吵。与客人说话时，目光应向着对方脸部，提供微笑服务（见图 1-1-7）。对客人提出的涉及旅游和机票等问题，必须立即作出正确回答，并伴以介绍和报价，直至帮助游客挑选旅游产品。如果在接待客人的过程中需接听电话，应该先向客人打招呼。电话结束后再向客人表示歉意。对客人提出的需求，无论营业部有无能力解决，接待人员都需要从帮助的角度答复对方，并伴有行动上的表示。客人随意浏览旅游宣传品时，接待人员应保持观察，揣摩其需求和特点，寻找接近的时机和方式，以便进入交谈过程。电话铃响应立即接听。对于客人的电话咨询，耐心解答，不厌其烦（见图 1-1-8）。

图 1-1-7　热情微笑接待客人

图 1-1-8　耐心解答电话咨询

4. 接待散客旅游者的服务技巧

门市是旅行社的窗口，旅游者通过门市来感知旅行社的更多信息。门市工作人员的良好素质以及他们的微笑、礼仪礼貌、产品介绍、信息沟通等无形服务都将成为旅游者购买旅游产品的最好的依据。旅游者从跨进门市的那一刻起，所受到的接待、所享受到的服务、所产生的情绪，就成为评价旅行社最充分的“佐证”。因此，接待员的服务技能直接影响旅行社的产品销售和经营业绩，并最终影响旅行社的企业形象。接待员的服务技巧包括以下几个方面：

（1）精通散客旅游产品知识

门市接待人员首先应具备的业务素质是精通散客旅游产品知识，熟悉产品的内容及什么时候、以什么价格能够获得散客旅游的机会。另外，门市接待人员还应该能够准确地判断各种散客旅游产品的质量，并能清楚地了解产品的特色。

（2）掌握散客的心理需求

门市接待人员必须全面了解散客旅游者的需求。为此，旅行社的门市接待人员必须具备旅游心理学方面的知识，同时具备良好的提问能力和倾听能力，能够从旅游者的回答中抓住问题的实质，发现散客真正的旅游动机和需要，有的放矢地提供有效的产品信息。

（3）善于推销散客旅游产品

门市接待人员必须具备较强的产品推销能力，在旅游者的咨询过程中，积极主动地向旅游者介绍本旅行社的旅游产品，激发旅游动机，并善于抓住稍纵即逝的机会引导旅游者购买相应产品。

（4）具有较高的文字水平

在旅行社门市接待过程中，接待人员除了回答旅游者提出的各种问题并提供咨询意见和建议外，还要填写各种表册和起草各种业务文件（见图 1-1-9）。因此，门市接待人员应具有较高的文字水平。

图 1-1-9 认真起草业务文件

相关知识

1. 需要的概述

（1）需要的概念

需要是个体对其生存和发展的某些条件感到缺乏而力求获得满足的心理倾向。需要常常以意向、愿望等形式表现出来。

（2）需要的特点

① 需要的指向性：人的需要总是指向于某种具体的事物，是对一定对象的需要。

② 需要的选择性：需要在指向事物时不是随意的，而会根据事物的内容有所选择。

③ 需要的周期性和发展性：生理性的需要具有明显的周期性；有些需要在获得满足之后，不但不会减弱，而且会产生出更高的需要，这就是需要的发展性。

（3）需要层次理论

人的需要是多种多样的，在研究这个课题的领域里，美国人本主义心理学家马斯洛（Maslow Abraham Harold）的需要层次理论是最有影响力的需要理论。他把人的需要自下而上分为五个基本层次（见图 1-1-10）。

图 1-1-10　需要层次理论

① 生理需要：是人类最基本的需求，包括食物、水、住所以及其他方面的生理需要。在组织环境中，这一需要体现为对足够的热量、空气以及保障基本生存的工资的需要。很多旅游者选择去森林地区旅游，是因为森林浴可以产生减压、放松的效果，并且鸟的种类越多、树种越丰富的森林，越有让人放松、减压的效果 。可见旅游也是人们满足生理需要的一种方式。

② 安全需要：这是指希望受到保护和免遭威胁从而获得安全感的需要。引申的含义包括职业的稳定、一定的积蓄、社会的安定和国际的和平等。典型的安全需要是生命安全、财产安全、交通安全。与安全需要相对应的产品有保险、养老投资、社会保障、保险箱、汽车安全带、烟火报警器等。

③ 社交需要：又称爱与归属的需要，是指每个人都有被他人或群体接纳、爱护、关注、鼓励和支持的需要。人是社会性的动物，因而都具有团体归属感。处于这一需求阶段的人，把友爱看得非常可贵，希望能拥有幸福美满的家庭，渴望得到一定社会团体的认同和接受，并与同事建立和谐的人际关系。如果这一需要得不到满足，个体就会产生强烈的孤独感、异化感和疏离感，甚至产生极其痛苦的体验。

④ 尊重需要：指人们需要他人的注意、肯定、欣赏以建立良好的自我形象。在组织中，这一需要体现为希望受到肯定，增加其所承担的职责，地位提高，并对组织有所贡献。马斯洛认为，尊重需要得到满足，能使人对自己充满信心，对社会满腔热情，体验到自己活着的用处和价值。

⑤ 自我实现需要：是人们需求的最高层次，是指个人渴望自己的潜能能够得到充分的发挥，希望逐渐成长为自己所希望的人物，完成与自己能力相称的一切活动。如有的人在体育方面一显身手，有的人在艺术方面获得成功，还有的人是在厨艺方面技艺超群。

马斯洛认为，五个层次的需要之间是由低到高依次出现的。只有较低一级的需要得到基本满足之后，高一层次的需要才会产生。也就是说，只有生理的需要得到基本满足之后，才会产生安全的需要；只有安全的需要得到基本满足之后，才会产生社交的需要。依此类推，一直到自我实现的需要产生和被满足。这与中国古代的“衣食足而知荣辱，仓廪实而知礼节”讲的是一个道理。当然，在具体的旅游消费活动中也有例外，如导游在带团旅游中，把自身的安全需要放在游客的安全之后，充分满足了受尊重的需要和自我价值实现的需要。

文花枝是湖南省湘潭市新天地旅行社的一名导游员。2000 年，成绩优秀的文花枝中专毕业后成了一名导游员。平时出游在外，文花枝考虑最多的总是游客。她说：“作为导游，得为游客着想！”。一次，一位游客发现文花枝在解说时直冒冷汗，问她是不是身体不舒服，她说没事。游客感到很心疼，要她坐下来休息一下，但她硬是坚持带游客将所有的景点参观完后才坐到车里休息。

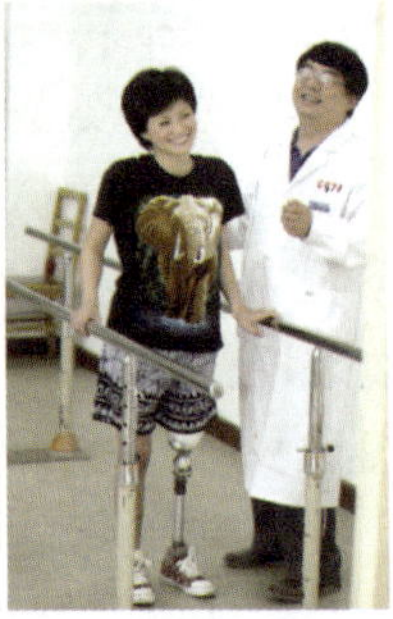
图 1-1-11 “英雄导游”文花枝

2005 年 8 月 28 日，22 岁的文花枝在率团旅游途中遭遇交通事故，在自己左腿严重骨折的情况下，她对前来施救的救援人员说：“我是导游，请先救游客。”直到最后一名游客被送上救护车，文花枝才同意接受施救。因错过了最佳救治时机，文花枝最终左腿高位截肢（见图 1-1-11）。

文花枝把个人安危置之度外，用自己的实际行动实现了自己的人生价值，是我们学习的楷模。

2. 旅游需要

旅游需要是旅游者对旅游产品的欲望和要求。

我们知道，人的需要是一个不断发展和变化的过程。在当今社会，人的生理需要和安全需要一般都能得到基本满足，因而对社交、尊重和自我实现的需要就凸现出来，并对人的行为产生巨大的推动作用。旅游是高层次生活标准和高质量生活水平的象征和体现，随着社会的进步和生活水平的提高，人们对旅游的需要就更加强烈。世界旅游组织在《马尼拉世界旅游宣言》中提出，旅游是人类的基本社会需要之一。旅游需要和一般需要存在密切关系，因为在人的旅游需要中也存在着对生理、安全、社交、尊重及自我实现的需要。旅游者的共同需要如下：

① 追求健康舒适的需要。现实旅游生活中，人们参加泥疗、沙疗、森林浴、太阳浴，或者到草原上消除疲劳、到餐厅品尝美味佳肴等都是人们追求健康的需要。此外旅游者在住宿、乘坐交通工具、就餐等环节上，也希望环境舒适、清洁卫生、温度适宜、无噪音干扰等，这些也都是追求健康舒适的需要。

② 重视安全的需要。在旅游过程中，旅游者对安全的需要尤为突出。旅游者对人身安全的需要是第一位的，他们要求旅行社选派经验丰富的司机和导游，以防止意外伤亡事故的发生；希望在旅行过程中身体状况良好，甚至有的旅行者希望通过旅游达到强身健体的目的；其次是财产安全，旅游者希望随身携带的财物得到保障，不遭受抢劫和盗窃；再者就是心理安全，旅游者希望旅游目的地的国家和地区政局稳定、社会和谐，不会发生战争和动乱等。

③ 社会交往的需要。旅游者如果随团进行旅游活动，在几天的共处中一般都能与其他团员建立良好的人际关系，团内形成融洽的气氛（见图 1-1-12），满足其归属于某一团体的心理需要。

图 1-1-12 融洽的团员关系

旅游者社会交往的需要主要表现在：

第一，因为共同的兴趣和爱好而走到一起的旅游者外出旅游时心情都比较愉快，因此旅游者也更易在旅游团内结交新朋友，满足对于友爱的需要；

第二，旅游者在感受旅游风光的过程中，会积极主动地了解当地的风土人情，体验新奇的事物，以增加见闻和扩充知识；

第三，通过旅游探亲访友、寻根问祖也是满足社会交往的需要。

④ 满足尊重的需要。当个人觉得自己对这个世界有用，个人能力、成就得到社会的承认时，尊重需要便得到满足。当旅游者去了很多地方观光度假，增长了很多的知识，开阔了视野，

都会令人羡慕，从而满足其尊重的需要。同时旅游者受到旅游业从业人员的热情服务，也有助于他们满足尊重的需要。

⑤ 体验自我实现的需要。每个人都想成为积极的行动者来满足自我实现的需要，但真正能达到自我实现需要层次的人很少。有些旅游者希望在旅游活动中开拓和利用自己的天赋、才能、潜力等因素，从而实现自己的愿望，体现自身价值，满足自我实现的需要。有人通过探险旅游、极限旅游（见图 1-1-13 ～图 1-1-15）来考验自己的生存能力；信仰宗教的旅游者到宗教圣地进行的参拜活动也可以满足自我实现的需要。随着社会的发展，物质要求逐渐得到满足，人们对自我实现的要求会越来越多。

图 1-1-13　北极探险

图 1-1-14　野营

图 1-1-15　高跳低开跳伞

3. 散客旅游预订策略及服务技巧

（1）散客旅游预订策略

① 根据旅游者的心理特征，改变传统的经营观念，摆正散客旅游促销的位置。旅游经营商要改变以往只做团队旅游、不做散客旅游的经营方式，改变认为散客的发展前途不大、不是旅游活动的主要形式、难以形成规模等经营观念。在经营思路上，要从以团队为主、散客为辅的思路转变为团、散并重，突出散客的思路。

② 适应旅游者的心理需求，改变旅行社或旅游服务中介机构的管理方式。像商品零售业主在全国各大城市成立分支机构、进行连锁经营一样，旅游经营商也可进行散客旅游经营连锁，成立专门的散客接待部，实现散客旅游接待的规范化。

③ 尊重旅游者的自主意识，建立新型的旅游者与旅游企业的相互依赖关系。面对成熟型的旅游者对旅行社的依赖越来越小化的现象，旅游经营商应该看到：旅游业原本给旅游者提供了方便，但为旅游者提供的仍是老一套的标准化的产品。大批的旅游者像货物一样被运送和分发，这对旅行社来说是很方便，但却不会受到旅游者，特别是成熟型散客旅游者的欢迎。他们需要的不仅仅是方便，更需要亲切感、自豪感和新鲜感。旅游经营商应该考虑旅游企业该为旅游者做些什么，旅游企业如何与已经成熟的旅游者建立一种新型的相互依赖关系。要做到这一点，就得研究旅游者的需要，根据旅游者的需要提供相应的服务。而散客旅游者的旅游需要则是在已有的方便和安全的基础上，体现自己的生活品位、个性特征；解脱日常生活的束缚，充分享受自由和放松；充实、提高自己，让自己成长、成熟。新型的相互依赖关系应该建立在旅游者高层次的需要上。

（2）门市散客预订服务心理与待客技巧分析

散客预订服务程序及待客技巧分析如表 1-1-1 所示。

表 1-1-1　散客预订服务程序及待客技巧分析表

情景展示	散客旅游者行为	门市服务人员待客技巧
	旅游者进入旅行社门市	应上前主动问好或者起身问好，请其坐下，及时送上一杯水，让旅游者感受到贴心的服务
	表达旅游需求	通过与旅游者交谈，询问旅游者的旅游需求，并认真记录
	旅游者咨询相关产品	根据旅游者的需求介绍本公司的产品
	衡量各种旅游产品的优缺点并提出关心的问题	随时注意观察旅游者，能够根据旅游者的需求动态不断调整所介绍的产品
	关注公司的特色产品	根据不同旅游者的喜好和年龄向其介绍本公司的亮点和特色
	对某产品产生一定的兴趣	对该产品进行详细介绍，并积极促成购买

续表

<table>
<tr><th>情景展示</th><th colspan="2">散客旅游者行为</th><th>门市服务人员待客技巧</th></tr>
<tr><td></td><td rowspan="3">旅游者反馈态度</td><td>旅游者无意购买本公司的产品</td><td>也要记录旅游者的信息，在旅游者临走时也要热情相送，对有潜力的旅游者可以送上公司的小纪念品</td></tr>
<tr><td></td><td>因为公司的产品有限，不能满足旅游者的需求</td><td>门市人员应记录旅游者的详细信息，向旅游者道歉。并告知旅游者待公司有该类产品后一定以优惠价格或者优先请旅游者前来参加</td></tr>
<tr><td></td><td>旅游者确定购买产品</td><td>感谢对公司的信任，并马上请旅游者填写表格</td></tr>
<tr><td></td><td colspan="2">旅游者与公司签署合同</td><td>向旅游者发放旅游赠品、旅游凭证、旅游发票等。向旅游者说明有关注意事项和发放旅游行程单</td></tr>
<tr><td></td><td colspan="2">旅游者走出门市</td><td>热情相送，并表达祝愿</td></tr>
<tr><td>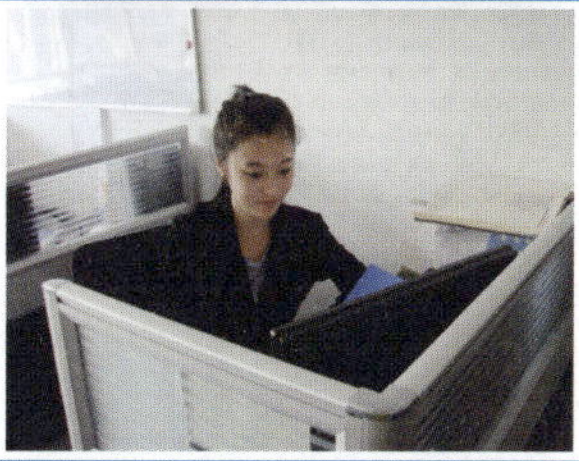</td><td colspan="2">旅游者离开后</td><td>把旅游者的信息输入计算机，转入后台操作</td></tr>
</table>

（3）网上预订散客服务心理与待客技巧分析

现在很多旅行社都通过网站进行旅游产品的销售（见图 1-1-16），在进行网上预订散客服务时，一般有两种方式：一种方式是通过旅行社网站的预订系统处理网上散客的订单，根据旅游者订单上预订的产品信息和联系方式，通过电话、E-mail与预订旅游者取得联系并确认（见图1-1-17），然后将相关票据快递至旅游者手中，完成网上散客的预订服务；另一种方式是借助工作专用QQ客服，协助网上散客完成产品预订。

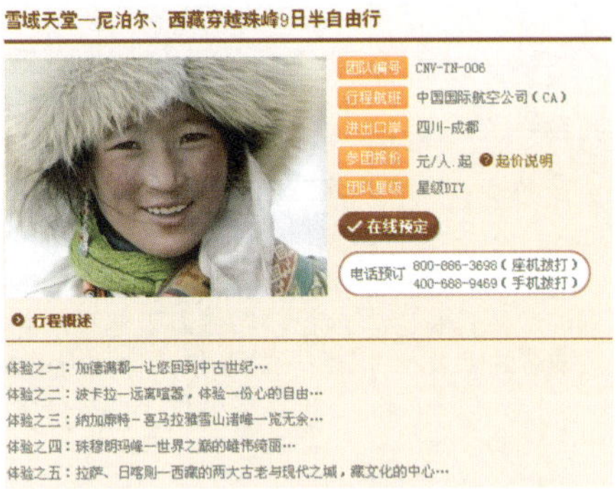

图1-1-16 网上旅游产品展示

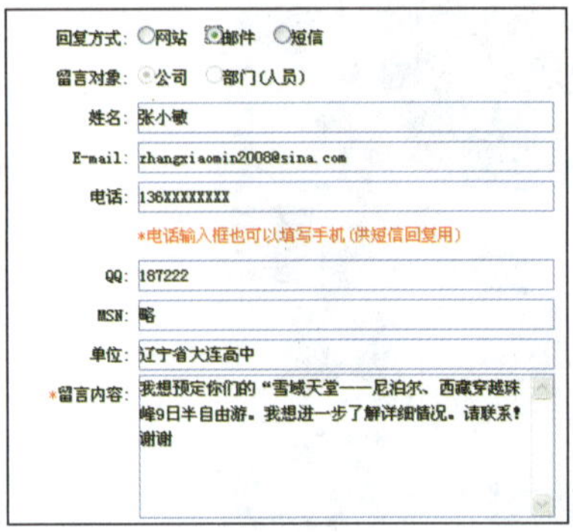

图1-1-17 旅游者填写信息

① 在QQ上了解旅游者的需求，及时回答旅游者的问题（见图1-1-18）。

② 根据旅游者的需求查看本公司的产品，如果有，马上发给旅游者。

③ 如果本公司没有旅游者要求的产品，积极引导旅游者购买其他相类似的产品。

④ 如果旅游者对本公司的产品不满意，可以推荐其他旅行社的产品（成功后转卖给其他旅行社）。

⑤ 向旅游者介绍其产品的性价比，促成购买。

⑥ 旅游者对产品有购买意向后，应问清楚旅游者的详细信息，并要求通一次电话。

⑦ 与旅游者确定旅游者的产品要求、个人信息后，与旅游者商定签署合同的时间、地点。

⑧ 与旅游者签署合同后转入后台操作。

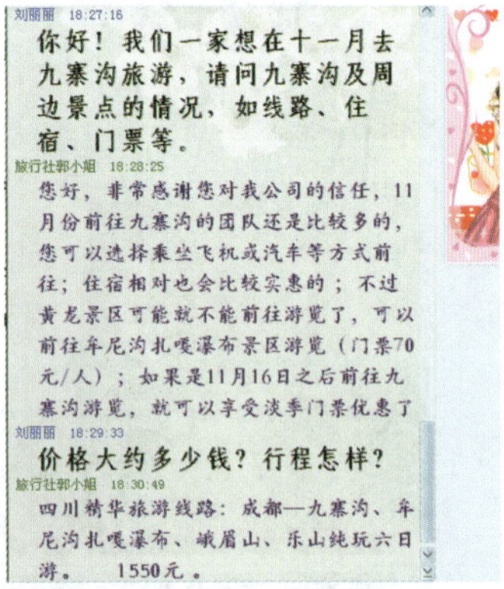

图1-1-18 QQ上解答游客问题

（4）会员预订散客服务心理与待客技巧分析

越来越多的旅行社通过线下和线上两种方式整合客户资源，采用会员制的管理模式为旅行社的会员提供旅游信息的咨询和预订服务（见图1-1-19～图1-1-22）。

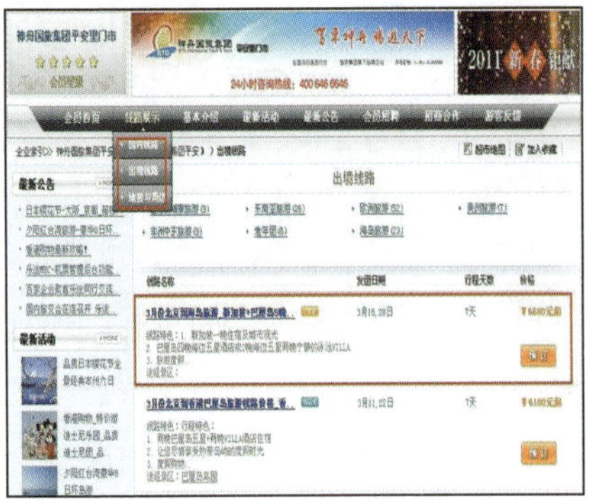

图1-1-19 会员旅游信息彩页

图1-1-20 提供会员旅游信息

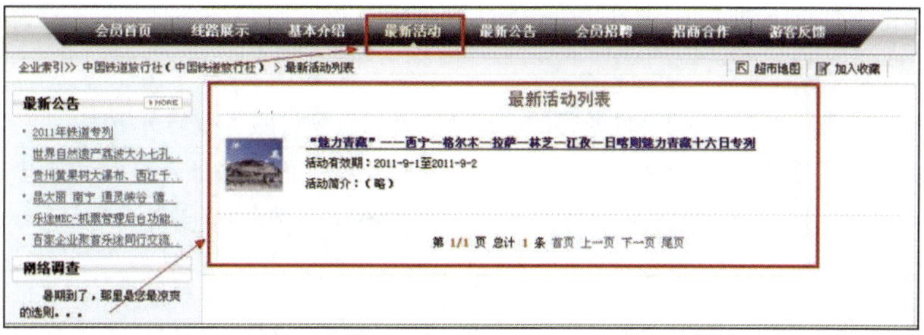

图 1-1-21　会员最新旅游动态

图 1-1-22　会员反馈

① 向会员寄送旅游简报和旅游信息。

② 会员根据旅游简报和自己的喜好前去旅行社咨询。

③ 一般情况下，会员到公司后会主动报上自己的会员身份和自己想购买的产品。

④ 门市人员接受会员的提问（此时应为会员送上一杯水）。

⑤ 介绍本次活动的优惠措施。

⑥ 接受会员的报名，请会员出示会员证件。

⑦ 向会员发放旅游行程单和旅游凭证。

⑧ 告知有关旅游的注意事项。

⑨ 把会员有关的信息输入计算机，转入后台操作。

（5）电话预订散客服务

电话咨询服务是指旅行社工作人员通过电话回答旅游者关于旅行社产品及其他旅游服务方面的问题，并向其提供购买本旅行社有关产品的建议。旅行社工作人员在提供电话咨询服务时应注意以下两点：

① 尊重顾客。旅行社工作人员在接到旅游者打来的咨询电话时，应该表现出对顾客的尊重，要认真倾听他们提出的问题，并耐心地予以恰当的回答。回答时声调要友好、和气，语言应礼貌、规范。

② 积极主动。旅行社工作人员在提供电话咨询服务时应积极主动，反应迅速。在圆满地回答顾客问题的同时，应主动向旅游者提出各种合理的建议，抓住时机向他们大力推荐本旅行社的其他产品。

（6）不同个性游客的心理特点及相应的预订服务技巧

在旅行社门市的销售过程中，门市服务人员面对的游客往往具有很强的个性和鲜明的性格特征，应该采取灵活的接待技巧来为这些游客提供服务。如表 1-1-2 所示，针对个性不同的游客提出了相应的服务建议。

表 1-1-2 不同个性游客的心理特点及相应预订服务技巧分析表

游客类型	游客表现特征	门市服务人员待客技巧
挑剔型	一直试图寻找产品的缺陷，总是不同意报价或嫌服务项目不够多	对于旅游产品中被指出的缺陷不予反驳，对正确指责表示适当的肯定；在价格上用旅游产品的独特价值和服务质量来表明物有所值
犹豫型	他可能对你的产品或服务都满意，可说到购买签单时就犹豫不决了，也说不出不签的原因	一定要了解旅游者真实的动机；对拿不定主意的消费者，帮助其分析、选择旅游产品，甚至帮助游客做出购买决策，促成购买
分析型	这类游客在购买旅游产品时喜欢数据、事实和详细的解说，在做出决定时富有条理性，沉稳，理性	通过自己的专业知识，向游客介绍更多的旅游线路的信息，帮助了解更详细的旅游产品，解说时有理有据，不含糊
精明型	在旅游产品说明的过程中，他会显示出对旅游活动或服务内容的深度认识，具有价格谈判的能力	首先应具备大量的专业知识解释游客提出的专业问题，对游客的博学要巧妙的恭维，对他的判断和讨价能力委婉赞赏，并用物有所值的分析说服他
条理型	这类游客做事缓慢，对你提出的每一句话都在权衡和推敲	放缓讲话的速度，对旅游产品的说明速度和游客保持一致，尽量顺着游客的分析，从线路细节中扩展，找出其对此项旅游产品最在意之处
情绪型	这类游客对个人感情看得极重，依照自身的感觉来决定是否认可产品	热情主动地与他沟通，他就会撤去伪装；要给他表现的机会和做出暗示，和这类游客逐渐熟识，以自己的人格魅力吸引游客，激发其热情
果断型	这类游客很自信，知道自己要购买什么样的产品，决策果断，不拖沓	这类游客不需要门市人员太长的线路解说，对必要的细节进行说明，严格忠于产品事实
冲动型	这类游客很容易做出购买决策	门市服务员可以直接进入购买程序，不要绕圈子；可以直接推荐旅游产品，讲解中不吝于自己的情绪表达
影响型	热情洋溢，富有魅力。他们非常乐观，有鼓舞性，对人非常信任，与人谈话总是带有微笑	门市服务人员的言语要显示出友好、热情，感觉精力充沛、有说服力；介绍旅游产品时关注游客的兴趣和情绪，给游客留出充分的交谈时间
狂妄型	看不起他人，总希望获得别人格外的注意和尊重	首先让他自吹自傲，然后抓住机会展开有效沟通，在关键时刻借势发挥专业知识的优势，让他“顺着竹竿往上爬”，在他的虚荣心得到满足时，你的销售就成功了
依赖型	这类游客在做出购买决定时需要有别人的帮助，他的行为常会受到其他人意见的影响	门市服务人员的态度要充满自信，给游客强有力的正面暗示；切实根据游客需求推荐旅游产品，并充分说明，将别人的好评给他看
自我中心型	这种游客具有优越感，认为自己什么都懂，不愿意听别人的意见；自负，不容他人的反对；做出购买决策时比较看重自己的想法	这类游客是最好确认需求的，只要能让他畅所欲言，就能了解游客的购买动机，提供适合的旅游产品，耐心解答游客的疑问
胆怯型	对自己的能力缺乏认识，低估自己；对不熟悉的人有一种“畏惧”心理；只要给予关怀照顾，他就会放得开	真诚付出，引导游客；帮助游客克服购买恐惧心理。鼓励游客，慢慢使其放松；不厌其烦，通过旁敲侧击的方式探得对方的喜好，获得好感，减少他的防备心理
健谈型	表现欲极强，凡事喜欢自作主张	不要让夸夸其谈的游客将你引入与服务无关的话题中，要抓住一切机会将谈话引入正题；并且要适当聆听，适当恭维
沉默型	不轻易发表自己的观点，也不轻易批驳服务人员的建议	对待这样的游客要更具耐性，尽量提问让游客开口来捕捉对方的真实意图；可以通过游客的表情、举动观察，判断游客对旅游产品的感觉或循循善诱让对方主动说出购买动机

续表

游客类型	游客表现特征	门市服务人员待客技巧
友善型	随和，对自己以外的人和事没有过高的要求，具备理解、宽容、真诚、这样的游客容易成为企业的忠实游客	门市服务人员不能因为对方的宽容和理解而放松对游客推销，游客做出购买决定首要的前提是旅游产品符合需求，并且得到足够的信息进行对比和判断
胸有成竹型	对自己需要的旅游产品一清二楚，在购买前做足准备，对适合的旅游产品了解充分	介绍旅游产品时少用或不用手势，语调要有所控制，说明内容要直接而简洁，讲话要考虑他们的需要，这是最容易一次达成购买协议的游客
稳定型	有耐心、随和，有逻辑性和条理性，他们讨厌变化，乐于为他人服务	门市服务人员要创造一种安静销售的环境；语调应温和、镇定、平静，音量要低；语速要慢，显得略有所思，行动要有节奏
要求型	爱好溢于言表，对自己很在意，购买商品时，一般挑最好的。他们愿意与了解他们且坚强自信的人打交道	口齿清楚，讲话直接、自信、节奏要快，要有准备、安排有序，针对旅游产品的主要问题提供事实依据和逻辑性

待客训练

训练一：请同学们根据表 1-1-3 所示，结合案例，分组讨论，分析游客的心理需求。如果你是门市接待员，还可采取哪些接待方式，并把不同的分析方案填在表格中。

表 1-1-3　游客需求心理及导游接团服务技巧分析表

服务情景描述	游客心理分析	预订服务技巧分析		
		第一印象	产品介绍	可信度
王女士来到某旅行社，接待员小李主动问好并自报家门。 小李：您好！欢迎光临 ××× 旅行社，我是接待员李 ××，请问您有需要帮助的吗？				
王女士：您好！我和丈夫都是老师，想利用假期和上初中二年级的儿子一起到云南旅游。不知有没有合适的线路？ 小李：感谢您对我们公司的信任！我公司近期刚好推出昆明、大理、丽江、玉龙雪山双飞深度六日游，这是一套散客拼团的暑期产品，我觉得很适合你们一家。				
随即，小李把该散客旅游产品的主要内容及其价格向王女士做了详细介绍，王女士听了小李的介绍之后，感觉不错，就在小李处先报了名。 小李对王女士的 3 人购买昆明、大理丽江、玉龙雪山双飞深度六日游的散客拼团做了记录，并登记到预订系统内，具体情况等待明天王女士的进一步确认。				
努力方向：			老师建议：	

训练二：参照表 1-1-4 所示，请将学生分成小组进行角色扮演，体会角色的心理感受，并运用待客技巧，做好散客预订服务，把客人的心理需求与待客技巧分析填入表内，做好互评。

模拟情景一：散客为私营企业老板娘。

1. 为每组学生分配角色。

2. 扮演私企老板娘的学生充分表现其性格特征，并针对她提出的价格太贵的质疑，接待员随机应变，做好相应服务工作。

3. 学生评析。

4. 老师点评总结。

模拟情景二：散客为 60 岁左右的老夫妻。

1. 为每组学生分配角色。

2. 扮演老年夫妻的学生充分表现其性格特征，针对舒适、服务、安全、价格敏感等需求，接待员做好预订服务工作。

3. 学生评析。

4. 老师点评总结。

表 1-1-4　游客需求心理及接待员待客技巧分析评价表

服务情景描述	游客需求心理分析	导游接团技巧分析	组间评价	老师评价
情景一：散客为私营企业老板娘。				
情景二：散客为 60 岁左右的老夫妻。				
努力方向：			老师建议：	

训练三：请同学们分成小组，参照表 1-1-5 所示，进行角色扮演，模拟表演“门市接待”的情景。讨论分析游客的心理需求和散客预订服务的技巧。

表 1-1-5　游客需求心理与导游待客技巧分析评价表

服务情景描述	游客需求心理分析	预订服务技巧分析	组间评价	老师评价
刘小姐走进某旅行社门市，门市服务人员热情地招呼、问好。 请刘小姐入座后，又为刘小姐泡了一杯绿茶，并微笑着说：“喝绿茶美容！请问您有需要帮助的吗？”				
刘小姐被这种亲切、温馨的气氛感染，信任地问：“你能帮我推荐一条有价值的登山旅游线路吗？” 门市服务人员说：“没问题，我为美丽的您推荐一条“美丽登山线路！” 刘小姐听后很诧异：“还有美丽登山线路？去哪里啊？”				
“五岳归来不看山，黄山归来不看岳，黄山每走一步都是美丽的，每看一眼都是美景！”门市服务人员回答。 刘小姐打断了门市服务人员的话：“黄山是太美了，有点当神仙的感觉！只是我已经去过了！”				

续表

服务情景描述	游客需求心理分析	预订服务技巧分析	组间评价	老师评价
“您对黄山的描述真精彩！那黄山的姊妹山——三清山，您去过了吗？” “听说过三清山，但是没有去过！有索道吗？爬山累吗？” “和黄山一样，三清山也有索道。您可以选择缆车上下，但是我建议您亲自登三清山，然后缆车下山。上三清山，健康身体呢。我健康，我美丽啊！” 听了门市服务人员这样一番话语，刘小姐欣然报名去三清山旅游。				
努力方向：			老师建议：	

学习评价

学习评价表如表 1-1-6 所示。

表 1-1-6　学习评价表

评价项目	评　价　内　容	小组互评		老师评价	
服务能力	能够依据不同的游客心理特征，因势利导，做好个性化服务	Yes	No	Yes	No
	能够熟练和恰当地提供功能性服务和心理服务	Yes	No	Yes	No
	能熟练操作门市预订工作程序	Yes	No	Yes	No
	能够依据客人心理预期，准确运用待客服务技巧	Yes	No	Yes	No
	熟练运用交际语言和态势语言的功能，树立良好的第一印象	Yes	No	Yes	No
服务知识	门市预订服务程序及服务心理要领	Yes	No	Yes	No
	不同游客的心理需求特点	Yes	No	Yes	No
	相关心理学知识	Yes	No	Yes	No
服务态度	服务主动热情，态度诚恳、和蔼可亲	Yes	No	Yes	No
	善于并积极沟通，有较强的工作责任感	Yes	No	Yes	No

课外练习

1. 与同学分组模拟演练电话接待旅游散客的服务。
2. 与同学分组模拟演练在门市工作中的待客服务。

任务二　团队预订服务心理与待客技巧

团队预订是旅行社的一项重要业务，工作人员身兼发展公司现有业务、开拓公司未来旅游市场的双重任务。这就要求团队预订工作人员要不断深化和丰富自己的旅游知识，善于洞察和分析瞬息万变的旅游市场，善于分析游客的旅游动机和心理需要，深入旅游市场及客户，善于运用促销技巧，不断扩大公司的影响力和组团客源。

情景描述

某旅行社一位团队旅游预订人员张小姐用3个月的时间到一家公司推销，遭到13次拒绝之后才结识了一位开发区日资企业的中方工会主席。之后又多次“上门拜访”（见图1-2-1），直到一年后，终于组成127人赴北京、青岛、大连的旅游团，张小姐仍继续与该企业工会保持良好的关系，并取得了信任，每年该公司的旅游活动都由她来安排。

图1-2-1　登门拜访

服务心理与待客技巧分析

在实际的团队预订工作中，被吃“闭门羹”或遭白眼的事是常见的，要有思想准备。只有像张小姐一样具备在团队预订工作中不怕失败，不怕“跑断腿”，不怕“磨破嘴”的勇气、毅力和精神，才会成功。所谓“精诚所至，金石为开”正是这个道理。同时也要掌握推销技巧，懂得客源来自社会的不同层次、不同方面。企事业单位的“老干办”、“退管办”、“工会”、“团委”、“办公室”，常常是组织旅游的主管部门。只要“撬开”这些大门，与其建立真诚的友谊，彼此信赖，日久天长就可以挖到客源。

要做好团队预订工作，就要熟练掌握旅行社的产品和服务，更重要的是要把握客户的旅游动机。客户的旅游动机受各种因素的影响，旅游需要的多样性则会导致旅游动机的多样性、层次性、发展性和周期性。团队预订人员要做好充分的服务心理准备，将成熟的服务心理融入多变的待客技巧中，首先建立良好的第一印象，营造和谐的交谈氛围，进一步启发、强化客户的旅游动机，最后赢得客户，顺利促成交易。

1. 建立良好的第一印象

第一印象是人们交往中一种正常且有趣的心理效应。团队预订人员恰当地表现自己，让准客户对自己形成良好的第一印象，才会使以后的团队预订成为可能。如何形成良好的第一印象，可遵循下列原则：

（1）衣着整洁大方

衣着既要与自己的身份相符，又要照顾到约见的准客户的习惯。整洁大方的衣着，是各种角色或职业的人们所共同认可的一种标准。

（2）见面之前先拟订营销的重点

初次见面，因为准客户对团队预订人员没有任何印象，所以必须在创造第一印象上下功夫。向一个完全陌生的人推销自己，必须选择好推销自己的重点。如果推销自己的重点选择错了，就会给准客户留下一种首尾不连贯，甚至虚伪做作的第一印象，就必然会落得前功尽弃的下场。总之，创造良好的第一印象，就应先拟订一套推销自己的计划（见图1-2-2），然后按部就班地实施，才能有好的效果。

图1-2-2　拟定推销计划

（3）言谈举止得体

“得体”，也就是要审时度势，掌握分寸。具体地说，要特别注意以下几点：

① 为人要真诚。与准客户谈话，要实事求是，讲心里话，既不要言不由衷，也不要信口开河、口是心非。

② 待人要不卑不亢。不论与哪一个准客户面谈，不论对方地位高低、资历深浅、条件优劣，都要不卑不亢，既要热情又要谦虚（见图 1-2-3）。

③ 不要不懂装懂。知之为知之，不知为不知。团队预订人员对准客户的提问，切忌不懂装懂（见图 1-2-4），如果确实不知，如实相告，回去深入查找相关资料再告知对方，反而会留下诚实的印象。

图 1-2-3　面谈不卑不亢

图 1-2-4　诚实回答提问

④ 不要问自己不需要知道的事。初次见面便多嘴多舌，常会引起准客户的不满和反感或使别人尴尬，因而不愿和你继续合作下去。

（4）语言诚挚平实

团队预订人员在与准客户初期交往阶段，给准客户留下信任的第一印象至关重要。然而，初次见面，只有谈话并没有实际行为，要使准客户产生信任感并非易事。因此，团队预订人员一定要充分抓住谈话这个契机，用诚挚和平实的话取得对方的信任。

（5）巧妙提出反论或驳论

在必须给准客户留下良好印象的初次见面中，团队预订人员一般都不好意思否定准客户的言论。有时对方的认识或观点明明不正确，想提出反驳又怕得罪或惹恼了对方，导致生意失败；不反驳吧，又觉得憋着难受，真有点左右为难之感。然而，如果提出反论的人不在眼前，而是社会上的某一个普通人，那么客户的反感就不会那么深，也不会直接对你产生怨气。因此，在反驳前可说明："有一些人认为……"然后提出反论，就不会刺激对方了。

（6）不露痕迹地夸赞

一个能干的团队预订人员除了善于营销之外，还要掌握沟通技巧，看出对方的情绪和愿望。人们都比较喜欢被赞美和表扬，要懂得投其所好。但你的赞美要基本符合事实，无端的吹捧也会惹人生厌。

（7）倾听准客户说话要有反馈

准客户说话时，如果团队预订人员给予点头，或发出"嗯！嗯！"的声音等积极的反应，对方会觉得你确实在用心聆听，适时的提问、拍案叫绝的称道、感动的惊叹……都会令他感到高兴，就会对你留下极好的第一印象。

（8）准客户的小错误应视而不见

团队预订人员在与准客户会谈时，如果你中断彼此的谈话，专门指出对方微不足道的错误，实在不是件让人愉快的事。因此，倘若诸如此类与团队预订本身没有关系，或是与谈话主题无关的小错误发生在初次见面的场合中时，最好是视而不见，听而不闻。这样，不仅能避免对方的尴尬，自己还会有很大的收获——让对方记住你。

(9) 注重自己的表情

人的心理特别是人的情绪是藏不住的，七情六欲都由表情传达给对方。所以，要想给初次见面的准客户一个良好的印象，就应该注意调理自己的心境和表情，愉悦和亲切的表情会让人赏心悦目，如图 1-2-5 所示。

图 1-2-5 亲切愉悦的表情

(10) 重视分手时的良好表现

在分手时给准客户留下一个好印象，既可以使对方的印象更加深刻，也可以补救先前不利的表现。团队预订人员在与准客户初会时，若有某些言行不得体或是表现平平，可以在分手时获得较好的补救。如果原本别人对你的印象很佳，分手时更要特别注意，否则，只是最后的一分钟也可能会功亏一溃（见图 1-2-6）。

2. 营造和谐的交谈氛围

所谓谈话气氛，主要是指一种谈话的软环境或景象。在团队预订过程中，洽谈的气氛是相当重要的，只有当团队预订人员与客户之间感情融洽时（见图 1-2-7），才可以在和谐的洽谈气氛中沟通，从而达成共识。

图 1-2-6 分手时留下良好印象

图 1-2-7 和谐的交谈氛围

在团队预订过程中，团队预订人员应当处处为客户着想。在与客户交谈中，不仅要完成交流信息、融洽感情、增进了解的任务，更重要的是要完成宣传说服的任务。而这些任务的完成必须在和谐的谈话氛围中才能顺利进行，良好的谈话氛围需要遵守以下原则：

(1) 互尊原则

人的职业、地位、学识可以有差别，但在人格上都是平等的。既然双方是平等的，那么，彼此的互相尊重是不可缺少的。团队预订人员在交谈中应注意做到：

① 诚心诚意与人谈话。与客户谈话应充满诚意，有话则长、无话则短，不应客套始终、应付如一，否则，会给客户留下虚伪的感觉。

② 诚心诚意听人讲话。衡量一次交谈是否成功，不只是看准客户是否有购买的意向或决定，还有一个重要的标准，即双方的自尊心是否都得到了满足。如果双方的自尊心都得到了满足，即使这次谈话没有什么实际效果，也为下一次交谈奠定了一个良好的心理基础。所以，与客户交谈，决不能自以为是，独占话题，这显然是对准客户不够尊重的表现，应尽力克服。

（2）反馈原则

任何成功的会谈都离不开良好的反馈。有反馈才有沟通，才会有双方的心理互动。团队预订人员在交谈中贯彻反馈原则要做到：

① 自己谈话时要注意对方的反应。团队预订人员与准客户之间的交谈是面对面的交谈，情绪反馈更直接、更明显。要善于根据对方的表情、动作、语言等捕捉对方的喜厌好恶，使彼此的交谈更投机，这正是交谈的艺术。

② 对方谈话时要善于表现自己的反应。对于准客户的谈话，自己也应该作出积极的反应。因为你的思维只有尽可能地与对方的思维保持同步，才能领会对方提出某种问题的实质，才能激发对方讲话的欲望，进而影响营销目的的实现。

（3）兴趣原则

交谈要投机，就要努力发掘对方感兴趣的话题和旅游喜好。团队预订人员在交谈中贯彻兴趣原则时要做到：

① 自己感兴趣而准客户不感兴趣的话题，应该少说。

② 准客户感兴趣而自己不感兴趣的话题，应该适时适度地暗示对方言归正传。比如，设置的新线路、哪些人购买过等，这既不至于使对方产生反感情绪，又可能引发对方对这些话题的兴趣。

③ 双方都有兴趣的话题，要防止对方偏离。比如团队预订人员与客户都对摄影的话题津津乐道，你就应该顺势谈下去，逐步向他介绍风景名胜地等。团队预订人员在交谈中应时刻提高警觉，预防准客户偏离话题。

（4）愉悦原则

营销心理学中强调，成功的交谈应是愉悦的交谈。如果营销员与准客户的交谈，给人的感觉不是愉快而是难过乃至愤怒，这样的交谈肯定是失败的交谈。团队预订人员在交谈中贯彻愉悦原则要做到：

① 要因时而异。同一个交谈对象在不同的情境，会有不一样的心情。要创造良好的交谈气氛，提高交谈的效果，应当察言观色以掌握对方的心境、情绪，从而使交谈内容因时而异。

② 要适时而止。交谈有始必有终。一席圆满成功的交谈，总是在进行到恰到好处时结束。太早，言犹未尽，令人扫兴；太迟，应付支吾，使人厌倦。在谈话高潮过后，适时结束话题，这是较妥当的做法。

③ 要及时弥补。与客户交谈，特别是与那些各方面水平比自己高的准客户交谈，失言总是难免的。一旦失言，就要采取紧急措施，及时弥补。最好是直言“对不起”，然后立即转移话题；若对方失言，则不应过分敏感，最好是不予计较。倘若对方已觉得失言，有些惶恐不安，你可表现出满不在乎的样子，以帮助对方摆脱困境。

3. 启发是成功实现团队预订的重要方法

心理学研究认为，诱使他人采取行动的方法只有两个：一是启发，二是逻辑推理。这两个方法同样重要，在许多情况下前者比后者更管用。启发是改变或灌输某种思想的过程，它必须遵循循循善诱的原则和排除既定思维的过程。促成时，团队预订人员正确启发客户的方法主要有：

（1）消除客户的思想障碍

每个客户都有自己的想法，有的正确，有的不正确，但都是由其自身大量的经验汇集形成的。客户若没有成见，那么就很容易接受启发。比如团队预订人员说他们公司是一家可信和颇具威望的旅行社，并指出在与他们建立关系的客户中有许多知名人士，聆听此话的客户就很容易对该公司产生好印象，除非他事先知道相反的情况。如果客户已有思想成见，那么就必须设法把他的想法引出来并尽可能地加以纠正（见图1-2-8）。如果客户把某种成见藏在心里不说，成功的可能性就很小。

图 1-2-8　消除客户思想障碍

（2）提出可信的建议

可信的建议是攻破客户思想障碍的一个杀手锏。在给客户提出某种建议时一定要好好斟酌：自己的想法是否站在客户的立场上？这种建议是否可信？是否行得通？要做到这一点，除了必须善于揣摩对方的心理需求和动机之外，还必须熟知自己的 产品，成为推销产品的“专家”。

（3）用行动启发

“行动是最好的语言”，这句话用在团队预订工作中也同样合适。介绍产品时的热情、对待客户的态度，都会影响客户对你的评价和信心。在介绍产品的整个过程中，都可以用行动来启发客户。如果想表示应该签合同了，把空白合同和笔递给客户就是对他最好的启发。

（4）利用期盼心理

期盼心理是掩藏在人们内心深处的一种“欲望”。这种欲望或深或浅，但都很容易表露出来。团队预订人员就需要细心地发现客户的“期盼”，并激发动机，采取行动。

（5）“软”与“硬”的双重启发

“软”与“硬”的双重启发其实就是团队预订人员直陈利弊，让客户权衡比较，自主选择。这种启发的“软”与“硬”的区别在于言语的角度，即侧重点决定的。旅游产品具有无法感触的特性，推销人员针对客户的不同变化、主要需求以及旅游产品的不同特点灵活运用，才可能得到成功的促成结果。

（6）直接和间接启发

所谓直接启发，就是用清晰明白、直截了当的方式表明你的目的。直接启发必须用在能够确信客户必然会采取购买行动，只是缺少外在因素的激发而显现出迟缓时。一般而言，直接启发要得到对方的明确示意，即客户需要你的说明时才可放心地运用，否则有可能造成不必要的损失。如果团队预订人员不想让客户感觉到别人在启发他们，就应当使用间接启发。间接启发必须是巧妙和不易察觉的。当客户的思想很警觉，认为自己比团队预订人员有地位优势时，就一定要使用间接启发。

4. 顺利促成交易的技巧

团队预订人员不失时机地促进客户进行购买某一产品的实质性思考，帮助客户强化购买意识，进一步培养客户购买的意志倾向，推动其果断地做出购买决策，最终实施实际的购买行为。团队预订人员拜访接触、宣传说服、化解拒绝等一切努力都是为了这一效果的出现。这个过程需要团队预订人员的耐心、毅力和推销技巧。顺利实现团队预订需要的服务技巧如下：

(1) 促成的条件

团队预订过程中，团队预订人员只有完成以下任务，才有可能成交：

① 客户完全了解所推荐旅游计划的内容、价值，以及给客户带来的利益。

② 激发客户的需要、购买欲望，并且具有一定的购买力。

③ 客户必须信赖团队预订人员及其所属的公司，而不相信其竞争对手。

团队预订人员只有向客户提供合适的出游计划，激发客户的需要和购买欲望，并赢得客户的信任，才可能达成交易。前面所做的工作，都是为了成交，为成交扫除障碍，铺平道路。

(2) 促成工作对团队预订人员的要求

① 端正的心态：团队预订人员的心态很重要，在促成时必须觉得是在帮助客户做好准备，让他下决心享受一次完美且难忘的旅行。正确理解团队预订工作的实质，你将表现得更加出色；同时，团队预订人员的心态还应该像会见老朋友一样，不管客户的态度如何、反应怎样，我们只要用心地为客人服务，慢慢地就能获得平常心，从容不迫、不慌不忙，也就万无一失了。

② 坚定的信念：在团队预订工作中，信念通常具有很强的感染性。与客户的推销谈判在某种意义上说也是一种意念的交战，除了必须拥有坚定的意念之外，还应该带动客户的意念与你一起关注眼前的团队预订工作。在团队预订过程中，恰当地运用意念的作用，对促成有相当帮助。你的意念是“今天一定要成功。”则客户会感应到“也好，今天就做一个决定吧”。

③ 热忱的态度：与意念会感染一样，热忱也可以通过一定的方式传达给对方，从而使对方明白团队预订人员的内心。正确的“热忱”是这样体现的：抱定“要全心全意为客户服务”的信念，则热忱度将提升且能感染客户；真心诚意地帮助客户拥有一份好的出游计划，就像对待自己的亲人。

④ 执著的推销：执著地进行推销，最终会赢得客户。每次客户拒绝时，再坚持一下，奇迹便有可能产生。团队预订人员的最大推销障碍不是别人，而是自己。团队预订失败的原因不在于客户的拒绝，而在于团队预订人员自己放弃。它需要团队预订人员按照自己的意志和步调努力地坚持下去，即使对方一再拒绝，也要再坚持一下。只有坚持到底，才有成功的可能。

相关知识

1. 动机概述

人的一切行为都受动机支配，动机驱使人追求某一事物，从事某一活动；或驱使人避开某一活动，停止某一活动。动机是人的思想和行为直接的内在心理动因，是行为的出发点。社会生活中人的一切行为都是受动机支配的。

动机是引起和维持个体的活动，并使活动朝向某一目标的心理过程或内部动力。例如，有的人由于身体出现亚健康的状态，意识到健康的重要，就产生了强烈的追求健康的内部动力，这就是动机，动机一旦产生，就会推动人的行为，于是就出现了运动、旅游、健身等行为。

2. 旅游动机

(1) 旅游动机分析

旅游行为的产生，其直接的心理动因是人的动机，而隐藏在动机背后的原因则是人的需要。

心理学研究表明，人类的一切活动都起源于需要，需要是人动力的源泉。在行动中，需要不断得到满足，动机不断减弱，然后又产生新的需要，引起第二个行为。如一个饥饿的人吃了一个面包之后，他对食物的需要就会减弱，可能会转向对于饮水的需要，或者是休闲娱乐的需要。但是，过了几个小时之后，进食的需要又产生了。

需要和动机、动机和行为之间的关系如图 1-2-9 所示。

图 1-2-9　需要、动机与行为的关系

（2）旅游动机的特征

旅游者的动机尽管受到各种因素的影响，但总是存在一定的趋向性和规律性，这些规律性体现在旅游动机的基本特征中。旅游动机有以下基本特征：

① 旅游动机的多样性。由于旅游者的收入水平、文化水平、职业、性格、年龄、民族和生活习惯不同，体现在对旅游产品和服务的需要上也会是千差万别的。旅游需要的多样性导致旅游动机的多样性，有的是去观赏名胜古迹，有的是为了探亲访友，有的是选择森林草原休养生息等。

② 旅游动机的层次性。旅游者的旅游需要是有层次的，通常总是由低层次向高层次逐渐延伸和发展的。当低层次的、最基本的生活需要满足后，就会产生高层次的社会需要和精神需要。旅游者外出旅游除了健康与娱乐的动机外，更高层次的是社交、好奇、审美、宗教信仰和商务的动机。

③ 旅游动机的发展性。随着社会经济发展和人们生活水平的不断提高，旅游者对旅游对象和服务的需要都在不断地发展。旅游者需要的发展导致由此引起的动机也在不断地发展；同时，旅游者的需要交叉并存，导致旅游者的动机也具有交叉性。如有的旅游者有游山玩水的动机，又有探望老朋友、结交新朋友或寻根问祖的动机；有的旅游者有外出经商考察的动机，又有观光当地人文景观的动机等。

④ 旅游动机的周期性。旅游者的旅游需要获得满足后，在一定时间内暂时不再产生，但随着时间的推移或在另一个节假日时又会出现新的旅游需要。旅游需要的周期性变化，引起旅游动机周期性的变化。

（3）旅游动机的类型及心理需求分析

了解旅游动机的类型，不仅有助于对旅游动机做进一步的研究，摸索其规律性，而且有利于系统地掌握每一类旅游动机的内容和所需求的活动对象的条件，促使旅游企业主动地去创设或完善这些条件。

① 身心健康的动机。具有这类动机的旅游者，旨在通过旅游活动调节身心活动的节律，解除身体的疲劳，消除心理上的紧张、枯燥感和消极的情绪，以达到治疗疾病，恢复和增进身体健康的目的。这类游客希望在海滨湖畔、温泉浴场、森林草原（见图 1-2-10 和图 1-2-11）等优美的自然环境中，忘却繁忙工作的操劳，使心灵得到洗涤和净化，达到放松心情、愉悦身心的目的。这类游客更注意旅游产品中那些轻松愉快的参观游览项目和强度不大、休养健身的体育活动以及令人开怀的文化娱乐活动，包括保健旅游、大众体育旅游、蜜月旅游、温泉旅游和休闲旅游等。

图 1-2-10 森林

图 1-2-11 草原

② 探奇求知的动机。具有这类动机的旅游者，有强烈获得奇特的心理感受和认识新鲜事物的要求，希望旅行能满足求知欲和好奇心，能带来深层次的快乐。即使旅游活动具有某种程度的冒险性，他们一般也不会因此而放弃，冒险性甚至会成为增强这种动机的因素。这类游客希望野生动物观察（如观鸟、观鲸）、水上探险旅游（如木筏飘流）、陆上探险旅游（如徒步穿越沙漠、攀登雪山）、冬季户外冒险运动（见图 1-2-12）、空中冒险运动（如热气球飘流、滑翔、跳伞和蹦极）等旅游活动带来的扣人心弦的新奇和刺激，能使他们享受浪漫经历并获得知识。

③ 审美的动机。旅游就是一次综合的审美活动，任何一个国家或地区都有富于魅力的自然景观或人文景观，这是激起人们亲临目睹、一饱眼福的动力。旅游者通过观赏自然风光、文物古迹和人文风俗等，增长知识，满足精神的享受和身心的愉悦。这类游客更注意旅游产品中那些奇异美丽的自然界景物、具有美学和艺术价值的人文景观和旅游目的地丰富多彩的民俗活动（见图 1-2-13）。

图 1-2-12 越野滑雪

图 1-2-13 泼水节活动

④ 社会交往的动机。这类游客是为了探亲访友、回乡认祖、故地重游、结识新友而进行的旅游。旅游的目的是为了完成人际交往和社会交往，希望接触异乡民情，希望旅游中的人际关系友好、亲切、热情和得到关心，既满足个人的社会欲望，又观赏了沿途的风光民情。

⑤ 商务的动机。具有此类动机的旅游者，因为各种商务活动或公务而外出旅游。例如，在会展会议活动的同时到某地旅游观光，这方面的旅游动机主要与个人事业发展的需要有关。游客出游的主要目的是完成商务交流活动。出于商务动机的旅游活动主要包括：学术考察、学术交流、工业参观、到异地洽谈业务等。商务方面的动机都有一个共同特点：即把商业经营与旅行、游览结合起来。出于商务动机的旅游活动，游客在旅游过程中既完成了商务交往，又进行了旅游观光，还可能在目的地进行购物活动，与其他类型的游客相比，游客的消费相对要大得多。

⑥ 宗教信仰的动机。具有此类动机的旅游者，为了宗教信仰，参与宗教活动，从事宗教考察而外出旅游。出自宗教信仰的动机主要是为了满足自己的精神需要，寻求精神寄托。宗教信仰动机的游客一般都是宗教信众。目前，世界上许多宗教信众到异地参与宗教活动，或在特定时间、特定地点举行宗教活动。例如，1997 年 11 月 15 日，中国“五方五佛”之一的无锡太湖灵山大佛（见图 1-2-14）落成开光，来自世界各地的近 10 万名信众和游客专程前来参加仪式，车流绵延达 20 余千米。这类游客更注意旅游产品中宗教圣地可沐浴神光、修身练气、修心养性、慰藉心灵、平复情绪的作用。

图 1-2-14 灵山景观

以上将旅游动机分为 6 种类型，但由于旅游是一种综合性的活动，能够满足人们多方面的需要，而人们在外出旅游时，也很少是出于某个单一方面的动机，因此，每个人的旅游动机不是恒定不变的，诱发旅游行为的动机也不是单一的，往往是多种动机共同作用的结果，只是有时某一动机为主导动机，其他为辅助动机。

3. 团队旅游预订流程及服务技巧

如表 1-2-1 所示，团队旅游预订流程包括接受询价→讨论行程报价→部门审核→接收客户预订计划→预订计划下发→回执确认计划→团队抵达前计划再次核实→团队实时跟踪→售后服务等环节。

表 1-2-1 团队旅游预订流程及服务技巧分析表

序号	团队旅游预订流程	团队预订服务技巧
1	接受询价	接收到客户询价意向，进一步确认客人国籍、背景、特点及特殊要求，并记录所得信息
2	讨论行程报价	根据客人的特点、团队性质以及客户的要求，为团队设计合理行程；得到客户对行程的认可后，根据客户的要求选择报价方式，并将经审核通过后的方案报价发给客户；团队预订人员会向客户解释报价的相关条款，尤其是协议及行程中可能出现不确定的因素及相关解释和处理方法（如预订、预付确认时限，可能出现车船、票和住宿超出预订情况等）
3	部门审核	接收到客户的预订计划后，对特殊条款以及不明确的项目向客户提出，得到客户的确认
4	接收客户预订计划	在得到客户确认之后，报部门盖章、签字回传，并作记录存档
5	预订计划下发	接待计划必须严格执行协议内容。根据行程需要，向酒店、餐厅、机/车票点等供应商发出预订计划，为客户尽力争取最优惠政策，督促供应商尽快对计划作回执确认；如出现已告知的超预订等现象，一时不能确认，应及时通知客户，看是否需要改变预订，并对所发出的预订计划进行跟踪，尽可能在最短时间内得到回执，并确认给客户
6	回执确认计划	根据客人的年龄、特点、偏好及要求安排导游及用车；落实各项细节，将计划回执确认给客户

序号	团队旅游预订流程	团队预订服务技巧
7	团队抵达前计划再次核实	在团队抵达前，再次仔细核对相关预订是否与行程计划上一致，如发现有出入应立即更正；团队抵达当天应电话与团队入住酒店前台核对用房计划是否与预订计划相符，如有出入应立即通知酒店销售部更正
8	团队实时跟踪	团队在游览期间，及时了解团队的动向；协助导游更好地服务客人；在客人遇到困难时提供力所能及的帮助，对客人提出的要求尽量予以满足，让客人高高兴兴的旅游
9	售后服务	顺利将客人送走后，及时收集客人的意见及反馈信息，并进行记录存档，好的方面继续发扬，不足之处努力改进；对来自客户的表扬上报公司内部公布，并对相关人员进行嘉奖；对来自客户的投诉，进行严肃处理，并将事件记录存档，在公司范围内进行讨论学习和经验总结，避免同类事件再次发生

待客训练

训练一：请同学们根据表 1-2-2 所示，结合案例，分组讨论，分析客户心理。如果你是小王，还可采取哪些预订方法，并把不同的分析方案填在表格中。

表 1-2-2　游客需求心理及预订服务技巧分析表

服务情景描述	客户心理分析	预订服务技巧分析		
		促销态度	促销技巧	促销原则
北京某单位每年都组织职工旅游，很多旅行社纷纷联系工会主席，但都因相处不来无功而返。有一天，某旅游公司的团队旅游预订员小王问经理："经理，我想打开这个单位的旅游渠道，不知用什么方法可行。"部门经理鼓励他动脑筋想办法，一定会成功的。				
经过一段时间的交往，小王发现这个工会主席很厉害，不好相处，而且他对旅游很有研究。小王不着急，动脑筋想办法，一个计划在他心里逐渐成熟了。				
于是，小王拜他为师，处处请教，隔三差五请他吃饭，天天去汇报工作。小王甚至提出有点难度的线路与这个工会主席一起讨论，并在成功的设计方案上注上工会主席的名字，让工会主席签字发稿。小王最终自然获得了成功。				
努力方向：			老师建议：	

训练二：请同学们分成小组，参照表 1-2-3 所示，进行角色扮演，模拟表演"团队旅游预订"的情景。讨论分析客户心理和团队旅游预订服务技巧。

表 1-2-3　客户需求心理及预订服务技巧分析评价表

服务情景描述	游客需求心理分析	服务技巧分析	组间评价	老师评价
旅行社小王曾经接洽过一所民办双语幼儿园的老师旅游团队，当时小王一直在和园长沟通，并且交流得非常好，但对方始终没有定下来和小王合作。每次前往她办公室时，都遇到一位中年女士，看起来很贵气、冷傲，园长只是简单介绍她是幼儿园的老师，但对方每次打量小王的眼神和提出的问题总让小王觉得其身份不那么简单。				
因为小王多次往返该幼儿园，总是主动和别人打招呼攀谈，一来二去和该园的老师、门卫师傅、保洁阿姨都熟悉起来。因此小王装作无意地和保洁阿姨提及那位女士，阿姨告诉小王，原来这位女士是幼儿园的董事，也是最大的股东，园长只是幼儿园聘请来的，负责幼儿园的教学生活管理，没有决定权。				
小王明白后改变了进攻方案，每次去都主动和那位女士交流，同时继续维护好和园长以及其他老师的关系，加之小王对业务非常熟悉，线路产品确实较其他旅行社出色，最终那位董事发话了：就交给小王做吧！于是很快签订了合同。团队旅游顺利结束后，那所幼儿园也成了小王忠实的客户。				
努力方向：			老师建议：	

训练三：请同学们分组讨论，针对以下旅游团队的心理需求特点，为其设计符合他们动机的相应旅游线路，并说明原因。

老师旅游团：____

____。

“夕阳红”旅游团：____

____。

足球运动队旅游团：____

____。

学习评价

学习评价表如表 1-2-4 所示。

表 1-2-4 学习评价表

评价项目	评 价 内 容	小组互评		老师评价	
服务能力	能够依据不同游客的心理特征，因势利导，做好个性化服务	Yes	No	Yes	No
	能够熟练和恰当地提供功能性服务和心理服务	Yes	No	Yes	No
	能熟练操作团队预订工作程序	Yes	No	Yes	No
	能依据客人心理预期，准确运用待客服务技巧	Yes	No	Yes	No
	熟练运用交际语言和态势语言的功能，树立良好的第一印象	Yes	No	Yes	No
服务知识	团队预订服务程序及心理服务技巧	Yes	No	Yes	No
	不同游客的旅游动机特点	Yes	No	Yes	No
	相关心理学知识	Yes	No	Yes	No
服务态度	服务主动热情，态度诚恳、和蔼可亲	Yes	No	Yes	No
	善于并积极沟通，有较强的工作责任感	Yes	No	Yes	No

课外练习

1. 和同学分组模拟演练与某单位老干部办公室主任洽谈 50 人的“夕阳红”团队旅游预订服务的全过程。

2. 和同学分组模拟演练与不同性格类型客户洽谈业务的服务情境。

单元二

接团服务心理与待客技巧

旅游者来自五湖四海，有着不同的国籍和民族、不同的个性和信仰，不同的心理需求和愿望。经济全球化的今天，旅游者的背景更加多元化，旅游者的需求和理念比以往更加高端和现代。这就要求旅游服务人员必须了解国内和国际旅游者的不同特点并掌握相应的服务技巧，才能做好游客满意的个性化服务。

俗话说：好的开始是成功的一半，接团是导游接待工作的开端，是在游客面前的“第一次亮相”。导游接团工作是否成功，直接影响旅行社和导游本人在客人心目中的第一印象，关系到游客对导游及旅行社的信任、认可和好感。良好的接团服务会为以后导游工作的顺利进行奠定坚实的基础。

热情迎接　良好开端

学习目标

- ✧ 接国内团队的服务心理与待客技巧。
- ✧ 接国际团队的服务心理与待客技巧。

任务一 接国内团队的服务心理与待客技巧

随着我国人民生活水平的提高和国民经济的繁荣，参加国内旅游和出境旅游的人越来越多。我国是个地域广、民族多的国家，各地旅游者都有着自己独特的心理特征和需求。接团工作中，导游人员必须提前认真分析各地游客的风俗习惯和礼仪常识，研究各类游客的兴趣喜好，以饱满热情、乐观自信、亲切诚恳的精神风貌来迎接游客，才会顺利地建立良好的“第一印象”，进而获得游客的好感。

情景描述

导游孔小姐接待了一个国内东北团，在机场，她清新的笑容、热情周到的服务赢得了游客的好感，游客的脸上也洋溢着愉悦的神采。在核实行李数和团队人数后，导游孔小姐让司机开车赶往旅游团队下榻的饭店。途中，孔小姐的自我介绍诙谐幽默，欢迎词富有感染力（见图 2-1-1），沿途讲解生动清晰，车上响起了一阵阵东北人特有的爽朗笑声，大家旅途的疲劳也被这轻松的气氛化解得无影无踪（见图 2-1-2）。

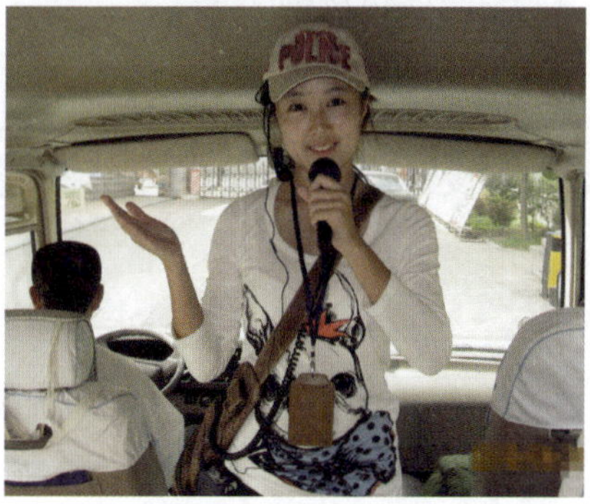

图 2-1-1　致欢迎词

图 2-1-2　旅游车内气氛轻松愉快

服务心理与待客技巧分析

在游客中建立良好的第一印象，对导游员能否很好地完成导游任务是很关键的。导游员与游客初次见面时，便是印象形成的关键时期。游客倾向于把注意力集中到他们所见到的服饰、眼神、动作和所听到讲话的内容、速度、声调、音量上面。此时，导游员应该以良好的形象出现在游客面前，使自己的服饰、举止、面部表情以及谈吐更具有吸引力。

导游孔小姐之所以给游客留下美好的“第一印象”，顺利地完成与所带团队的首次接触，取决于孔小姐在接团时掌握了游客初到异地的心理特点，有针对性地提供了有效服务。具体的接团服务技巧如下：

1. 做好接团前的心理准备

接待准备，是导游人员接待工作的一个重要环节，是顺利完成接待任务的重要前提。准备得愈充分，旅游团的运转就愈顺畅。

（1）业务准备

① 熟悉和研究接待计划。认真阅读接待计划和有关资料，详细、准确地了解该旅游团的服务项目和接待要求，重要事宜要做好记录（见图 2-1-3）。

② 落实接待事宜（见图 2-1-4）。旅游团抵达前一天，再与旅行社的计调或接待部门、司机、旅行团领队联系，进一步落实、检查确认接待事宜。

图 2-1-3 认真记录重要事宜

图 2-1-4 落实接待事宜

（2）知识准备

① 掌握在服务中所涉及的交通、货币、海关、卫生等方面的旅游常识。

② 接待专业团队要提前了解相关的专业知识。

③ 热门话题、重大新闻和兴趣话题的准备。

④ 熟悉客源地的方言和饮食习惯、生活习惯、兴趣爱好，分析游客的一般心理需求和行为特点等。

⑤ 着装得体、服饰整洁、精神饱满。

⑥ 化妆适度，佩戴首饰也要适度。

（3）心理准备

① 准备面临艰苦复杂的工作。

② 准备应对可能出现的各种突发事件的挑战。

③ 准备承受个别游客的挑剔、抱怨、指责和投诉。

（4）物质准备

导游在接团前要携带好导游证、胸卡等相关证件，接待计划表、导游旗、接站牌、扩音器、记事本等业务用品，防晒霜、雨伞、饮料等个人用品。

2. 树立良好的第一印象

（1）服饰端庄舒适

导游的着装要符合本地区、本民族的着装习惯和导游的身份，衣着大方、整齐、得体、简洁（见图 2-1-5 和图 2-1-6），要方便导游服务工作；佩戴首饰要适度，化妆和发型要适合个人的身体特征和身份，并与之追求的风格和谐统一，不浓妆艳抹，不用味道太浓的香水，也不要衣冠不整而让游客对你丧失信心；同时还要注意服饰装扮要符合不同特点的团队的喜好，才能让游客产生认同感，便于以后的导游工作。

图 2-1-5　导游员服饰大方

图 2-1-6　导游员服饰整齐

（2）谈吐亲切文雅

游客初到异地，人地生疏，会不自觉地把导游视为依赖者。导游亲切文雅的谈吐，不仅能很好地满足游客自尊心理的需求，而且能有效地消除游客在旅游初期极易出现的陌生感和紧张感，缩短导游与游客之间的情感距离，把导游视为贴心的“家长”。更能增进导游和游客双方的感情共融。

（3）态度和蔼热情

初到异地的游客是最缺乏安全感的，接团时导游和蔼而热情的态度（见图 2-1-7）会大大降低游客初到异地的紧张感，热情的欢迎和谦逊的态度，友善、热情和积极的欢迎接待服务，都会让每一位游客产生温暖和愉快的心理效应。

图 2-1-7　和蔼热情的女导游

（4）欢迎词精彩独特

精彩的欢迎词是为了打开一个良好的局面。一般的游客都可以从导游上车后的前半个小时通过穿着打扮、语速语调以及导游词的精彩程度判断出导游的水平高低。游客初来乍到，如果在这个时候能让客人通过你的欢迎词感受到你的热情、幽默和真诚，就会在客人心中留下美好的第一印象，从而更好地开展后面的工作。所以导游要根据所接团队的特点，有针对性地精心设计欢迎词。欢迎词要亲切自然、独特新颖，引起共鸣，同时注意致欢迎词的方式要适应不同团队的特点，语音语调要恰到好处。

3. 提供良好的心理服务

（1）保持微笑服务

导游接团时若想向游客提供成功的心理服务，把友好的信息在第一次接触中传递给游客，开展并保持微笑服务是非常重要的环节。它能使游客消除陌生感，缩短导游与游客的距离，传达的是友好、安全和尊重；对于导游来说，真诚而愉快的微笑（见图 2-1-8 和图 2-1-9）就是最好的欢迎词，是情感沟通的桥梁，是美丽的象征，是信赖之本。

（2）激发游客的兴趣

导游应善于调整游客的情绪，激发其游览的兴趣。刚到旅游地，游客往往处于既兴奋又紧张、既新奇又陌生的状态中。紧张感和陌生感容易使游客疲劳和拘谨，影响游览兴致；而兴奋感则促使他们随导游去探新猎奇、寻觅美好的事物。导游此时应学会抓住游客的好奇心，激发兴趣，调动积极性，让游客有所期待。

图 2-1-8 微笑服务

图 2-1-9 微笑服务

（3）调节游客的情绪

一般来说，游客初到旅游地都会产生积极、高涨的情绪。作为导游来说，应抓住这一契机，努力成为游客情绪的组织者和调节者，尽可能地满足旅游者的需要，使每一位游客的情绪都能一直处于积极的状态之中，从而保证旅游活动的顺利进行。

（4）做好个性化服务

个性化服务就是指导游人员在接待旅游服务的过程中，针对不同旅游者的不同需求而提供的有差异的旅游讲解服务和人性化的旅行生活服务，是一种建立在理解人、体贴人的基础上的富有人情味的服务。

俗话说，"一方水土养一方人"，我国各地游客都有着各自不同的心理特征。导游在接待前预测游客的心理是非常必要的，也是做好接团服务工作的重要依据，尤其对于不同地区、不同民族、不同年龄、不同职业的游客，心理需求和行为特点都各有不同，应熟练掌握各地相应的礼仪规范、语言习惯、个性特点、饮食习惯等，做好接待服务工作，避免出现不必要的麻烦，争取在第一时间里快速拉近与游客的距离。

4．首次沿途导游的心理分析与接待技巧

游客到达目的地，面对的是一个完全陌生的环境，所接触的人（包括导游人员在内）和事都是生平第一次，有举目无亲之感，不仅人地生疏、不懂风土人情，而且还可能有语言不通（尤其是外国游客）及气候、饮食不适等问题，这种情况一方面使其有好奇、惊讶、兴奋之感，另一方面心理上又有一些莫可名状的不安和身体上的疲倦感。这时，游客的行为是复杂多样的，但有一点是共同的，即他们会不约而同地把目光和希望寄托在导游员身上，希望导游员能理解他们的心情，能帮助他们认识这个陌生的环境，给他们热情周到的服务，使他们有一个愉快、顺利和安全的旅游生活。

从机场到下榻饭店的行车途中，是显示导游员知识、技能、工作能力的大好机会。精彩成功的首次沿途导游会使游客对导游员产生信任感、安全感，让客人感到踏实和安心，从而使导游员在游客的心中树立起良好的第一印象。

首次沿途导游要做到以下几个方面：

① 导游站在车的前部，司机的右后侧。面带微笑，表情自然，态度亲切，热情诚恳，多使用柔声语言。

② 正确使用话筒，注意音量不要太大，过大的声音会增加游客的疲劳感，引起心情烦躁、情绪不安。

③ 在介绍沿途风光时，讲解内容要简明扼要、有选择性，不可过于繁杂；语言节奏要明快、清晰；景物取舍得当，见人说人，见物说物，与观赏同步；反应要敏捷，时机要恰当，贵在灵活。

④ 在介绍车外景观的同时，应见缝插针地介绍本地的风情，不要过多过繁，防止游客产生突兀和疲倦之感；尽量结合沿途风光，借题发挥，有感而发，内容过渡要自然，收放自如，切忌将风光和风情割裂开来。

相关知识

1. 旅游功能服务

旅游功能服务是指旅游工作者为游客安排和解决旅行过程中的食、宿、行、游、购、娱等方面的问题，使他们在旅游过程中感到安全、舒适和方便。

2. 旅游心理服务

旅游心理服务是指旅游工作者通过优质的功能性服务使游客在旅程的各个阶段获得轻松愉快的旅游经历，产生心理上的满足感（见表 2-1-1）。

旅游功能性服务质量会受到旅游企业所具备的各种物质条件的制约。但是旅游心理服务主要取决于旅游工作人员是否遵守职业道德，是否具备相应的知识技能水平，是否能够掌握游客的心理需求，以及在对游客的服务过程中是否能够正确处理“客我关系”。

表 2-1-1　旅游过程与旅游服务

流程	旅游过程情景展示	游客的旅游过程	旅游从业人员的旅游心理服务
1		在旅行社进行旅游咨询	为游客讲解、展示旅游产品，满足其旅游愿望
2		购买旅游产品	为游客提供相应的产品销售服务，使其选购称心如意的旅游线路

续表

流程	旅游过程情景展示	游客的旅游过程	旅游从业人员的旅游心理服务
3		前往目的地	为游客提供旅游交通服务，消除客人的紧张和陌生感，使其舒适、愉快、安全、快捷地到达旅游目的地
4		入住酒店	为游客提供优质的住宿和餐饮服务，使其方便、舒适、安心地享受旅游生活，满足寝食需要
5		游览旅游目的地	为游客提供导游讲解服务，使其尽情享受旅游生活的丰富多彩，忘却烦恼，潜心感受旅游带来的愉悦，增长知识，探求新奇
6		旅游途中购物	为游客提供导购服务，使其买到称心、放心、优质的特色产品
7		参加旅程中的娱乐活动	为游客提供娱乐活动项目，丰富游客的旅行生活，满足其求新求异、增长知识的旅行需求
8		结束旅游行程返回目的地	做好旅游团后续服务工作，让游客满意开心地结束旅行，对于可能出现的游客投诉，要有效预防并及时处理

可见，旅游从业人员应在整个对客服务中，通过良好的旅游心理服务，让游客感受到轻松和愉快。

3. 做好旅游心理服务必备的能力

（1）具有高效率业务操作能力

高效率业务操作能力是指每一个旅游工作人员在整个旅游过程中能够快速正确地完成每一个工作环节，减少游客的等待时间，使每一个旅游环节能够迅速地进行。

例如，在住宿阶段，旅游工作人员应该在抵达酒店前根据团队成员的情况合理安排客房，如果要安排相互陌生的团员住在一个房间应该先征询彼此的意见，以便到达酒店能快速合理地安排团队入住。

（2）具有全流程的服务意识

全流程的服务意识是指整体旅游服务的质量优先于部分，旅游过程的每一个服务细节的好坏都会对整体的旅游活动造成影响。旅游心理服务流程是全面、完整的服务流程，即每一个环节的服务工作都是满足游客需求，每一环节的服务工作都是在为了保证下一个旅游活动的良好进行，最终完成旅游活动的全过程。

增强全流程服务意识要求旅游工作者关注每个服务环节的结果，而不是只关注自己可控的那一部分，一旦连接或是最终结果出了问题，首先要考虑如何解决问题，而不是推卸责任，要意识到整体优先于局部，服务优先于职能。例如，对于酒店客房的选择要求安静，能够保证游客良好的睡眠，对于老年游客更应如此。这就是通过住宿这一环节的心理服务，来保证整个旅游活动的质量。

（3）具有较强的问题处理能力

旅游工作人员在服务过程中难免会遇到各种各样的情况，例如某个旅游环节的突发情况，旅游过程中遇到的紧急事故，这就需要较强的问题处理能力。

首先，旅游工作者要提前细化安排旅游活动的每一个过程，对于可能出现问题的环节计划好解决的办法，避免问题的发生。其次，在问题出现时要能够控制自己的情绪，做到沉着镇定，有信心把问题处理好，此时旅游服务人员是所有游客的“主心骨”，紧张慌乱会让游客更加慌张不安。

（4）具有观察和注意能力

具有敏锐的观察和注意能力，能够通过游客的言行举止推测对方的心理活动，以便准确地判断游客的需要和意图，提供使其心满意足的服务；还可以迅速观察到某些游客无益的激情爆发的预兆，及时采取措施防患于未然。

提高自身的观察和注意能力还应该善于排除外界干扰。在旅游活动的过程中，旅游服务人员会面对很多的干扰，越是杂乱的环境，越要提高对游客的注意，并且还要保持注意力的稳定性。

（5）具有礼貌、亲和的沟通能力

旅游服务工作从本质上说是一种“与人打交道”的工作，是通过人际沟通和服务来实现的。旅游心理服务的沟通，不仅仅是将自己所拥有的专业知识及专业能力进行充分的发挥，更要符合环境情境和彼此相互关系的标准或期望，满足沟通者的需要。这就需要旅游工作者具有礼貌、亲和的沟通能力（见图 2-1-10）。

图 2-1-10　礼貌亲和的导游员

4. 感觉、知觉、旅游知觉

做好旅游心理服务离不开人的感觉和知觉，下面一起来学习心理学中“感觉与知觉”的相关内容。

（1）感觉

① 概念。感觉是人脑对直接作用于感觉器官的客观事物个别属性的反映，是各种心理活动的基础。感觉让我们获取事物的个别属性信息，如颜色、明暗、声调、气味、粗细、软硬等。例如水的颜色、声音、气味、味道、触感等个别属性，作用于我们的眼、耳、鼻、舌、皮肤这五大感觉器官就会产生各种感觉。

② 感觉的种类。按照客观刺激作用于感觉器官的不同分为内部感觉和外部感觉。内部感觉是指接受肌体本身的刺激，反映肌体的位置、运动和内部器官不同状态的感觉，包括肌体觉、运动觉、平衡觉。外部感觉是指对外界客观事物的个别属性的反映，主要包括视觉、听觉、嗅觉、味觉、肤觉。

在旅游活动中，外界给予旅游者的不同感觉，会引起他们不同的情绪和态度。例如旅游地的气候、风景色彩、交通工具的舒适度等感觉都会引起旅游者不同的情感体验。

（2）知觉

① 概念。知觉是人脑对直接作用于感觉器官的客观事物整体属性的反映，是对感觉信息的组织和解释的过程。例如，我们知觉中的水，是以其声音、颜色、味道等感觉为基础组织起来的，从而形成的水的完整映像。

② 知觉的种类。知觉可以分为空间知觉、时间知觉和运动知觉 3 种。空间知觉是人脑对物体的形状、大小、方位、距离等空间特性的知觉；时间知觉是人脑对客观现象延续性和顺序性的反映。例如，知道今年是 2012 年，知道这节课已上了一刻钟了等。运动知觉是人脑对物体空间位移和移动速度的知觉。

日常生活中，单纯的感觉是不存在的，事物总是由多种属性相综合而构成一个整体。例如，一颗草莓，我们看到它的颜色，闻到它的气味，尝到它酸甜的味道，这些都是对存在联系的个别属性的感觉，将这些有联系的属性整合起来形成整体的映像——“草莓”，这个过程就是知觉。

风景、名胜古迹、旅游中的衣食住行、导游的服务等都是通过旅游者的感觉、知觉来形成印象的。

（3）旅游知觉

旅游知觉是旅游者对直接作用于感觉器官的旅游刺激物的整体属性的反映。例如，我们到达某一旅游地，看到的颜色、闻到的气味、听到的声音，品尝到的美味等，以及形成的对该地的整体形象，这就是旅游知觉。

看到图 2-1-11 和图 2-1-12 所示的风景，会对张家界和九寨沟产生怎样的知觉？

（4）旅游活动中对他人的知觉

对他人的知觉主要是通过知觉他人的外表、语言和体态，获得对其动机、情绪、性格、意向和社会角色等的知觉。对人的正确知觉，是建立正常的人际关系、有效开展各种活动的前提条件。

① 对他人面部表情的知觉。透过一个人的面部表情，就可以察觉其内心世界的情绪变化。

面部表情是个体情绪状态的显示器，是个体向他人传达信息的工具。

图 2-1-11 张家界旖旎风光

图 2-1-12 九寨沟浪漫景色

在旅游服务中准确运用面部表情，会给旅游者留下亲切、愉快、舒适的印象，例如对老年人用尊敬的眼神，对小孩用爱护的眼神，对大多数客人用亲切、诚恳的眼神等。平时要情绪稳定，目光平视，面部表情要根据接待对象和说话内容的不同而变化。同时通过面部表情也能准确判断游客的情绪变化，也要随时调整服务。

② 对他人体态语言的知觉。体态语言主要表现在一个人的手势、体态和走路的姿势等方面。一个人的体态与他的心理状态有关，例如习惯头部上仰的人通常自视甚高、傲慢且唯我独尊；头总是低俯的人通常比较内向；头部侧偏的人通常充满好奇心，但偏于固执。观察人的动作，如果有人常有习惯性摩擦颈背的动作，说明他有负面或排他的倾向；如果有人习惯摩擦前额来承认错误，则多半比较开朗，容易相处。

导游员在给旅游者做讲解服务时，可以从旅游者的体态上来判断他们的心态。

如果旅游者一只手的 5 个指头呈自然状贴着脸，表明他对你的讲解产生了兴趣；如果旅游者轻握拳托住自己脸的侧面，表明他对你的讲解渐渐不感兴趣，却又怕失礼而极力想表现出感兴趣的样子；如果旅游者东张西望，脚在地上打拍子，就是在告诉你讲解该结束了。当导游员与旅游者商量某件事情时，会发现一部分人会不自觉地用一只手抚摸自己的下巴，这意味着他们正在做决定。

③ 对他人服饰语言的知觉。衣着服饰反映了一个人对于服饰风格的喜好，也反映了人的内在性格特征和文化修养、社会地位、职业特点、经济收入状况等信息。例如，一个人戴眼镜且衣着款式比较保守，外表给人以文质彬彬的感觉的，一般是文化修养较高的学者、教授；而西装笔挺、领带结得很整齐的，多是商人、公司职员，这样的着装给人以精明能干、守信、办事认真的印象。一般来讲，喜欢鲜艳、亮丽服饰的人，性格外向；喜欢素雅、大众化服饰的人，性格内向。

导游人员通过对服饰语言的知觉可以判断不同旅游者的特征，并给予准确的个性化服务。

④ 对他人声音的知觉。在人际交往中，人们通过声音就可以比较准确地判断出一个人的职业、籍贯、性格特征、情绪状态和身体状况等。

一个人言语中的“乡音”、说话的内容、表达的方式，可以反映出其籍贯、职业及文化修养。在旅游活动中，旅游者是高兴的还是生气的，是冷静的还是激动的，是诚恳的还是虚伪的，都可以从他言语的节奏、语调的高低、音量的大小和抑扬顿挫中表现出来。旅游服务人员可以通过声音来了解旅游者的情绪和态度。

⑤ 对他人社会角色的知觉。每个人在社会上都扮演着不同的角色(见图 2-1-13),如厨师、老师、医生、画家……每种角色都有一定的行为标准,每个人都根据自己扮演的不同角色调整自己,使自己的气质修养与社会环境相适应,形成了不同角色的特有属性。而人们对社会中各种角色的人也形成了比较固定的认识和判断,这就是社会角色的知觉。

图 2-1-13　各种职业人物

人们普遍认为老师应该举止庄重、学识渊博,服务员应该仪态端庄、面带微笑。我国北方人一般都粗犷、豪放,南方人则细腻、精明。角色知觉可以帮助我们知觉他人在社会生活中所担任的角色。

导游员在进行导游服务时,要根据旅游者的社会角色调整服务方式和讲解的重点。例如在游览人文古迹的过程中,对知识分子应偏重于历史文化的深层次讲解,而如果旅游者的文化程度偏低,则讲解时应相对通俗一些。

5. 影响旅游知觉的心理学效应

(1) 首因效应

首因效应又称第一印象,是指首次接触时所形成的印象,在知觉者的头脑中形成并占据主导地位。例如第一次和某个人接触,第一次到某宾馆住宿等。在人际交往中第一印象起着十分重要的作用。心理学家鲁钦斯认为,先出现的信息对总印象的形成具有较大的决定力,因此,要想在别人心目中留下好印象,第一次见面应该特别慎重。如果第一印象好就愿意继续与对方交往,如果第一印象不好就可能不愿意继续交往下去,或者在继续交往中对对方的不良印象挥之不去。虽然人们都知道仅靠第一印象来判断人常常会出现偏差,可实际上每个人都不可避免地受首因效应的影响。

在旅游服务过程中,由于旅游者是不断变换的,旅游服务人员与旅游者的接触是短暂的,双方往往缺乏深层次的了解。因此,对于旅游服务人员来说,要给游客留下良好的第一印象,"良好开端"是"成功的一半"。旅游服务人员可以利用首因效应,在仪容、态度、表情等方面展示给旅游者良好的形象,为以后的服务工作打下坚实的基础。

(2) 晕轮效应

晕轮效应是指在人际交往中,人身上表现出的某一方面的特征掩盖了其他特征,从而造成人际认知的障碍。在日常生活中,晕轮效应往往在悄悄地影响着我们对别人的认知和评价。例如有的老年人对青年人的个别缺点,或衣着打扮、生活习惯看不顺眼,就认为他们一定没出息;有的青年人由于倾慕朋友的某一可爱之处,就会把他看得处处可爱。

晕轮效应在旅游活动中既有积极的影响,也有消极的影响。例如如果游客对导游的第一印象很好,他会认为你的各方面都会很优秀;初到旅游目的地后,地接导游员和蔼可亲、服务热情,旅游者就会对整个旅游活动有信心;相反,如果客人第一次到某饭店住宿,碰到了一个态度傲慢的服务员,他就会认为这个饭店整体的服务都不好。所以旅游服务人员尽量运用晕轮效应,取长补短,同时避免和克服晕轮效应的副作用。注意自己的形象,穿着得体,注意接团时的欢迎语、说话语气等，切忌“千人一词”“千团一词”。在充分了解所接团队心理特征的基础上，有针对性地提供导游服务。

6. 不同游客的心理特点分析及接待技巧

中华文化塑造了中国人特有的普遍心理特征，但是在共性的基础上，不同地区、不同年龄、不同职业的旅游者仍具有很多不同特征，作为导游人员要认真分析游客的共性和个性特征，在接待准备阶段充分掌握不同游客的心理特点，了解不同游客的心理预期，有利于做好个性化接待服务，达到最佳的服务效果。

（1）我国不同地区游客的个性心理分析及接待技巧

① 东北地区（黑龙江、吉林、辽宁）。东北人以豪爽、重感情、好交往、讲义气著称，他们的言语、行动都比较实在、坦诚、耿直，多幽默、不拘泥等特征。

针对东北地区游客的个性特点，旅游接待技巧如下：导游在接待时要善于感情投资，也要“够哥们，够朋友”。有经验的旅游服务人员正是抓住了东北人豪爽耿直的心理，和东北人处得宛如一家人，这样就自然使接待工作得心应手；要热情大方，充分听取其意见；欢迎词多使用幽默风趣的语言；要态度诚恳，坦诚相待。

图 2-1-14 燕赵文化遗产——清东陵

② 以北京为代表的华北地区。指以北京、天津为中心，包括河北、山西等周边地区。该地区历史文化悠久，具有独特的燕赵文化韵味（见图 2-1-14），即粗犷、豪放、激越、慷慨的雄风侠骨。在个性方面，待人真诚、人情味浓，开朗幽默、能言善侃、文化素养较高。

针对这一地区游客的个性特点，旅游接待技巧如下：多谈些人文地理历史文化，且留有机会给他们发挥，满足他们爱“侃”的习惯；购物时最好是到品质较高、或是具有浓郁地方特色产品的场所。

③ 以上海为代表的华东地区（主要包括上海、江苏、浙江等地）。长江流域历史悠久，是中华文化的发祥地之一，江浙一带自古为繁华之地，上海是全国最大的工商业中心。经济的繁荣促进文化艺术的发展，在优越的自然环境和独特的历史发展过程中，华东一带逐步形成了以灵毓秀雅、尚文崇慧为特色的吴越文化，因此也凸现出当地的个性特点。

中西文化结合地的特殊位置，塑造了上海人比其他地方人更开放的性格，恋家情结深，优越感强；婉约缠绵、精明细心，文化底蕴深厚，知识较为广博。

针对该地区游客的个性特点，旅游接待技巧如下：在接待时，多谈论些历史人文的东西，以满足他们的自豪感；对游览活动中添加的项目和所需费用要逐项向他们说清楚，讲解时要尽量详细些，耐心地解答他们提出的问题；饮食方面喜好清淡些的食物，适当地加入一些具有当地特色的菜肴；提供感情服务，讲究导游艺术，只有规范 + 感情 + 艺术才能满足他们的要求。

④ 以广东为代表的华南地区（主要指广东、福建、海南等地）。这一带是异域色彩浓厚的岭南文化 (见图 2-1-15)。自 20 世纪 70 年代末改革开放后，广东商贸繁盛，经济发达，集传

统和现代于一体，其个性特点鲜明；时间观念强、价值观念强，商品经济意识浓厚；富有开拓精神，敢为天下先；适应环境能力强，自我表现意识强，讲面子，讲究避讳。他们的信仰多从面相、风水、命运等一类中寻找归宿，认为6、8为吉祥数字。

针对该地区游客的个性特点，旅游接待技巧如下：与广东人打交道说话要注意防忌，多用6与8，处处图吉利。接待时注意给足游客面子，用车的档次、餐厅的规格、宾馆的级别等都应做好相应的安排。广东人讲究吃，要安排好生活（晚上可以组织他们去吃宵夜，品尝当地的特色菜肴）；可以与他们多谈论些生意经和饮食文化。

⑤ 西北地区（主要指内蒙古、宁夏、甘肃、新疆、陕西等地）。我国西北地区，幅员辽阔，地广人稀，有几十个民族聚居于此。广阔的荒漠与草原、交相辉映的雪峰与绿洲、充满传奇色彩的丝绸之路、独特的民族风情与游牧文化，由此赋予了这片土地以独特的魅力。有史以来，西北地区就是我国以游牧民族为主，北方少数民族生息繁衍的摇篮和最主要的活动舞台。

经过历史的演进，西北有近50个少数民族在此居住，这里人口在百万以上的民族有维吾尔族、蒙古族、回族和哈萨克族等，由此也形成了本区以传统游牧文化（见图2-1-16）和伊斯兰文化为主要特色的多元民族文化；粗犷豪放、热情好客；绝大多数人都信仰藏传佛教和伊斯兰教，信仰伊斯兰教者自称穆斯林。

图2-1-15 岭南文化——醒狮

图2-1-16 游牧文化——逐水草而居

针对该地区游客的个性特点，旅游接待技巧如下：尊重他们的民族习惯和宗教信仰，掌握各民族的饮食禁忌、生活习俗和礼仪习惯，在餐饮安排方面要严格注意饮食选择；接待来自这一地区的游客，一定要热情豪爽。

⑥ 西南地区（主要指广西、云南、贵州、四川、重庆等地）。西南地区自古以来是多民族聚居地，民俗风情各异，地域文化独特。由于地理和历史上的原因，这一地区的经济较之中原和沿海一带相对落后。在个性方面，也有其自身的特点：淳朴厚道，热情好客，讲究礼貌；能歌善舞；勤俭节约、吃苦耐劳；比较热衷于自然风景的旅游，特别是辽阔的大海风光，广袤的草原风情。

针对该地区游客的个性特点，旅游接待技巧如下：对待他们要热情友好，不能让他们有被歧视的感觉，若能够学些少数民族歌舞，对他们会更有亲和力；不要安排太多的购物活动，他们崇尚勤俭，购买欲望不是很强烈。

⑦ 以湖北、湖南等地为代表的华中地区。秀丽的江南江北风光，传统的荆楚文化（见图2-1-17）塑造出该地人鲜活的个性特点：倔强不服输；重友情，肯帮忙；讲情面。

针对该地区游客的个性特点，旅游接待技巧如下：与华中人打交道时，要特别注意不能有损他们的面子；要充分理解他们说话的习惯，不要误认为是对自己的冒犯；真诚、热情、友好，即使是短时间的旅游接待，也要做他们的真心朋友。

⑧ 港、澳、台地区。港、澳居民祖籍大多为广东，生活习惯与风俗与广东相似。这一地区不仅有着深厚的中国传统文化的根基，同时又受异域文化的影响，人们的文化特征、生活习俗兼容了中西文化特征和生活习俗；民族有汉族、高山族等；语言主要是普通话、闽南话；宗教信仰有佛教、道教、天主教、基督教新教、伊斯兰教等。以下是该地区较典型的一些心理特点：台湾游客有浓重的宗亲情结，中国台湾民俗与祖国大陆大体相同，衣食住行、节日庆典、婚丧喜庆、礼赠禁忌方面，一般仍保持着闽、粤等地的特征；信教、崇拜神灵的习俗在港、澳、台地区比较盛行；中国香港游客好购物，高消费，喜欢吉祥号码、忌讳多，讲究吃的文化，喜欢新鲜食品。

针对该地区游客的个性特点，旅游接待技巧如下：港、澳、台胞对祖国的人文历史、对改革开放以后祖国的巨大发展和变化非常感兴趣，应该对他们多宣讲这方面的情况；要多了解他们的忌讳，以免产生不必要的误解；他们的经济条件一般都较宽裕，不太在乎花多少钱，可以考虑多安排一些文娱活动使他们玩得开心尽兴。

（2）不同年龄阶段旅游团队的特点与相应的服务技巧

① 老年团队。一般来说，老年游客自尊心强，长者心态，希望得到他人的重视，喜欢别人恭顺服从；因为老年人多年来形成了比较固定的思维方式，不愿改变过去的老习惯，环境的改变往往会使老年人不适应；他们更倾向于以教育者的姿态与人沟通，表现为啰嗦、爱“教训”人，内心常常感到孤独寂寞；老年人注重舒适和愉快，对交通工具和游览活动的安排有一定的要求，比较节俭；老年人爱忘事，心理承受能力也在下降，例如遇事激动，容易发脾气等。

相应的服务技巧：针对老年人的这些心理特征，接待老年旅游团队时，导游穿着应朴素大方，不要穿过于时尚的衣服；讲解介绍时语速要慢，声音要响亮，服务态度要亲切、热情和周到、耐心（见图 2-1-18），劳逸适度；处处注意尊重老人，称呼要恰当，言行有礼，举止文雅，学会耐心倾听老人的倾诉，万不可表现出厌烦情绪，对其建议和唠叨应予以谅解；多交流，多沟通；适宜用抒情式欢迎词，即感情充沛、富有感染力的风格，有助于提高老年游客的游兴；同时还要多运用幽默含蓄的讲解方法（借用故事法和虚实结合法等），给老年人一段快乐、难忘的时光。

图 2-1-17 荆楚文化之“炎帝神农文化”

图 2-1-18 桂林天鹅旅行社“夕阳红”专列

② 中年团队。中年游客思维敏捷，情绪稳定，能独立地进行观察和思考，并能组织和安排好自己的生活；自我意识明确，对事物能做出理智的判断，具有独立解决问题的能力；知识、经验丰富，富有创造力，注意力集中，记忆力较强，能把握和控制情绪，能较好地适应和把握环境；中年人的工作压力大，家庭负担重，身心较疲惫，所以，喜欢放松和舒适，注重享受生活；同时，他们经过多年的打拼，工作稳定，收入较高，追求档次，对服务的质量要求会更高。

相应的服务技巧：接待中年旅游团队时，导游的服饰要简单大方，要注意衣服的品质，化淡妆以表示对游客的尊重。导游语速适中，讲解应有一定内涵和知识含量，援古论今，适宜用简洁的语言表达出基本要素的欢迎词风格，能够表现出导游稳重的优势。

③ 青年团队。青年游客最大的特点是喜欢多动多看，他们对旅游有一种特殊的偏爱，在旅途中也时常表现出激动、好奇和热闹；特别喜欢开玩笑，喜欢提出各种各样、名目繁多的问题和要求；追求审美，表现个性；追求新颖，表现时尚；精力充沛、内心丰富、热情奔放，富于幻想、追新猎奇、敢于冒险。

相应的服务技巧：在接待青年旅游团时，导游首先要充满朝气活力，衣着符合年轻人的特点，时尚得体；根据年轻人的特点，开展别具风格的导游服务工作。其次，青年旅游者到达景区后，往往表现出与众不同的渴望和向往心理，追求那些闻所未闻、引人入胜的风景，驱使自己尽情地观赏和游览，因此想多一点自由活动的时间，多拍些照片。一般是先睹为快，先玩为快，再慢慢听导游员讲解。所以导游员的讲解要重点突出；尊重客人心理需要，热情服务；适宜用调侃式欢迎词，即针对游客的特点或接团时的情境，以轻松、活泼的语调，借题发挥的风格，迅速与游客拉近心理距离，调动其兴奋情绪。

④ 儿童团队。儿童游客最大的特点是好奇、多动（见图 2-1-19），喜欢新鲜的事物，注意力和稳定性较差；不注意安全，不像成年人旅游团那样乐意听导游的讲解。因此带领儿童旅行团时要根据儿童的心理特点，有针对性和选择性地进行讲解。

图 2-1-19 儿童旅行团

相应的服务技巧：接待儿童旅游团时，导游要保持一颗童心，服饰简单可爱，适当穿着带有卡通图案的服饰是最好的选择；导游讲欢迎词时，语言要生动形象，富有激情而又准确，语速要亲切、缓慢；适宜用提问式、启发式等互动欢迎词，使小朋友对所讲话题产生浓厚的兴趣；可自备一些小礼物用来吸引小朋友；同时要让他们了解相关的历史知识和文化内涵，适当进行美学教育、道德教育和社会实践。

（3）不同职业的旅游团队特点与相应的服务技巧

① 老师团队。老师游客的综合素质较高，知识面宽，态度认真、负责，且能以身作则。遇事冷静，善于思考，不易容忍不合理的事物，对导游服务的要求较高。

相应的服务技巧：针对老师职业的这种特殊性，导游要认真做好准备工作。接待时，导游服饰应讲究正统，但不要呆板，要体现出现代感、时尚感，佩饰不烦琐，简单大方；导游语言逻辑性要强，有一定的知识含量，语速适中，语气亲切；要根据旅游团队的气氛适当选择合适的欢迎词，但一定要注意语言的用词规范。

② 公务员团队。公务员游客平日工作繁忙，工作压力较大；抗压能力强，整体素质高；社会责任意识强，政治敏感度较高；习惯于安排、处理各种工作，对遇到的事情往往持有自己的观点。

相应的服务技巧：接待这种较严肃、正规的团队，导游服饰应品质良好，款式简单大方；导游应当化淡妆，表示对团队的重视和对游客的尊重；与游客交谈时，导游应注意倾听，对他们的观点表示理解，如果出现与其观点不一致的情况，切忌与游客发生争执；导游要运用简练语言风格的欢迎词，树立稳重的良好形象。

③ 农民团队。农民游客特征是衣着比较朴实，勤俭节约，待人热情，坚韧性比较强，身体素质较好；行为、性格相对保守、传统，很少用普通话，一般说方言。

相应的服务技巧：接待农民旅游团时，导游穿着应朴实大方，少佩戴或不佩戴首饰；适宜用聊天式的欢迎词，即以自然、平和、亲切的语调表达，内容通俗易懂、趣味性强。

综上所述，导游应充分了解不同旅游者的心理预测，做好相应的接团工作，给游客留下良好的第一印象。

待客训练

训练一：请同学们根据表 2-1-2 所示，结合案例，分组讨论，分析游客的需求心理和导游接团技巧，以及如何树立良好的第一印象，并把不同的分析方案填在表格中。

表 2-1-2 游客需求心理及导游接团服务技巧分析表

服务情景描述	游客心理分析	导游接团服务技巧分析		
		服饰装扮	欢迎词	行为活动
刚从旅游专科学校毕业的导游小马，身材不高，长相稚嫩。一次，她接待约 50 人左右的大团，游客一下火车都用怀疑的眼光望着她，游客们交头接耳，议论纷纷。有个老人直言不讳：“小姑娘，你年纪这么小，我们这么多人，能行吗？”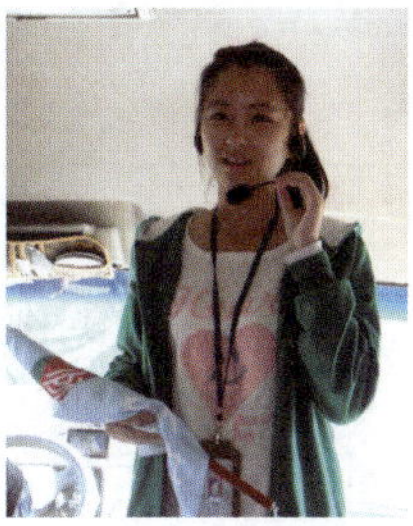				
努力方向：			老师建议：	

训练二：参照表 2-1-3 所示，请同学们分成小组，进行角色扮演，体会角色的心理感受，并运用待客技巧，做好导游接团服务，把客人的心理需求与待客技巧分析填入表内，做好互评。

模拟情景一：大型东北中年妇女团队的心理需求分析及导游接团服务技巧。

1．学生分角色，一导游接团，众学生为游客。

2．众游客充分表现中年妇女的特征并出难题，导游随机应变，做好接团服务工作。

3．学生评析。

4．老师点评总结。

模拟情景二：中国香港旅游团队的心理需求分析及导游接团服务技巧。

1．学生分角色，一导游接团，众学生为游客。

2．众“香港游客”充分表现其特点，导游做好相应的接团服务工作。

3．学生评析。

4．老师点评总结。

表 2-1-3　游客需求心理及导游接团技巧分析评价表

服务情景描述	游客需求心理及导游接团技巧分析	组间评价	老师评价
情景一：东北中年妇女团队	游客心理分析：________ ________ ________。 待客技巧分析：________ ________ ________ ________。		
情景二：中国香港团队	游客心理分析：________ ________ ________。 待客技巧分析：________ ________ ________ ________。		
努力方向：		老师建议：	

训练三：请同学们分成小组，参照表 2-1- 4 所示，进行角色扮演，模拟表演“地陪导游刘艳在机场热情迎候来自桂林的旅游团队”的情景。讨论分析游客心理需求和导游服务技巧，并依据情境在空白处填上相应的语言，然后把分析结果填在表格相应位置。

表 2-1-4　游客需求心理与导游待客技巧分析评价表

服务情景描述	游客需求心理与导游待客技巧分析	组间评价	老师评价
地陪刘艳手持接站标志，站在出口处的醒目位置，热情迎候来自桂林的旅游团队。机场广播航班抵达，然后她在出口处见到了有“桂林旅行社”标志的旅游团，热情地迎上去。 地陪： ①________。 全陪：是的，我是郝杰。 地陪：我叫刘艳，是你们的地接导游。 全陪：您好！刘导。	游客心理分析：________ ________ ________ ________ ________。 导游待客技巧：________ ________ ________ ________ ________ ________ ________。		

续表

服务情景描述	游客需求心理与导游待客技巧分析	组间评价	老师评价
地陪：您好！欢迎你们！我们已经在酒店为你们订好了房间，你们是 11 个人对吗？ 全陪：一共是 13 个人。 地陪：增加了 2 位是吗？ 全陪：是的。不用分开住，是母女，同一房间就可以了。 地陪：② ____________ 全陪：加我的 1 件，一共 17 件。 地陪：我们的旅游车和行李车已经在外面等候。	游客心理分析：____________________________。 导游待客技巧：____________________________。		
全陪：谢谢，您辛苦了。 地陪：不用谢。我们先招呼一下客人（地陪举起导游旗，面向旅游者，面带微笑）。 地陪：③ ____________ 现在请大家跟着我，在这边宽敞的地方停留一下，如果有要去洗手间的旅游者往左边走，十分钟后在这里集合。大家不要走散了。	游客心理分析：____________________________。 导游待客技巧：____________________________。		
（礼貌地清点人数） 地陪：人都到齐了，请大家检查一下自己的行李，有没有什么物品遗落在飞机上（旅游者检查完毕无误）。 地陪：好的，现在请大家带好行李物品，跟着我走。（他们朝旅游车和行李车走去） 地陪：旅途还好吧？ 全陪：我们遇到了一点涡旋气流，但总的来说飞行还好。 地陪：我想大家长时间的旅途颠簸，一定很疲倦了，我们直接开车去饭店吧？ 全陪：恩，按照原计划安排吧！	游客心理分析：____________________________。 导游待客技巧：____________________________。		
（他们来到旅游车和行李车附近） 地陪：④ ____________ （行李员、全陪、地陪开始共同清点行李，办理交接手续） 地陪：一共是 17 件，请大家放心，我们的行李员会把这些行李全部运送到我们住的酒店。现在请各位带上手提行李和随身物品随我上车。 （地陪刘艳恭候在车门旁，协助或搀扶客人上车就座。待客人坐稳后，检查行李是否放稳，再次礼貌地清点人数。） 地陪：请大家坐稳，我们马上要开车了。马师傅，我们可以出发了！	游客心理分析：____________________________。 导游待客技巧：____________________________。		

续表

服务情景描述	游客需求心理与导游待客技巧分析	组间评价	老师评价
地陪刘艳环视了一下车厢，拿起话筒，开始致欢迎词： ______________________ ______________________ ______________________ ______________________ ______________________ ______________________。	游客心理分析：__________ ______________________ ______________________ ______________________ ______________________。 导游待客技巧：__________ ______________________ ______________________ ______________________ ______________________。		
针对你所熟悉的城市，设计简单的行车线路，地陪接站后带领团队前往下榻酒店，进行首次沿途导游： ______________________ ______________________ ______________________ ______________________ ______________________。	游客心理分析：__________ ______________________ ______________________ ______________________ ______________________。 导游待客技巧：__________ ______________________ ______________________。		
努力方向：		老师建议：	

学习评价

学习评价表如表 2-1-5 所示。

表 2-1-5 学习评价表

评价项目	评 价 内 容	小组互评	老师评价
服务能力	能依据不同游客的心理特征，因势利导，做好个性化服务	Yes No	Yes No
	能够熟练和恰当地提供功能性服务和心理服务	Yes No	Yes No
	能熟练操作接团时的准备和迎客工作程序	Yes No	Yes No
	能够依据客人心理预期，准确运用待客服务技巧	Yes No	Yes No
	熟练运用交际语言和态势语言的功能，树立良好的第一印象	Yes No	Yes No
服务知识	导游接团服务程序及心理服务要领	Yes No	Yes No
	不同游客的心理需求特点	Yes No	Yes No
	相关心理学知识	Yes No	Yes No
服务态度	服务主动热情，态度诚恳、和蔼可亲	Yes No	Yes No
	善于并积极沟通，有较强的工作责任感	Yes No	Yes No

课后练习

1．如何培养自己的旅游心理服务能力？

2．请结合成功接团的案例，分析国内游客心理需求及导游相关服务技巧。

3．试述游客对导游员“第一印象”的形成过程与导游服务工作的关系。

4．根据自身条件设计一个能够尽快消除与游客之间陌生感的自我介绍。

任务二 接国际团队的服务心理与待客技巧

随着改革开放的深入，我国迎来了越来越多的国际旅游者，他们来自不同的国家、民族和地区，生活习惯和生活方式、宗教信仰都各不相同，其旅游的目的和需要多种多样，心理特征也千差万别，作为导游员在接待国际团队时，需要更加认真地分析其心理特点，掌握更加广博的知识和服务技巧，让外国朋友们深切地感受到一流的中国服务，领略到祖国大好河山的壮阔和美丽，体会到中华民族文化的博大精深。

情景描述

一天下午，北京某旅行社刚工作不久的英语导游员方小姐在首都国际机场接到了一个40多人的芬兰入境旅游团，该团的领队和大部分人都懂英语。在去饭店的路上，方小姐首先用热情洋溢的语言问候了客人，并做了精彩的自我介绍，她流利的英语、优雅的谈吐（见图2-2-1），得到了大家的一片掌声。

图2-2-1 海内存知己 服务无国界

服务心理与待客技巧分析

每个国家、每个民族都有自己的传统文化和民风习俗，人们的性格和思维方式也不相同，即使是同一个国家，不同地区、不同民族的人在性格和思维方式上也有很大差异。当他们到异国他乡旅游时，其行为方式不可能不带有本国、本地区、本民族的文化特色和个性特征。对于某一相同的问题，东方人与西方人不仅在询问或处置方式上不同，而且可能涉及禁忌和个人好恶。例如，“请您介绍一下您的年龄和职业？”，在东方人看来这种询问很是平常，而在西方人心目中则以为你在打听他（她）的私事。所以要接待好国际游客，必须掌握更加广博的知识和旅游服务技能。

1. 做好接团前的准备工作

导游在外国游客到达前，除了进行一些必要的物质准备工作，还必须认真查阅接待计划及相关资料，对资料的掌握与国内团队相比也有所不同。需要了解所接旅游团的全面情况如下：

（1）了解基本情况，包括旅游团名称，领队情况；旅游团人数，团员姓名、性别、年龄、职业、国籍、地区、语言特点等。首站和末站城市或出入境口岸，确认书与接待计划的核对。

（2）查阅资料（见图2-2-2），了解客源所在国的历史、地理、文化、政治、经济、宗教信仰及近期重要新闻，了解客源所在国家的人的个性特点、生活习俗和禁忌、宗教习俗、服饰着装特点等知识。

图2-2-2 查阅资料

（3）了解我国和客源国的政治、经济关系，统一对外宣传的口径，积极宣传我国的国家建设成就，发挥民间外交作用。

（4）做好不同国家（地区）旅游者的心理预测。

实践证明，导游在接待前预测游客的心理越准确、越全面，迎客服务工作的成功率就越高。尤其对于外国游客，不同国籍、不同民族和职业的游客心理需求和行为特点差别悬殊，接待前的心理预测应尽可能做得细致而全面，认真分析来自不同国家（地区）旅游者的不同心理特点和心理需求，从而为制订接待计划和商定日程安排提供有效而重要的参考依据，也使旅游服务更具针对性。

2. 树立良好的个人形象

导游员的形象不仅代表个人和旅游企业，还代表一个国家和一个民族。一个精神饱满、乐观潇洒、端庄稳重、自尊自信的导游员一定会给首次见面的外国旅游者留下深刻的印象。

（1）服饰端庄大方

导游员的仪容仪表甚至可以直接影响游客对其服务品质的肯定与否。所以导游员在做好服务的基础上，要注重服饰的美与和谐，要给外国旅游者留下衣着整洁、美观、大方、得体、实用的印象。而且应与所处的场合、情境相协调，合理搭配帽、包、鞋等饰物，还要符合自己的气质。导游员还应注意如果在接团时，喧宾夺主，装束与众不同，刻意地修饰外表，显得很刺眼，则不一定能被游客所接受，其服务效果也一定是适得其反。因为你把服务的对象——旅游者看成了你的陪衬者，这样做容易孤立自己。

同时，导游员在为来自世界各国、各民族的旅游者提供良好服务，领略祖国河山美景的同时，也在传播着中国古老的传统文化和现代文明，这其中也包含中国的服饰文化。如果导游员在不同的民族地区身着绚烂多彩的民族服装（见图 2-2-3），不仅会满足外国游客的好奇心，也会让外国游客感受中国民族服装的美和中国文化的博大精深。

图 2-2-3　藏族导游

（2）谈吐举止大方优雅

导游待客自然大方，办事果断利索，站、坐、行优雅有度，与外国游客相处坦诚而不鲁莽，活泼而不浮躁，自尊而不狂傲，工作紧张而不失措，服务热情而不巴结，礼让三分但不低三下四，亲切和蔼而不怯懦，这样的导游员不仅能够获得外国旅游者的信任和尊重，而且也树立了中国人的尊严。

（3）态度亲切热情

外国游客初到异地，兴奋激动，但由于异国他乡、语言不通、环境不同，因而会产生茫然和紧张感，此时导游亲切、友好、主动、耐心的态度，热情周到的服务，把友谊和关怀传达给了外国游客，会让他们产生踏实感、安全感和信赖感；由于旅途奔波比较疲倦，亲切、周到的服务也会让外国游客产生宾至如归的温暖舒适体验。

（4）欢迎词准确、流畅、动听

欢迎词是外国游客对导游员产生第一印象的重要组成部分，是沟通感情、取得信任的第一步，也是展现一名中国导游员精神面貌、语言能力、风度气质、服务态度等总体水平的关键一步。刚刚到达陌生国度的外国游客，在导游流利、柔美、准确、亲切的欢迎词的问候和欢迎中，一定会感到无比的温暖、友好和踏实。这很容易获得外国旅游者的好感，快速拉近与游客的距离，消除了很多由于语言和地域差异造成的沟通障碍。

3. 提供良好的心理服务

（1）营造尊重氛围

求得尊重的需要是人类的基本需要。在旅游活动中，游客的这一需求显得尤为突出。外国游客都希望在异国他乡，在与每一个人的交往中，其人格能得到尊重，所提出的观点能得到别人的认同。所以，导游在接待外国游客时，不以游客的肤色、宗教信仰和个人收入以及消费水平的不同而一视同仁地尊重他们。 导游人员必须注意尊重和认同各国特有的礼节。在前往宾馆的途中，在致欢迎词和介绍司机时，要使对方感到亲切热情、自然大方。行车后，外国游客对窗外的景象很可能会感到新奇，想知道经过的、见到的是什么地方和什么建筑物，生疏感、新奇感和生理上的疲劳感都可能在刚刚长途旅行的外国游客身上出现，导游员要迎合外国游客的心理需求，耐心讲解，活跃沿途气氛，运用比较生动的语言介绍沿途风光和当地风情，增进友谊和感情，减轻疲劳感，为下一步导游工作创造条件。尤其尊重来自不同国家（地区）的客人的习俗或习惯，对有生理缺陷的旅游者更要关心备至，不可以歧视和怠慢，做好个性化服务。

（2）运用眼神和微笑的魅力

接待外国游客，沟通不同于国内游客那么顺畅和轻松，而眼神和微笑是种无声的语言，可以传达感情和信息，为沟通起到良好的辅助作用。导游在接团时，应充分运用眼神和微笑的魅力。当和蔼、亲切的目光扫向每一位游客，嘴角挂着真诚、善意的微笑（见图 2-2-4），会产生意想不到的感染力，刺激游客的感官，产生报答效应，引起游客共鸣。从而消除陌生感，传达友谊，增进感情，留下美好的第一印象。

图 2-2-4 眼神和微笑的魅力

（3）细致入微、察言观色

心理学研究证明，由于个体的差异，每个人的思想和感情的流露，多包含在一种与众不同的习惯性动作和神态当中。言辞能透露一个人的品格，表情眼神能让我们窥测他人的内心，衣着、坐姿、手势会在毫无知觉之中出卖它们的主人。来自不同国家的外国游客的需求与心理变化是多样而复杂的，在接团时，需要导游员巧妙运用“察言观色”来发现外国游客的多种需求，通过自身敏锐的观察力，探寻游客内心的真实想法与意愿，灵活应对，及时做好周到的服务，才能收到事半功倍的效果，尽快获得外国游客的认可。

相关知识

1. 个性特征

（1）个性的概念

在西方，个性一词源于拉丁语 Persona，它有两个含义：一方面，原指演员在舞台上所戴的假面具，后引申为一个人在生命舞台上所扮演的角色；另一方面，指能独立思考、具有独特行为特征的人。个性，在西方又称人格。

关于个性的定义，心理学家做过大量探讨，但都没有达成共识。综合起来，个性是个体在先天素质的基础上，在一定社会条件下，通过一定的社会实践活动而形成的比较稳定的心理特征。

在日常的人际交往中，我们会发现，有的人行为举止、音容笑貌令人难以忘怀；而有的人则很难给别人留下什么印象。有的人虽曾见过一面，却给别人留下长久的回忆；而有的人尽管长期与别人相处，却从未在人们的心目中掀起波澜。这都是个性在起作用。

（2）个性特点

① 自然性与社会性。人的个性是在先天的自然素质的基础上，通过后天的学习、教育与环境的作用逐渐形成起来的。因此，个性首先具有自然性，人们与生俱来的感知器官、运动器官、神经系统和大脑在结构上与机能上的一系列特点，是个性形成的物质基础与前提条件。但人的个性并非单纯自然的产物，它总是要深深地打上社会的烙印。初生的婴儿作为一个自然的实体，还谈不上有个性。个性又在很大程度上受社会文化、教育教养内容和方式的塑造。由此可见，个性是自然性与社会性的统一。

② 稳定性与可塑性。个性的稳定性是指个体的人格特征具有跨时间和空间的一致性。在个体生活中暂时的偶然表现的心理特征，不能认为是一个人的个性特征。例如，一个人在某种场合偶然表现出对他人冷淡，缺乏关心，不能以此认为这个人具有冷酷的个性特征。只有一贯的、在绝大多数情况下都得以表现的心理现象才是个性的反映。例如在导游工作中，每个导游都具有一些不同的、经常表现的心理特征，如有的导游热情帮助游客，活泼开朗，性格幽默；有的导游不善言谈，稳重，踏实，埋头苦干。这不同的行为表现不仅是在工作中，在其他场合也是如此，这就是个性的稳定性。

尽管如此，个性决不是一成不变的。随着社会现实和生活条件、教育条件的变化，年龄的增长、主观的努力等，个性也会发生某种程度的改变。这就是个性的可塑性。 由此可见，个性既具有相对的稳定性，又有一定的可塑性。旅游服务人员要充分认识到这一点，当个性与职业要求不吻合时，可以努力来改变个性。

③ 独特性与共同性。个性的独特性是指人与人之间的心理和行为是各不相同的，因为构成个性的各种因素在每个人身上的侧重点和组合方式不同。例如在认识、情感、意志、能力、气质、性格等方面反映出每个人独特的一面。有的人知觉事物细致、全面，善于分析；有的人知觉事物较粗略，善于概括；有的人情感较丰富、细腻，而有的人情感较冷淡、麻木等。这如同世界上很难找到两片完全相同的叶子一样，也很难找到两个完全相同的人。强调个性的独特性，并不排除个性的共同性。个性的共同性是指某一群体、某个阶级或某个民族在一定的群体环境、生活环境、自然环境中形成的共同的典型的心理特点。例如不同的国家、不同的地区的人们又具有这个群体区别于其他群体的个性。正是个性具有的独特性和共同性才组成了一个人复杂的心理面貌。

（3）个性心理结构

个性心理作为整体结构，可划分为既相互联系又有区别的两个系统，即个性倾向性和个性心理特征。

① 个性倾向性。个性倾向性是个性结构中最活跃的因素，是人们进行活动的基本动力，也是个性结构中的核心因素。它主要包括需要、动机、兴趣、理想、信念与世界观、自我意识等心理成分。在个性心理倾向中，需要是个性积极的源泉；信念、世界观居最高层次，决定一个人总的思想倾向；自我意识对人的个性发展具有重要的调节作用。

② 个性心理特征。个性心理特征是个性中的特征结构，是个体心理差异性的集中表征，它表明一个人的典型心理活动和行为，包括能力、气质和性格。

个性心理特征是人的多种心理特点的一种独特结合，包括完成某种活动的潜在可能性的特征，即能力；心理活动的动力特征，即气质；对现实环境和完成活动的态度上的特征，即性格。

在导游带团过程中，游客的个性各不相同，导游可以从他们的外貌和语言来判断其个性，从而达到了解游客并适时提供心理服务的目的。

外貌包括身材、表情、发式、衣着等。观察游客的外貌特征可以为鉴别他们的性格提供参考。表情可以显示出人的内心世界和个性倾向；发式、衣着可以推断人的性格特征。例如，情绪型的人面部表情丰富，意志型的人则往往比较严肃，活泼开朗的人喜欢鲜艳的服饰，沉静内向的人一般喜欢暗淡的色调。

语言包括说话的内容和说话的方式。通过游客说话的内容及语音的强弱、快慢及语言风格，可以了解他们的性格。例如，性格外向的人一般爱讲话，比较健谈；而性格内向的人，则少言寡语；说话快的人，性格比较急躁等。

2. 分析游客的个性特点，掌握相应的服务技巧

旅游者的个性各不相同，导游人员从旅游者的言行举止可以判断其个性，从而达到了解游客并适时提供心理服务的目的。旅游者的个性无外乎 10 种，如表 2-2-1 所示。

表 2-2-1　游客的个性类型及相应的服务技巧

游客类型	个　性　特　征	待　客　技　巧
友善型	常用温和语气讲话，不挑剔、友善。即便是有不满意的地方也不会指出来	有礼貌地诚恳相待，不要懈怠了他们，要经常询问他们对服务的要求
猜疑型	没有根据和证明就不相信，凡事持怀疑态度	讲话要有依据，不采用模棱两可的语言
急躁型	热情，乐于助人，情绪容易兴奋激动，性格比较直率，急躁。喜欢富有刺激性的活动	避免与其争执冲突，出现矛盾应主动回避、忍让，不要激怒他们，服务速度要快
敌意型	对一切都怀有敌意，很难使他们高兴	注意容忍，热情服务，设法取悦客人
腼腆型	性格内向，说话声音小，敏感，不轻易表示不满	亲切相待，忌用粗鲁语言，服务一定要热情、周到、主动、积极
交际型	活泼大方，爱交际、乐于助人，喜欢新颖、热烈的游览项目，健谈，主动建立友谊	应保持冷静和幽默，多与之交流，多让他们来活跃旅途气氛
抱怨型	即便自己错了也推卸责任，会抱怨服务不周	注意倾听，表示歉意，设法解决问题
散漫型	不守时，自由散漫，活动中经常脱离集体	虽难以管理，但要礼貌地耐心说服
善变型	在做出选择前不断地改变主意	注意保持耐心、礼貌，给予充足的考虑时间
挑剔型	爱挑毛病，板着面孔，不苟言笑	容忍、谦让，避免陷入争论

这几种个性的游客，导游在向游客提供服务时要因人而异，要随时观察游客的情绪变化，及时调整，力争使导游服务更具针对性，让游客获得满意的效果。

不管是哪种类型的游客，在初与导游接触时，都容易出现陌生感和紧张感。导游应抓住游客的这一心理特征，采用相应的心理对策，尽快使游客消除陌生感，缩短与游客的距离，得到游客充分的信任和认可。

3. 不同国家游客的个性特征及相应的服务技巧

导游人员在接待前对各国游客的心理预测越充分细致，服务的满意度就越高。如果漫不经心、仓促上阵，常常会顾此失彼，导致失误。各国游客受各自特定环境的影响会形成各自群体独特的个性特征。导游人员掌握了这些特征就会在服务中得心应手。

图 2-2-5　美国老年游客

（1）美国游客

美国游客（见图 2-2-5）一般比较开朗，举止大方，喜好新奇，喜欢交流，喜爱攀谈，行为随便，喜欢新鲜事物；独立进取、讲求实际；无拘无束，豪爽大方；美国人非常重视个人隐私，这方面的禁忌很多，美国人忌“老”，老年人绝对不喜欢别人恭维他们的年龄，忌讳称呼“老”字；对上年纪的人上楼梯、爬山时，不要主动搀扶他们，他们不喜欢依赖别人。

针对美国游客的个性心理特点，接待时的服务技巧如下：

① 美国游客计划性强，喜欢了解接待日程表，包括细节，如何时抵达、离开等。导游员应于每次接待前向游客通报有关情况。

②“自由随便”是美国人的特色。累、热、饿时，美国人可能都会拒绝游览而要求返回。如果是全体游客提出且领队、全陪同意，可报告地方接待社同意后返回；美国人喜欢新鲜事物，可以多给他们介绍些新奇的东西，激发旅游兴趣，消除疲倦情绪，继续观赏。

③ 美国人很喜欢就一些政治问题和导游员进行辩论。此时要注意有理、有据、有节，对于原则性问题态度要坚决，但最好不与之纠缠，也不必回避讨论某些提问，但要警惕是否有言外之意。

（2）英国游客

英国游客一般比较矜持、冷静，少言寡语，有绅士派头，讲礼貌，尊重妇女，内敛但自信；比较守时、守纪律，遵从活动安排；注重逻辑、惯于社交；懂规矩，体谅别人；善于应变；外柔内刚、自主意识强；注重礼节，遵守社会公德；见面互相握手道安，男子间忌互相拥抱。

针对英国游客的个性心理特点，接待时的服务技巧如下：

① 接待时，注意用英式的礼貌礼节。与英国人说话应多使用敬语，特别是对有身份的人（如爵位），年纪大的、职务高的更应如此。

② 导游员如果适度表现出绅士风度，较容易博得英国人的好感，如果能讲一些逻辑笑话则更佳。

③ 用地道的英国英语讲解，容易得到客人的尊重和信任。

④ 不随意改变活动程序，尊重客人的选择，更不能带有轻视和敷衍的表示。

（3）德国游客

德国游客一般比较勤勉，有朝气，守纪律，好清洁，爱音乐；重感情、热情好客，求实、认真；在旅游活动中，重合同，讲究产品和服务质量；有较强的团队精神；比较喜欢中国的文化艺术，喜欢节奏快、轻松愉快的活动（见图 2-2-6）。

图 2-2-6 不到长城非好汉

针对德国游客的个性心理特点，接待时的服务技巧如下：

① 德国人作风严谨，组织纪律性强，导游员本人要注意遵守时间，不要轻易改变旅游计划，不拖延客人的时间。

② 德国人旅游时，总要认真选择一个理想的目的地。在旅游过程中，他们要细细领略景物的独到之处，有可能他们还要到当地博物馆认真考证一番。对此，导游员对要讲解的内容需做好详细的准备。

③ 导游多向客人介绍中国的文化艺术，在旅游途中多安排一些文娱活动，活跃气氛。

（4）韩国游客

韩国游客自尊心较强，注重礼仪，讲究礼节，见面或分手时行鞠躬礼；在旅游活动中，与之交谈要注意尊重他们，避免损害其自尊心；韩国人很讲纪律，时间观念和集体主义精神都很强，不必过分担心他们会迟到。

针对韩国游客的心理特点，接待时的服务技巧如下：

① 韩国人由于受儒教影响较深，对中国文化有较深的敬仰，可多讲些中韩文化交流方面的事情 。

② 在与韩国人交谈时，应回避国际国内政治，尤其是与朝鲜、日本的关系，也不要提男主人的妻子等话题。

③了解韩国游客的风俗习惯，注意礼貌礼节。在接待中不要讲伤及他们民族感情的话。

（5）日本游客

日本游客勤奋好学，好胜心强，注重实际，讲求实效，崇尚礼仪。在旅游中喜欢结伴出行，集体观念和时间观念较强；日程确定后，不得更改，即使时间很紧也要按照日程安排走马观花看一遍；旅游中一般不表达自己的意见，即使表达，态度也比较委婉；喜爱购物，易受同伴影响。但是，他们安全防范意识较差，导游人员需反复提醒注意人身及财物的安全。

图 2-2-7 日本游客与云南纳西族老人同舞

针对日本游客的心理特点，接待时的服务技巧如下：

① 日本人对文物古迹、风土人情均感兴趣（见图 2-2-7）。由于日本人大多数信奉神道教和佛教，所以可多带领他们参观寺庙古迹。

② 导游在接待中要把握时间和节奏，不要迟到，不随意更改日程安排。

③ 导游要注重礼节礼貌。注意细心观察和体会日本游客的心理活动变化。

待客训练

训练一：参照表 2-2-2 所示，请将学生分成小组，进行角色扮演，体会角色的心理感受，并运用待客技巧，做好导游接团服务，把客人的心理需求与待客技巧分析填入表内，做好互评。

模拟情景一：一美国旅行团的心理需求分析及导游接团服务技巧。

1．学生分角色，一导游接团，众学生为游客。

2．众“美国游客”表演美国人随意、好奇等特征，导游随机应变，做好接团服务。

3．学生评析。

4．老师点评总结。

模拟情景二：一英国旅行团的心理需求分析及导游接团服务技巧。

1．学生分角色，一导游接团，众学生为游客。

2．众“英国游客”表演英国人特征并出难题，导游随机应变，做好接团服务。

3．学生评析。

4．老师点评总结。

表 2-2-2　游客需求心理及导游接团技巧分析评价表

服务情景描述	游客需求心理与导游待客技巧分析	组间评价	老师评价
情景一：美国旅行团	游客心理分析：____________ ____________ ____________。 导游待客技巧：____________ ____________ ____________ ____________。		
情景二：英国旅行团	游客心理分析：____________ ____________ ____________。 导游待客技巧：____________ ____________ ____________ ____________。		
努力方向：		老师建议：	

训练二：参照表 2-2-3 所示，请同学们分组讨论，分析此服务情境中游客的心理需求，评价导游的服务技巧，并进一步设计丰富多彩的导游待客形式，各组交流意见，做好互评，最后由老师点评。并把相应的内容填在表格中。

表 2-2-3　游客需求心理与导游待客技巧分析评价表

服务情景描述	游客需求心理与导游待客技巧分析	组间评价	老师评价
一天下午，英语导游员小刘在首都国际机场接待了一个 40 多人的意大利旅行团。待大家坐稳后，旅游车向酒店驶去。 小刘：Good afternoon,ladies and gentlemen. Welcome to Beijing! Please sit down and relax.Your luggage will be sent to the hotel by another bus,so you don't have to worry about it. 小刘又做了自我介绍，得到大家的一片掌声。	游客心理分析：____。 导游待客技巧：____。		
接着她按导游书上的程序向大家介绍起北京的历史文化。片刻之后，她发现有些客人已从刚才的兴奋情绪中走了神儿，有的人开始闭眼打瞌睡。	游客心理分析：______________________________。 导游待客技巧：______________________________		
小刘见状立刻改变了讲解的方式，她放慢速度并观察大家的目光注意点，就大家感兴趣的沿途风光和相关风情进行了讲解。又介绍游客去的宾馆，强调在北京旅游应注意的事项，还把后几天的游览项目介绍了一番。	游客心理分析：______________________________。 导游待客技巧：______________________________		
果然，游客的情绪开始高涨起来，提问也增多了，不知不觉车子就到了饭店。 下车前，小刘让大家看一下自己的手表，请大家把表调整到北京时间 13:50 分，并感谢大家的合作。	游客心理分析：______________________________。 导游待客技巧：______________________________		
努力方向：		老师建议：	

训练三：请同学们分小组模拟表演表 2-2-4 中的接团情景，通过角色扮演以及各组同学对情节的丰富和设计（填在横线上），认真体会和感受每个人物的心理活动，体验客人的需要和情绪，体会导游服务对客人需要的满足程度，互相交流和评价，深刻领会本节的重要知识点。

表 2-2-4　游客需求心理与导游待客技巧分析评价表

服务情景描述	游客需求心理与导游待客技巧分析	学生评价	老师总结
深秋的一天，上海的导游王小姐在机场接到了 10 位英国客人。由于飞机晚点，他们很不满意，表情十分冷淡。王小姐热情地问候英国客人："非常欢迎大家来到我们美丽的上海，想必旅途一定非常疲倦，我们先回酒店休息。"	游客心理分析：____。 导游待客技巧：______________________________。		

续表

服务情景描述	游客需求心理与导游待客技巧分析	学生评价	老师总结
王小姐面带微笑，热情耐心地介绍着沿途的城市夜景，但他们仍然是不言不语。王小姐仍不灰心，①______，______，(设计她的行为活动) 终于几位客人与她交谈了几句，并向她抱怨旅途的不顺利。 王小姐：②______ ______。 游客的情绪终于开始好转。	游客心理分析：______ ______ ______ ______。 导游待客技巧：______ ______ ______ ______。		
王小姐与饭店总服务台的接待员联系，落实是否已经按要求为各房间安排了水果和鲜花。到饭店后她热情地为他们安排好房间，告诉他们注意的事项，然后又微笑着以商讨的口吻询问客人第二天出发的时间。大家终于愉快地告诉了她时间，并心情舒畅地准备休息。	游客心理分析：______ ______ ______ ______。 导游待客技巧：______ ______ ______。		
努力方向：		老师建议：	

训练四：如表 2-2-5 所示，对于老导游老冯的接团行为，小赵疑惑不解，认为老冯对待客人“内外有别”，请同学们结合下面的情景帮助小赵分析一下原因，并做好游客心理和待客技巧分析。

表 2-2-5 游客需求心理与导游待客技巧分析评价表

服务情景描述	游客需求心理与导游待客技巧分析	学生评价	老师总结
小赵是新导游，跟着老导游老冯上了两个团，一个是北京团，一个是美国团。两个团都是老人居多，但小赵发现老赵接内宾团时挺热情，上下车时帮老人提提行李，有时还搀扶一把。但是在接外宾团时，一般上下车时他就微笑着站在车门边，不主动帮外国老人提行李，看到有的老人行李实在太大，他会小声地问一句然后再帮他拖一下行李。 下团后小赵问老冯为什么？你认为老冯这样做的原因是什么？	客人心理分析：______ ______ ______ ______ ______。 相应服务技巧：______ ______ ______ ______ ______ ______。		
努力方向：		老师建议：	

学习评价

学习评价表如表 2-2-6 所示。

表 2-2-6　学习评价表

评价项目	评　价　内　容	小组互评		老师评价	
服务能力	能依据不同游客的心理特征，因势利导，做好个性化服务	Yes	No	Yes	No
	能够熟练和恰当地提供功能性服务和心理服务	Yes	No	Yes	No
	能熟练操作接团时的准备和迎客工作程序	Yes	No	Yes	No
	能够依据客人心理预期，准确运用待客服务技巧	Yes	No	Yes	No
	熟练运用交际语言和态势语言的功能，树立良好的第一印象	Yes	No	Yes	No
服务知识	导游接团服务程序及心理服务要领	Yes	No	Yes	No
	不同游客的心理需求特点	Yes	No	Yes	No
	相关心理学知识	Yes	No	Yes	No
服务态度	服务主动热情，态度诚恳、和蔼可亲	Yes	No	Yes	No
	善于并积极沟通，有较强的工作责任感	Yes	No	Yes	No

课后练习

1．根据本课所学知识，分析美国、德国、法国、日本、俄罗斯和意大利游客的心理特征，揣摩对不同国籍客人的待客技巧。

2．详细了解不同国家旅游者的风俗习惯、民族宗教和心理特点，依据心理学的有关理论，列举较为有效的接团技巧。

3．走访有经验的英语导游，倾听他们接待外国游客的心得体会。

单元三

旅游沿途交通服务心理与待客技巧

交通是旅游者能否顺利实现旅游计划的首要条件，也是人们外出旅游最关心的问题之一。旅游交通服务始终伴随在旅游者的旅游活动中，为旅游者提供“行”的服务，直接影响旅游者旅游活动的质量。交通线路的设计、交通工具的性能、配套的服务设施及服务管理人员的服务质量等，对旅游者在旅途中的满意度和旅游活动的顺利完成都具有重要作用。

旅游者对旅游交通安全、便捷、准时、舒适的心理需求是共同的，但不同的游客对于不同方式和长度的旅程心理需求也存在差异。作为导游必须研究旅游者对旅游交通服务的生理和心理需要，并掌握相应的服务技巧，不断拓展特色服务的内容，给旅游者一个愉快的旅行。

温馨服务　愉快旅程

学习目标

✧ 远程沿途交通服务心理与待客技巧

✧ 短程沿途交通服务心理与待客技巧

任务一 远程沿途交通服务心理与待客技巧

远程旅途中，旅游交通服务质量的时间性和舒适性、安全性，是旅游者特别关心的问题，对于旅游者和导游都是一个挑战。在漫长的旅途中，不同的游客会有不同的表现和心理反应，作为导游人员能否在旅行中做好细致、贴心、优质的个性化服务，使旅游者愉快地欣赏沿途美丽的自然风光，从中得到享受和放松，产生快捷和愉悦的心理体验，对提高旅游者的满意度、信任度起着十分关键的作用。

情景描述

一天下午，北京的导游员詹小姐接到了旅行社分配的新任务，让她带领一个 11 人的韩国旅行团前往世界屋脊——西藏旅游，历时 11 天，欣赏沿途自然风光，依次游览拉萨—布达拉宫—大昭寺—纳木错湖—林芝—雅鲁藏布大峡谷等景区。期间不仅乘坐长途进藏火车（44 小时），还要乘坐旅游大巴、飞机等交通工具。

由于路途较远并转换多种交通工具，地理、气候环境复杂，詹小姐心想，一定要做好充分的知识准备和一些新颖的活动内容，争取搞活旅途上的气氛，避免大家寂寞。几天后，詹小姐从饭店接了客人，就满怀信心地带着大家开始了新的旅程（见图 3-1-1）。

图 3-1-1 满怀信心 踏上旅程

服务心理与待客技巧分析

远程旅游对于旅游者和导游来说，都是一个考验。漫长的旅行既考验旅游者的耐性、体力，同时也是对导游交通服务质量的挑战。詹小姐面对这么艰巨的旅游交通服务任务，不仅认真做好充分的物质和心理准备，而且勇敢地接受对自己服务技能考验的机会。

为了及时、准确、省时、安全地将旅客送往目的地，不仅要选择合适的交通工具，更要用高水平的服务技巧转移旅游者的注意力，消除疲倦和乏味，产生快捷、舒适、愉悦的情绪体验。具体的服务心理和待客技巧如下：

1. 远程旅游者旅途心理需求

（1）安全

马斯洛的需要层次论认为安全需要是人们生理需要得到满足后最基本的一种心理需要。旅游者对旅游交通服务同样也有“安全”的心理需求，而且是作为一种最为关注的首要需求。安全是旅游活动的前提和生命，没有安全就没有旅游。最新的旅游者调查显示，旅游安全已经成为影响旅游信心的最主要因素，但一些敏感的游客由于心理原因仍对出游产生犹豫感。

作为远程旅游者，因为旅途遥远，对安全的关注就会更加突出。每个人在出发前，无论选择哪种交通工具，都希望能平平安安、快快乐乐地渡过这段有意义的长途旅行生活，能在心理上得到彻底的放松和休息，不希望旅途中因安全因素而影响了心情。所以，只有保证旅游者旅途中的“一路平安”，游客的人身和财产安全得到充分的保障，才能使其消除紧张不安的心理状态，充分享受旅游活动的乐趣。

当然，旅游者由于年龄、经历、个性等的不同，对安全需要的程度也有较大差异。有的年轻人血气方刚、喜欢冒险，要创造非凡的经历，对安全就看得相对不那么重要。而对于一些年老体弱，或者经历过交通事故，或比较谨小慎微的旅游者，旅途中稍有动静就会惊慌失措，甚至由此改变线路或改变交通工具，或取消去某地旅游的打算。

（2）便捷

旅游者往往认为旅游活动中的“旅”是到达旅游地的条件，“游”才是目的，旅游者对旅游时间的知觉是旅途要快，游览要慢，所以在车（船、飞机）上的时间常被认为是无意义的，甚至是枯燥乏味的。尤其远程旅途中的旅游者更希望选择最快的交通工具，得到方便快捷的旅游交通服务。例如旅游者希望能够顺利购买到所需交通工具的票据，简化办理登车（船、飞机）及行李托运的手续，以便减少长时间旅途带来的枯燥乏味和身心疲倦，缩短到达旅游目的地的时间。

远程旅游者为了尽量缩短旅行时间，飞机是他最佳的选择。若乘火车旅行，也往往选择乘坐直达快车或高速列车，满足其“求快捷”的需要。但当旅游交通不便捷而又没有其他旅游刺激因素时，旅游者常常因此而产生厌烦的情绪体验和疲劳的生理感受。尤其对于胆汁质、多血质或者急于到达目的地的人，他们更觉得途中的时间过得太慢。为此，导游人员则要注意在旅途中安排内容充实、丰富多彩的活动，使游客觉得时间在不知不觉中过去，经常处于兴高采烈的情绪之中，以适应人们的时间知觉对旅行的需要。例如，因时因地的导游讲解，组织文娱、游戏活动，排忧解难，以及代订客房、代购游览门票、供餐供水、清洁卫生等。

（3）舒适

远程旅行中，旅游者由于身体长时间保持一种姿势，不能随意地伸展和移动，更容易产生疲倦和烦躁的情绪体验。舒适的交通服务可以缓解长途旅行带来的身心疲惫，改善旅游者的情绪，提高旅游者的兴致。因此交通设施、乘车环境、文化娱乐、饮食、休息睡眠等服务内容的要求也就相应提高，尤其是在旅途中得到文明礼貌、热情周到、人性化的心理服务，更会增加远程旅游的舒适感，使旅游者有一个满意的旅行。舒适的乘车环境如图 3-1-2 所示。

图 3-1-2 舒适的乘车环境

（4）快乐

旅游作为一种娱乐活动，投入的是时间和财力，产出的是精神上多层次、多方位的享受。它所产生的价值很大程度上取决于愉悦和快乐的感受。这种快乐不仅限于旅游目的地，而且贯穿于旅游活动的全过程，也包括旅游交通快乐的需要，尤其对于远程旅游者，枯燥、难熬的旅途体验一定是他们最忌讳的。

远程旅行中，导游员应提供更多耐心细致的服务、丰富多彩的活动、幽默的语言。同时，一定不要错过了沿途的美丽风光，在导游的精彩讲解和引导下，旅游者会产生快乐的情感体验，在兴高采烈的情绪体验中，更会产生“时间很快”的时间知觉，从而消除疲劳和烦躁情绪，圆满完成愉快的旅行。

（5）静心

旅游者长途旅行，身心疲惫，除了安排一些必要的娱乐活动和沿途风光欣赏外，还要给游客留些安静休息的时间。如果在旅行途中大声喧哗、嘈杂吵闹，甚至导游与游客、游客与游客之间发生口角或争吵，更会使人身心疲惫，影响游客旅游的心情。在嘈杂的环境中，尤其是在人较多的候车室和车厢内，尽量保持安宁，减少喧哗，动中求静是大多数长途旅客共同的心理需求。

心情安静与否，在一定程度上取决于人对环境的感受。一个井然有序的环境，可以使人心平气和，心情平静。要保持游客旅行中的安静环境，游客本身不仅要约束自己，不大声说话、喝酒猜拳、来回走动等；也要求导游人员加强环境管理的有序性，这种有序性包括两个方面：一是物的有序性（例如行李架上物品摆放）；二是人的有序性，上下车有序、坐在车内行为有序（见图 3-1-3）；另外，保持交通工具内的环境清洁卫生也是有序性的一种表现。干净、整洁的环境使人心情愉快，心绪平静（见图 3-1-4）；脏、乱、异味弥漫的旅行环境，会使人烦躁，心情郁闷而烦乱不安。

图 3-1-3　车内行为有序

图 3-1-4　心绪平静的游客

2. 远程旅游交通服务待客技巧

针对远程旅游者对旅游交通服务的心理需要，服务人员应运用相应的心理策略，更好地满足旅游者精神和物质上的双重需要。

（1）完善的旅游交通硬件环境让游客行得放心

① 合理的线路设计。远程旅游中因为旅途线路比较长，交通工具更换较多，就要设计和规划安全、高效的到达目的地的线路，消除游客心中对安全和时间的顾虑。

② 完备的基础设施。首先要依据地理条件对其进行合理的规划和布局；其次，基础设施应具备安全性和适应性。

③ 适宜的现代化交通工具。首先要选择与远程旅行相适应的现代化交通工具，以确保旅途的安全和便利、舒适。其次，安排多样、便捷的交通工具以满足游客多样性的需求。

（2）优质的旅游交通软件环境让游客行得舒心

① 交通安全有保障。安全是旅游交通的生命线，旅游交通服务最重要的一环就是确保旅游者的人身财产安全，尤其是远程旅游者。作为导游员有义务在自己的能力范围内采取一切有效的措施，防止交通事故的发生。例如加强旅游交通工具的检测和维修，避免因为性能老化而发生意外；同时应选择技术水平良好、经验丰富、责任心强的司售人员，司售人员必须是经过严格的训练、考核的有经验者。导游要注意观察司机的状态，并进行恰当合理的安全驾驶引导，在出现紧急危险状况时要沉着冷静，将损失减到最少；同时还要在一些险要道路、桥梁、山路、护坡等交通路段，特别注意提醒司机谨慎驾驶。当车辆经过颠簸和路况较差的路段时，导游应提醒全团游客扶稳坐好。

② 沿途讲解丰富有趣。远程旅游者在途中更容易觉得时间过得慢，单调乏味，有度日如年之感。为此，导游提供的“车上服务”可以“加料加量”，要注意安排内容充实、丰富多彩的活动，沿途讲解方法灵活、内容丰富，具有吸引力。在车上讲解时，除介绍沿途景色和景点预知外，还应讲一些沿途中易触景生情的东西，掌握客人的特点，了解客人的反应，以引发客人的兴趣。且在讲解中要多让乘客参与，如采取提问、知识竞赛、唱歌等形式，使客人开动脑筋，增长知识，活跃气氛（见图 3-1-5 和图 3-1-6）。既可以在车上引领游客进行文艺表演，还可以应景做题。例如遇到雨天气氛沉闷，就用雨为主题，引导游客唱出相关的歌曲，以消除漫长旅途中的疲劳感。

图 3-1-5　知识竞猜

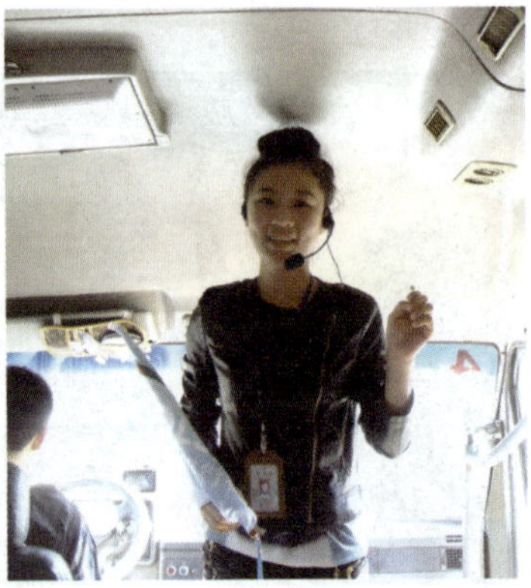

图 3-1-6　讲解丰富有趣

③ 交通服务人性化。导游员可以学习空姐“机上服务”贴心的个性服务、标准化的体态语言，将其灵活运用于导游的“旅途服务”（见图 3-1-7）。要学会善于观察旅游者在途中的心理变化与情绪反应，及时提供体贴的服务，想旅游者之所想，急旅游者之所急，能机敏和果断地判断、分析、处理各种事件，使服务更有针对性。例如遇到游客因长途跋涉旅途乏味、心情烦躁时要适时开展适当的娱乐活动，转移旅游者的注意力；遇到游客困顿劳累、疲劳倦怠时，要适时地把视频音量减小，提醒大家安静休息，以便养精蓄锐；遇到晕车、身体不适的游客，要给予调换座位、通风或提供药品等个性化服务。

同时，注意情感服务，通过主动而灵活的旅途服务方式，提供超常服务、细节服务、温情服务、特色服务等。倾注自己的情感，表达发自内心的爱心，用顽强的毅力、高度的责任感，真心诚意地关怀旅游者，体现出浓浓的情谊。

图 3-1-7 标准化的体态语言

相关知识

1. 旅游者对旅游交通的选择

旅游交通服务质量的时间性，也是旅客关心的问题之一。因为旅途不是旅游者外出的目的，而只是达到目的的方式。为了满足这一心理需求，及时、准确地将旅客送往目的地，必须选择便捷的交通工具。

在现代旅游活动中，可供人们选择的交通工具主要有飞机、火车、汽车、轮船等。在旅游活动中选用什么样的交通工具是由旅游者的知觉决定的，远程旅游者最广泛选用的交通工具无外乎火车、汽车和飞机。

(1) 火车

火车由于车次多、发车准时、乘坐方便、安全高速而深受旅游者的欢迎。一般情况下，旅游者对火车的知觉取决于以下 3 个因素：一是运行速度及中途停靠站次数。快速的直达列车（见图 3-1-8）最受欢迎，即使沿途停站，也是停站的次数越少越好；二是始发及到站时间，旅游者希望始发及到站的时间合适，有利于观光游览等活动；三是舒适度，喜欢乘坐车厢内舒适美观且服务周到的列车。

图 3-1-8 直达列车

(2) 汽车

旅游汽车在远程旅游过程中也是不可或缺的，旅游者对旅游汽车的知觉受以下 3 个因素影响：一是车窗的宽敞程度，车窗宽敞的汽车使旅游者视野开阔；二是舒适度，旅游者喜欢乘坐有空调、坐椅舒适、视听设备齐全的汽车；三是路面状况及车上的减震功能，长时间乘车，旅游者都希望车行平稳，少受颠簸。

随着家庭拥有小汽车比例的不断增大，小汽车已成为散客长途自驾旅游的主要交通工具。乘坐小汽车旅游具有自由、方便、灵活的特点，但安全系数与火车相比相对较低。

（3）飞机

飞机具有速度快的特点，能使旅游者在较短的时间内完成远距离的旅行。远程旅游通常都会多次转乘交通工具，这增加了旅途的不舒适感和危险性，而飞机恰恰弥补了这一点。

由于生活节奏的加快和人们经济水平的提高，很多人首选乘飞机旅游，同时很多人把乘飞机长途旅行作为一种享受。随着飞机的一跃而起，在空中平稳的遨游，人们靠在舒适的座椅上，一种自在惬意感油然而生；在好奇心的驱使下，旅游者还会透过机窗欣赏云海，俯瞰山峦、河流、田野（见图 3-1-9 和图 3-1-10），享受云端的美妙；空中小姐热情周到的服务、可口的美味、温暖舒适的环境，都会使游客消除生理和心理上的旅途疲劳，产生舒适、愉悦的情感体验。

图 3-1-9　鸟瞰山川

图 3-1-10　欣赏云海

2. 旅游者的交通心理需求及相应的服务技巧

（1）享受型游客的交通心理需求及相应的服务技巧

享受型游客注重整个旅游过程中的生理感受和心理感受，希望旅游全程都能够得到舒适、休闲的旅游经历。享受型游客有充裕的时间，只要有足够的交通安全保障，就能够娱乐于旅途，享受于旅途；享受型游客的主要目的是享受旅途，所以对交通过程中提供的服务项目较为关注，希望能得到较为细致周到的途中服务。

享受型游客的相应交通服务技巧：

在享受型游客群体中，夕阳游、新婚游、度假游是典型的代表类型。其中老年游客所占比重较大，由于受生理条件的限制，加上时间充裕，阅历丰富，他们希望行程缓慢，喜欢悠闲的方式，将旅途本身和旅游目的地视为同样重要的旅游过程。所以选择旅游交通工具时，应注重交通工具的安全性和舒适性，宽敞舒适的旅游专列、游船当为首选。老年人长途旅行时，最好坐卧铺或飞机，也可以分段前往。老年人旅游多为消除苦闷、打破寂寞、驱散烦恼；同时开阔眼界、丰富知识、增强体质、陶冶情操。在旅途中应多关怀和照顾他们，同时合理安排活动，既不让老人劳累，又能感受到生活的丰富多彩、生命的希望与活力。

新婚游客正处于新婚的甜蜜期，在旅途中希望能够拥有一定的个人私密空间，不愿被别人打扰，情绪比较高涨，精力比较充沛，对于交通工具的快慢并不敏感。他们消费金额大，消费水平高，讲究交通工具的舒适性和安全性。火车卧铺空间能够给游客提供充足的个人空间，所以相对来说，火车是新婚游客不错的选择。

度假游的游客最注重整个旅游经历的安全性和舒适性。他们时间充足，心理处于完全放松的状态，要求交通工具内环境好，乘坐舒适，所以飞机、火车和其他趣味性交通工具就成了度假游客的首选。

（2）着重目的地游客的心理需求及相应的交通服务技巧

着重目的地的游客以休闲度假为目的，他们希望尽快赶往旅游目的地，把更多的时间用于悠闲、安逸的度假。这类游客急于到达目的地，对旅途不感兴趣，旅途中心情易急躁；他们也并不太关注旅途中的各项活动，较难调动起参与活动的积极性；在交通工具方面会选择飞机、特快列车或直达列车等，尽可能缩短旅途时间，不让旅途占用太多的度假时间。

着重目的地游客的相应交通服务技巧：

选择与旅途相适应的交通工具，以确保旅途快捷并富有趣味性；在整个旅途过程中，导游要关注游客的心理变化，尽可能地调动他们的积极性，转移对时间的注意力。尤其是交通工具延迟到达目的地或者交通工具停在途中时，导游更要对这类游客做好心理安抚工作，并采取相应的补救措施。

（3）走马观花型游客的心理需求及相应的交通服务技巧

走马观花型游客在整个旅游过程中基本上属于“急行军式”的旅游方式。游客以快速观赏游览名胜古迹、风土人情等为主要目的，与购物、娱乐、考察、公务等相结合。走马观花型游客是最传统、最常见、最基本的游客类型，也是我国游客类型的主体。

在走马观花型游客中，中青年游客占据比例较大。他们要应对激烈的社会竞争，要工作、学习和充电，故闲暇的时间很少。他们出游大都选择节假日和与出差有关系的旅游线路。为了能在有限的时间内尽量多走多看，他们往往会平分旅途和目的地的时间。

走马观花型游客的相应服务技巧：

走马观光型的游客最关注的两个因素是时间因素和经济因素，所以，我们要据此提供相应的旅途服务。如果旅游团队的消费规格较高，可优先选择飞机，提高观光效率；如果是经济型旅游团队，可以铁路、水路交通为主；如果旅游目的地较远，可以选择直达飞机，返回时再选择铁路、轮船、汽车等交通工具，多种交通方式相结合。

（4）猎奇求新型游客的心理需求及相应的交通服务技巧

猎奇求新型游客喜欢新奇的事物和不同寻常的经历。他们的旅游常常伴随着探险，因此在旅途中往往会舍弃四平八稳的交通工具，而选择其他比较新奇的旅游交通工具。在体验新颖的交通方式中获得全新的刺激和与众不同的感受。

猎奇求新型游客的相应服务技巧：

应合理安排富有特色、新奇的交通工具，如具有传奇色彩的东方列车，具有民族特色的羊皮筏，具有地方风格的滑竿、竹筏、驴车，具有现代特征的水翼船、马匹、骆驼、人力三轮车等，如图 3-1-11 所示，这些交通工具本身对游客有着极大的吸引力，能够满足游客求新、求奇、求异的心理需要。对于西方游客来说，也是很有意思的交通工具。

图 3-1-11　富有特色的交通工具

3. 旅游车上的游戏活动技巧

为了使旅途充满乐趣，消减旅途疲劳和枯燥感，导游人员可以通过个人才艺表演、旅途游戏活动等，激发旅游者的兴趣，活跃旅游交通途中的气氛，增进旅游团队成员之间的友谊，给客人留下美好难忘的回忆。这些表演和游戏的开展必须根据导游人员的自身情况和旅途的具体条件采取不同的形式和方法，并能针对不同类型旅游者的特点合理调整，随机应变，为整个旅游行程的开展起到锦上添花的作用。

(1) 个人才艺表演的技巧

① 讲笑话、讲故事。导游员在旅途中要不失时机、恰到好处地讲述、引用几个笑话；或者能够从眼前发生的事实中信手拈来一些材料，提炼成笑话，从而达到缓解紧张、活跃气氛、吸引听众的功效。需要导游员镇定自若、制造悬念；因势利导、见缝插针；富于联想、切中话题等才能讲好笑话。

例 1：郭达与蔡明曾演过一个小品。小品中郭达教蔡明讲“动脑筋急拐弯”的技巧。郭说：“红豆绿豆一块儿炒，倒出锅时红的绿的各在一边，怎么回事？”。

答案是锅内只炒了两粒豆，一粒红豆，一粒绿豆（讲的时候要沉住气，给大家一段时间猜想）。

例 2：一对情侣因小事闹别扭。男的回家后，立即写了一封信。信封上方写的是女方的住址，收信人栏内却写着“冷血动物收”。

过了几天，信件被退回来。信封上邮递员写道：“原址经查无此动物。”

例 3：护士：“你父亲做了心脏手术，现在情况怎么样？”

儿子：“噢，他还好，但他说他有两颗心脏在跳。”

护士："那就对了，做手术的外科医生正在寻找他的手表呢。"

例4：一天，小偷甲碰见小偷乙，小偷乙正在兴致勃勃地研究一本时装杂志。小偷甲问："你怎么对时装感兴趣了？"小偷乙说："想看看今年的时装，口袋在哪里？"

例5：顾客："有巴金的书卖吗？"，营业员："笑话，哪能有8斤重的书。"

顾客："请帮我挑一本《艾青诗选》。营业员："老不正经，这么大年纪，还买《爱情诗选》。"

顾客："请为我挑一本《钢铁是怎样炼成的》？"，营业员："请到科技书店去买。"

例6：化学家求婚："我是氧原子O，你是氢原子H，我们的结合就像水（H_2O）一样稳定。"女友立即责问道："快说，另外一个H在哪里？"（这个笑话能令人联想到化学家的"迂"和女友的"醋"，但如果讲给从未学过化学的人听，他就可能不知所云，对你的笑话表现出麻木。）

② 唱歌。导游员首先要选择适合自己的歌曲，在唱歌时气息贯通，能够注入感情地演绎歌曲，感染力会更强；要声音唱起来轻松、明亮而圆润。如果导游员先天条件不适合唱歌就不要勉强，否则会适得其反。

③ 魔术表演。对于导游而言，选择难度适中的魔术进行表演，能够很快现学现卖，不会因为表演失败而产生挫折感，还应该考虑魔术的趣味性，力图通过表演给旅途带来更多的快乐。魔术表演要注意"手、眼、身、法、步"的运用。变幻手法和各种手势，表现出良好的精气神和内在气质；表演形态要自然大方、美观洒脱，既能巧妙地掩盖魔术的秘密，又要显示形体美，富于艺术魅力；善于变幻手法和表演方法；表演者活动的步法要有舞蹈性、节奏感。

（2）旅途游戏活动

导游人员开展语言游戏，可根据游客的兴趣选择适当的形式。

① 猜谜语。导游在组织猜谜活动时要密切注意旅游者的反应，如果多数旅游者积极性很高，导游不妨多出些谜语，也可让旅游者来出谜语。为提高旅游者的积极性，达到活跃气氛的效果，导游选取的谜语不应太难，应尽量选用经过短暂思考就能找到答案，又比较有趣味性的谜语。

例1：什么东西肥得快，瘦得更快？ 【谜底：气球】

例2：一只蚂蚁不小心从飞机上掉了下来，就死了。猜猜它是怎么死的？

【谜底：是因为飘的太久，饿死的。】

例3：一头猪说：加油啊！——打一食品材料。 【谜底：朱古力】

例4：明明是一个晴朗出太阳的好日子，却有人说："等一下就要刮台风了！"为什么他会这么说？ 【谜底：因为现在正在台风眼里】

例5：数字"3"在路上翻了一个跟头，接着又翻了一个跟头——打一成语。

【谜底：三番两次】

例6：一只蜜蜂叮在挂历上——打一成语。 【谜底：风（蜂）和日丽（日历）】

② 脑筋急转弯。导游在组织脑筋急转弯活动时要考虑团队构成。脑筋急转弯问题的答案一般都比较简短，而且现在的年轻人大多数都喜欢玩这类游戏，在各种场合经历过类似的问题，知道很多答案。有鉴于此，导游对年轻人要出一些不常见的、有一定难度的问题，而对年龄较大的团队，要出一些具有一定逻辑性的问题，以免它们感觉答案离谱。

例 1：某个动物园中，有两只狮子趁管理员一时疏忽，抓住忘记给笼子上锁的机会逃出来，在公园内窜来窜去。人们一边避险，一边找管理员，而管理员却躲到一个更安全的地方。此地为何处？　【答案：关狮子的笼子里】

例 2：进动物园看到的第一个动物是什么?　【答案：售票员】

例 3：制造日期与有效日期是同一天的产品是什么?　【答案：报纸】

例 4：请你把 9 匹马平均放到 10 个马圈里，并让每个马圈里的马的数目都相同，怎么分?

【答案：把 9 匹马放到一个马圈里，再在这个马圈外面套 9 个马圈】

例 5：有一个人一年才上一天班又不怕被解雇，他是谁？　【答案：圣诞老人】

③ 集体游戏。

例 1:《记住名字》，30 人左右，先自报名字，让大家记忆 3 分钟后，团长陈述某团员的特征，大家抢答出团长所指人的名字，回答对了，2 人握手；回答错了，错的人为团长指的人唱歌或者做一件让他笑的事。

例 2：《数青蛙》，游戏规则：口诀“N 只青蛙跳进水中 N 个扑通”，从座中任何一人开始，每人念两字，依次“一只”“青蛙”“跳进”“水中”“扑通”“两只”“青蛙”···循环下去，有几只青蛙就扑通几声，到了 9 只青蛙时可以重新开始。说错或者跟不上节奏者受罚。

例 3：《记名字》，这个游戏适合初次见面用来记住在座各位的名字。主持者在每人做好自我介绍之后说好规则：大家一起有节奏地拍掌（两拍接一响指），然后主持人说一个名字，此人不用动作，继续拍掌（两拍接一响指），左手边的人喊另外一个人的名字，继续拍掌，一直下去，错了受罚。

另外一种玩法：围成一圈，第一个人说“我叫 XXX，我喜欢打篮球”，第二个人必须说，“我是站在喜欢打篮球的 XXX 旁边的喜欢吃醋的 YYY”，第三个人就必须说前面两个人的特性和名字了，排在最后那老兄就惨了，要说十几个人，不过他也听得最多，所以还是说得出的。这样一圈，名字就都记住了，接下来可以更熟一点。

待客训练

训练一：一般情况下，旅游者如果没有达到旅游的目的，其心情一定是不好的。但是，到中国来旅游的几位日本旅游者却获得了不同的感受。请同学们结合本课知识对表 3-1-1 中的案例进行小组分析讨论，想想导游小姐运用了什么技巧。并参照案例设计各种服务情景，做好旅游交通服务分析，按要求填在表 3-1-2 中。

表 3-1-1　游客需求心理及导游交通服务技巧分析评价表

服务情景描述	游客需求心理及导游服务技巧分析	组间评价	老师评价
几位日本旅游者到著名的长城观光。上午 7:30 分旅游车准时从天津出发，可惜道路堵塞，行驶缓慢。但导游小姐非常热情，用引人入胜的风趣语言详细介绍沿途每一处有故事的地方。	游客心理分析：____。 导游待客技巧：____。		

续表

服务情景描述	游客需求心理及导游服务技巧分析	组间评价	老师评价
不知不觉邻近八达岭长城脚下，已经是近下午 1:00 了，可是车子堵塞更是严重，大家恍然醒悟已经在车上耽误了很长时间，也早过了吃饭时间，肚子开始咕咕叫了。	游客心理分析：______________________________。 导游待客技巧：______________________________。		
这时导游小姐说：“想必大家已经饥肠辘辘了，非常不巧，今天的交通堵塞很厉害！我们现在仍然还没到达饭店，不过如果步行大约需要 20 分钟左右，我们已经坐了长时间的车，大家一定也很想伸展一下腰肢了，我们下去走走如何？”大家齐声响应，在导游的带领下开始了前往饭店的急行军。吃饭的间隙，导游关切地问候游客是否有身体不适，饭菜是否可口。吃过饭以后，大家还是兴高采烈地爬上了长城。晚上回到饭店已经很晚了，回想一天的旅游，有一半时间是在车上度过的。可奇怪的是，没有一个游客出言不逊，大家都表现出了宽容和理解。	游客心理分析：______________________________。 导游待客技巧：______________________________。		
努力方向：		老师建议：	

表 3-1-2 游客需求心理及导游交通服务技巧分析评价表

服务情景描述	游客需求心理及导游服务技巧分析	组间评价	老师评价
	游客心理分析：______________________________。 导游待客技巧：______________________________。		
	游客心理分析：______________________________。 导游待客技巧：______________________________。		
	游客心理分析：______________________________。 导游待客技巧：______________________________。		
努力方向：		老师建议：	

训练二：如表 3-1-3 所示，下面是一位游客的部分“西藏旅游日记”，真切地记录下了她的感受和体会。请小组讨论，从游客描述的细节中，分析游客的心理需求，评价导游的服务技巧，并在此基础上进一步设计导游交通服务技巧。

表 3-1-3　游客需求心理及导游服务技巧分析评价表

游客旅游日记描述	游客需求心理及导游服务技巧分析	组间评价	老师评价
“韩红一曲高亢动人的《天路》，勾动了无数人对天路的美好憧憬，我也是其中一员。我还特别喜欢另外一首歌《坐上火车去拉萨》，时时哼唱，唱着唱着仿佛自己真的坐着火车去西藏了。今天，我终于乘坐火车踏上了期待已久的青藏铁路（见图 3-1-12）。  图 3-1-12　青藏铁路	游客心理分析：______________________________。 导游待客技巧：______________________________。		
火车准点发车。我们随队的女导游依然笑眯眯地来回观察，叮嘱我们一些注意事项。我们车厢的乘务员是一名家住西宁的汉族小姑娘，可能是跑多了高原，圆圆的脸蛋隐约染上了高原红。她笑容可掬地先用汉藏英 3 种语言做自我介绍，然后特地介绍了高原列车的特殊吸氧装备。这种服务源自于航空，但我感觉这些乘务员的职业性微笑更像洁白的雪山一样真诚。每节车厢过道上的小屏幕流动显示着火车此时的海拔高度、速度等。座位很舒服，卫生间里不但有水，而且居然还配备有卫生纸！一路上的美景和仅次于五星级宾馆的舒适环境让人“乐不思蜀”。青藏列车还真的是不一般！	游客心理分析：______________________________。 导游待客技巧：______________________________。		
火车驶上堪称“世界冻土工程博物馆”和“一个世纪的伟大穿越”的青藏铁路，沿途穿越可可西里、经过通天河与沱沱河、雁石坪 、翻越唐古拉山、经过羌塘大草原，导游为大家悉心地指点着、讲解着，一路的风景和导游的激情讲解，淡化了高原的不适应。因为是长途旅行，车上有可供充电的 220 V 电源，途中许多游客在车上玩游戏、上网，拿起相机拍摄着窗外的美景（见图 3-1-13），愉快而又充实，很是惬意！  图 3-1-13　青藏列车上	游客心理分析：______________________________。 导游待客技巧：______________________________。		

续表

游客旅游日记描述	游客需求心理及导游服务技巧分析	组间评价	老师评价
16:00 抵达拉萨，地陪导游接站，是一个地道的藏族小姑娘，还为游客献上了洁白的哈达。乘旅游巴士约 40 分钟到宾馆，途中导游叮嘱大家当日不要做任何剧烈运动，不要沐浴，多饮水，勿暴食早些休息，以适应高原性气候。 感觉腰酸背痛，躺在高原的床上觉得真是舒坦啊！！……”	游客心理分析：________ ________________ ________________ ________________。 导游待客技巧：________ ________________ ________________ ________________。		
努力方向：		老师建议：	

训练三：如表 3-1-4 所示，请同学们分成 4 个小组，每组分别讨论一种类型旅游者的心理需求并设计相应的服务技巧。同时请你作为全陪，在旅途中打算开展哪一种游戏活动来活跃旅途氛围，并做好互评。

表 3-1-4　游客需求心理及导游交通服务技巧分析评价表

游客类型	游客需求心理分析	导游服务技巧分析	组间评价	老师评价
享受型游客				
走马观花型游客				
着重目的地型游客				
猎奇求新型游客				
努力方向：			老师建议：	

学习评价

学习评价表如表 3-1-5 所示。

表 3-1-5　学习评价表

评价项目	评　价　内　容	小组互评	老师评价
服务能力	能够掌握远程旅游者的共同心理需求，并做好相应的服务	Yes　No	Yes　No
	能够分析不同类型游客心理特点并做好个性化旅途服务	Yes　No	Yes　No
	能够熟练和恰当地提供功能性服务和心理服务	Yes　No	Yes　No
	能够成功开展各类旅途游戏	Yes　No	Yes　No
	旅途中熟练运用交际语言和态势语言的功能	Yes　No	Yes　No
	善于处理旅游交通中的突发事件，善于体会游客的心理感受	Yes　No	Yes　No
服务知识	旅游交通途中游客的心理需求特点	Yes　No	Yes　No
	旅游交通途中的待客服务要领	Yes　No	Yes　No
	心理学相关知识及运用	Yes　No	Yes　No
服务态度	服务主动热情、态度诚恳	Yes　No	Yes　No
	善于沟通，有较强的工作责任感	Yes　No	Yes　No
	对待客人一视同仁，不分高低贵贱	Yes　No	Yes　No

课后练习

1．搜集旅游交通中，成功处理突发事件的案例，分析后写出心得体会。

2．针对远程旅游交通的特点，请设计三段调节焦躁和无聊气氛的游戏活动内容，让大家在不知不觉中，愉快地渡过漫长的旅程。

3．走访有经验的老导游，倾听他们在远程旅游服务中的成功案例，并做好记录。

任务二 短程沿途交通服务心理与待客技巧

随着人们工作压力的不断加大，生活水平的不断提高，特别是实行双休日以后，人们利用短暂的假期进行短距离、短时间的外出旅游的需求也日益膨胀，越来越多的人更加注重小假期的休闲，以此来缓解生活和工作的压力，于是人们把目光集中在城市近郊或者省内周边城市的短途旅游上，融入大自然，享受自然风光和人文景观，获得身心放松和愉悦的心理体验。短途旅游虽然途中时间不长，作为导游更应该处理好这短暂的旅途观光机会，掌握短途旅游者的心理需求，让旅游者体会到旅行中的每一分钟都是愉快而难以忘怀的（见图 3-2-1）。

图 3-2-1 休闲的假期 愉快的时光

情景描述

6 月的大连气候怡人、山清水秀，年轻的导游员小苏接待了一个 16 人的冰峪沟两日短途旅行团。该团多为大连市内利用周末亲近自然山水，放松心情，温泉理疗的家庭游（见图 3-2-2）。

图 3-2-2 放松休闲家庭游

服务心理与待客技巧分析

随着人类文明的发展，科学技术的进步使越来越多的现代人摆脱了经济上和政治上的束缚，生活质量和生活方式发生了很大的变化，越来越多的人充分利用每个双休日、小假期来享受短程旅行带来的快乐体验和新鲜感受。

逃离钢筋水泥建造的丛林，远离汽车尾气、工业垃圾、噪音等黑色污染。人们渴望在5天的繁忙工作之余，放下压力、烦恼，来到新鲜的环境，听听鸟鸣，看看蓝天，嗅嗅大自然的芳香。人们渴望回归大自然，感受大自然环境的清新。因而，短途旅游异军突起，成为人们生活中重要的休闲方式。

导游员小苏所带的这个两日游旅行团属于短程旅行团，主要是以休闲娱乐、亲近自然为主。旅游者在心理特点和交通需求上虽与远程旅行一样都存在安全、快捷、舒适的心理需要，但仍存在个别差异，导游员若要做好周到和贴心的服务，还必须了解短程旅游者特有的交通心理需求。

短程旅游者交通心理需求及服务技巧

（1）求新鲜

短程旅游者很多是家庭、朋友一起出游，他们更多地追求惊奇、喜悦、清新和振奋等多种成分在内的新鲜感。希望在暂短的假期改变一下一成不变的平淡生活方式，感受大自然的新鲜和惬意。希望优美的自然风光，恬静的田园风光（见图3-2-3），浪漫的海滨风光，以及感受果园、蔬菜、花卉、园林等采摘和欣赏的乐趣（见图3-2-4），这些都可以满足短程旅游者观光、休闲、度假的需要。

图3-2-3 家庭出游

图3-2-4 采摘的乐趣

（2）求解脱

现代社会中，竞争日趋激烈，在紧张的工作之余，利用短暂假期摆脱嘈杂恶劣环境的困扰，回归自然、放松身心、返璞归真、净化自我、消除疲劳、增进健康，松开身心的禁锢（见图3-2-5），人们的心灵从贴近大自然中获得一种释放和真实，这是短程旅游者的普遍心理需求。

图3-2-5 让心灵休息

因而在短程旅行途中，导游人员要让游客尽情地释放情绪，讲解更多体现轻松、幽默的内容，注重车厢内的气氛，真正地让游客得到心灵的休息和愉悦。同时，交通工具内的环境要干净、整洁、舒适。汽车车窗要宽敞明净，座椅要舒适。如果乘坐火车，则火车的运行速度要快、停靠的站点少，且乘务人员服务要周到等。

（3）求感情

由于紧张的工作和快节奏的生活，昔日的朋友和家人很难在轻松、闲暇的气氛中获得沟通和交流，所以，人们利用短暂的双休日和小假期的短程旅行，给无暇进行感情沟通的家庭和朋友提供了一个良好的平台，可以在美丽的大自然怀抱中感受亲情、爱情和友情带给人们的欢愉。

所以，短程旅行中尽可能的为家庭、朋友提供近距离的空间，尽量不要去打扰他们的和谐、幸福气氛，注意提醒大人带好小孩和老人，为他们提供更多的方便。同时也积极促进不同群体的交流和沟通，提供更加温暖、贴心的服务，让他们更深切地感受到来自四面八方的爱。

相关知识

1. 气质

（1）气质的含义

现代心理学把气质定义为：一个人生来就有的表现在心理活动和行为方面的典型的、稳定的动力特征。

气质是人的个性心理特征之一，它是指在人的认识、情感、言语、行动中，心理活动发生时力量的强弱、变化的快慢和均衡程度等稳定的动力特征。主要表现在情绪体验的快慢、强弱、表现的隐显以及动作的灵敏或迟钝方面，因而它为人的全部心理活动表现染上了一层浓厚的色彩。它与日常生活中人们所说的“脾气”、“性情”等含义相近。

气质是由人的生理素质或身体特点反映出的个性特征，是个性形成的原始材料之一。在新生儿期即有表现，如有的婴儿安静，有的好哭，必然影响其父母或哺育者与婴儿的互动关系，从而影响个性的形成。表现在心理活动的动力特征上，如心理过程的速度、强度、稳定性、指向性和灵活性等。具体表现为情绪体验的强弱、意志力的大小、注意力集中时间的长短、知觉或思维的快慢等。使个体的全部心理活动呈现独特的色彩。气质与个性的区别在于，个性的形成除了以气质、体质等先天禀赋为基础外，社会环境的影响起决定作用；而气质是个性中的先天倾向。

每个人生来就具有某种气质，不同的人有不同的气质。“一龙生九子，九子各不同”就是说的这个道理。气质具有稳定性和先天性的特征。

（2）气质的种类

气质是一个古老的概念，古今中外都有对它的研究。早在古希腊时代，著名医生希波克拉特（hippocrates，公元前 460 ～公元前 370）就认为人体内有 4 种液体，即生于脑的黏液，生于肝的黄胆汁，生于胃的黑胆汁，生于心脏的血液，这 4 种体液的不同组合，就“形成了人体的特质”。即血液占优势为多血质，黏液占优势为黏液质，黄胆汁占优势为胆汁质，黑胆汁占优势为抑郁质。具有不同特质的人有着不同的行事风格。后来，罗马医生盖伦（Galen，129 ～ 299）用拉丁语 temperamentum 一词来表示这种“人体特质”，这就是英语中气质（Temperament）的最初来源。

根据巴普洛夫对神经系统特点的研究，结合古希腊医生希波克拉底对气质的分类，可以将气质分为 4 种类型。气质无好坏之分，任何一种气质类型都有积极和消极两个方面，如表 3-2-1 所示。

表 3-2-1　气质的特征和两重性

气质类型	主要心理特征		
	积极性	消极性	代表人物
胆汁质	直爽热情、心境变化激烈、反应迅速、精力充沛	急躁、易冲动、难于自我克制	李逵 张飞
多血质	活泼好动，行动敏捷，擅交往，感情丰富	轻率、浮躁、情感多变	史湘云
黏液质	举止平和、行为稳重；头脑清醒、做事有条不紊、踏踏实实；善于忍耐	执拗、冷淡、循规蹈矩、不善言谈、动作迟缓	贾迎春
抑郁质	内心体验极为深刻，情感细腻，细心谨慎，敏感机智	胆小、孤僻、寡欢、爱独处、动作迟缓、多疑、缺乏自信	林黛玉

上述 4 种气质类型仅是一种典型划分。虽然在日常生活中可以遇到这 4 种气质类型中的每一种气质的鲜明代表人物，但这样的人毕竟是少数，大多数人都是属于混合型气质类型。因此，在判断一个人的气质时，不能勉强地把一个人归入某种气质类型。

如图 3-2-6 所示，能分辨出每组人物代表的气质类型吗？请填在后面的横线上。

图 3-2-6　4 种气质类型漫画

2. 旅游者的气质表现及交通服务技巧

根据气质类型划分，旅游者在旅途中的气质表现和相应服务技巧如下：

（1）胆汁质

这类旅游者常常对人热情、直率，情感外露，有冒险精神，但说话不顾场合，遇到不顺心的事易冲动、自制性较差，不善于控制自己。他们办事果断干脆，不拖泥带水，例如在购物时就很少挑来拣去，属于冲动型顾客，但他们常常比较粗心、鲁莽，做事毛躁，容易遗失物品，在排队、候车、长途旅行、交通不畅时，往往比别人更显得不耐烦，会抱怨、烦躁。遇到困难时，往往沉不住气，甚至有过激行为。他们喜欢独立行动，喜欢表现自己的优点，好胜心强，自信心强，有时比较固执，一般不轻易改变自己的决定。

胆汁质游客的相应交通服务技巧：

不要与他们争强好胜；尽可能避免与他们讨论有争议的话题；一旦出现问题，应避其锋芒，回避和忍让，采取冷处理，待他们冷静后再耐心商量，往往能取得较好的效果；为他们提供服务工作，例如办理住宿手续、结账、接站、等车等要尽量做到迅速及时；善于适时提醒他们不要遗忘物品。

（2）多血质

这类旅游者对新奇、多变、富有刺激性的活动会表现出极大的兴趣和热情，喜欢出点子，喜欢参与旅途的活动，例如爬上、游泳等，但兴趣不稳定，易变化。他们对人热情大方、喜欢与人交往，能很快与全团人熟悉并交上朋友，但这种友谊往往不深厚。他们非常乐观，经常处于愉快的心境之中，但情绪不稳定，例如听到感伤的故事，会情不自禁地流泪，喜怒哀乐都表现在脸上。

多血质游客的相应交通服务技巧：

不要对这类游客不理不睬，应主动热情，以满足他们爱交往、爱说话的心理需求；应适时主动地向他们介绍丰富多彩的娱乐以及服务项目，迎合他们求新、求变的心理；提供服务时要干脆利落，在交谈中语言应简洁扼要，避免啰嗦呆板；多征求他们的意见，在枯燥的旅行中适时请他们活跃气氛，并在适当的场合对他们的帮助表示感谢。

（3）黏液质

这类旅游者平时表现安静，言行谨慎，很少发脾气，自制能力很强，但面部表情不明显，常给人一种捉摸不透、难以接近的感觉；他们喜欢清静、恋旧，喜欢参加节奏轻松、比较安全的旅游活动，不喜欢刺激和花样翻新的活动。做事总是不慌不忙，有条不紊，深思熟虑。生活极其有规律，因此对新环境不易适应，但一旦适应了，又非常留恋；他们不主动与别人交往，也不轻易发表见解，但希望得到尊重，不愿给别人找麻烦，喜欢仔细欣赏景点，购买旅游产品或服务时总是深思熟虑；对服务比较挑剔。

黏液质游客的相应交通服务技巧：

要考虑到他们喜欢清静的心理特点，在安排座位、房间时尽量选择较为僻静的环境，不过多地打搅他们；一般情况下不要与他们频繁地交谈，旅行中的娱乐活动不要强行要求他们参与，以免逾越他们固有的心理距离，引起他们反感；如有必要交谈时应简单明了，不能滔滔不绝，要客气、诚恳，速度要慢，声调要低，在重要之处还应重复，以免他们反应不过来；在等待他们做出选择决定时，要允许他们有较长时间的比较和思考，不要催促，显出心急不耐烦的情绪；要尊重这些客人，尽量满足他们的要求，要认真对待他们的意见和建议。

（4）抑郁质

这类旅游者多数时候显得落落寡欢，性情孤僻不合群，反应速度慢，行动迟缓，很少凑热闹，心里有事也不愿意对别人讲，有强烈的自我保护意识。但他们的自尊心十分强，情感丰富细腻，想象力丰富，敏感多猜疑，与别人发生矛盾后，长时间不能平静。旅途中会对窗外的景致很感兴趣，认真欣赏。

抑郁质游客的相应交通服务技巧：

旅途中要多亲近、关爱、体贴他们，使他们感到温暖，但不能过分热情，要尊重他们的隐私；主动与他们交谈一些愉快的话题，与他们说话时态度要温和诚恳，切勿命令指责，与他们开玩笑一定也要讲究分寸，以免引起他们的误会；旅途中有困难时应主动帮助，多加关照，不能置之不理；有事与他们商量时，要把缘由说清楚，以免引起他们的猜忌和不安；听他们说话时，要耐心倾听，不可流露出不耐烦的神情。旅行车中的座位要安排在安静的角落，如果有同行者一定要提供方便，安排邻近的位置。

总之，旅游活动中，很少有旅游者纯粹表现出某一类型的气质特点，大多数旅游者都是以某个类型为主，同时也表现出其他气质类型的特征。所以，旅游服务人员在提供服务时要因人而异，要随时观察游客的情绪变化，及时调整，力争使服务更具针对性，获得令游客满意的效果。

3. 气质类型与职业选择

气质没有好坏之分，但气质却能影响一个人的工作效率。特别是在一些需要经受高度身心紧张的职业中，气质不仅关系到工作的效率，还关系到事业的成败。例如《三国演义》中小乔绣花，恰如其分；张飞绣花，难上加难。下面是气质类型和与之匹配的职业分析：

胆汁质的人主动性强，具有竞争意识，适合于竞争激烈、冒险性和风险性强的职业或社会服务型的职业，如运动员、改革者、探险者等，甚至到偏远及开放地区从业。

多血质的人不适宜从事单调机械的工作和要求细致的工作。而通常适合于出头露面，交际方面的职业，如管理、导游、外交、公安、军官等职业。

黏液质的人具有较强的自我克制能力，能埋头苦干、态度持重不易分心，由于灵活性相对较差，他们可能有因循守旧的倾向。黏液质的人适宜的工作有会计、法官、调解人员、管理人员、外科医生等。

抑郁质的人适宜承担的工作与胆汁质的人正好相反，诸如打字员、校对员、检查员、化验员、数据登记人员、文字排版人员、机要秘书等。

通常，要求做出迅速、灵活反应的工作，多血汁的人则往往容易适应；相反，要求细腻的工作，黏液质、抑郁质的人较为合适，而多血质、胆汁质的人却不是最佳人选。

气质是人们的个性中最稳定的因素，在选择职业时，一定要与自己的气质类型相匹配。每一个求职者应从自己的实际气质特征出发，认真考察职业气质要求与自身特征的对应关系，选择那些能使自己气质的积极方面得到发挥的职业与岗位，避开消极的一面。但是气质不决定一个人的潜力。任何气质类型的人都可以在事业上取得成功，为社会作出贡献。

待客训练

训练一：请小组讨论完成以下训练。

1. 为满足游客追求新鲜感的心理预期，探讨待客技巧。

典型待客技巧举例：____

____。

2. 为满足游客追求解脱感的心理预期，探讨待客技巧。

典型待客技巧举例：____

____。

3. 为满足游客追求新鲜感的心理预期，探讨待客技巧。

典型待客技巧举例：____

____。

训练二：情景模拟训练。

时间：2008 年 8 月

地点：大连冰峪沟风景区

人物：导游小陈及他所带的 4 个家庭和一对中年女性朋友共 15 人的大连市内旅游团

背景：8 月的一天早晨，在大连市火车站前的某停车地点，陆续地赶来了 4 个家庭和一对中年女性朋友。

家庭 1：一家 3 口和 2 个老人；家庭 2：一对夫妇；家庭 3：一对中年夫妇和放假的大学生儿子；家庭 4：一对青年夫妇和 5 岁的儿子。

要求：如表 3-2-2 所示，请 16 位同学分别扮演导游小陈和各位旅游者，善于分析短程游客的心理特点和导游服务技巧，各角色表现要逼真，反映各角色和年龄段人物的特点。“导游小陈”模拟表演：迎接、上车、座位安排、旅行途中、下车的服务过程。表演后，其余同学分析游客心理和导游服务技巧，提出不同意见，老师最后点评。

表 3-2-2 游客需求心理及导游服务技巧分析评价表

学生情景表演	游客需求心理分析	导游服务技巧分析	组间评价	老师评价
迎接游客 游客上车				
安排座位 客人落座				
旅行途中 游客下车				
努力方向：			老师建议：	

训练三：如表 3-2-3 所示，请同学们分别模拟表现 4 种气质类型的旅游者在遇到交通堵塞时的特征，并分别请几名同学扮演导游，每种气质类型分别安排 4 名“导游”来为游客服务，最后，请大家一起评价，看看哪位“导游”的服务技巧最好。

表 3-2-3 游客需求心理及导游服务技巧分析评价表

学生情景表演		游客需求心理及导游服务技巧分析	组间评价	老师评价
胆汁质	学生 1	游客心理分析：______________________________ ______________________________ ______________________________。 待客技巧分析：______________________________ ______________________________ ______________________________。		
	学生 2			
	学生 3			
	学生 4			

续表

学生情景表演		游客需求心理及导游服务技巧分析	组间评价	老师评价
多血质	学生 1	游客心理分析：__________。 待客技巧分析：__________。		
	学生 2			
	学生 3			
	学生 4			
黏液质	学生 1	游客心理分析：__________。 待客技巧分析：__________。		
	学生 2			
	学生 3			
	学生 4			
抑郁质	学生 1	游客心理分析：__________。 待客技巧分析：__________。		
	学生 2			
	学生 3			
	学生 4			
努力方向：			老师建议：	

学习评价

学习评价表如表 3-2-4 所示。

表 3-2-4 学习评价表

评价项目	评 价 内 容	小组互评	老师评价
服务能力	能够掌握短程旅游者的共同心理需求，并做好相应的服务	Yes No	Yes No
	能够分析气质类型游客心理特点并做好个性化旅途服务	Yes No	Yes No
	能够熟练和恰当地提供功能性服务和心理服务	Yes No	Yes No
	能够成功开展各类旅途游戏	Yes No	Yes No
	旅途中熟练运用交际语言和态势语言的功能	Yes No	Yes No
	善于处理旅游交通中的突发事件，善于体会游客的心理感受	Yes No	Yes No
服务知识	旅游交通途中游客的心理需求特点	Yes No	Yes No
	旅游交通途中的待客服务要领	Yes No	Yes No
	心理学相关知识及运用	Yes No	Yes No
服务态度	服务主动热情、态度诚恳	Yes No	Yes No
	善于沟通，有较强的工作责任感	Yes No	Yes No
	对待客人一视同仁，不分高低贵贱	Yes No	Yes No

课外练习

1．搜集短程旅游交通中，成功处理游客家庭间矛盾冲突事件的案例，分析后写出心得体会。

2．针对短程旅游交通的特点，请搜集 3 段适合于旅途中家庭间活动的游戏，促进家庭成员内部的合作和家庭间的沟通。

3．走访有经验的老导游，倾听他们在短程旅游服务中的成功案例，并做好记录。

单元四

住店服务心理与待客技巧

住店服务是旅游服务的重要组成部分，它满足了旅游者外出旅游过程中饮食和住宿方面的需要。旅游者愉快的住店经历，对旅游者的心理满足和旅游行为会产生重要影响。旅游者住店的核心需求集中在酒店的前厅、客房、餐饮等服务领域，导游应协同饭店服务员在游客住店期间把握其心理需求预期，运用待客技巧、主动沟通、积极协调，为游客提供个性化的住店服务，令其满意甚至惊喜。

积极协调 贴心照顾

学习目标

- ✧ 前厅服务心理与待客技巧
- ✧ 客房服务心理与待客技巧
- ✧ 餐厅服务心理与待客技巧

任务一 前厅服务心理与待客技巧

酒店的前厅总会给游客留下深刻的第一印象和难忘的最后印象，它既是饭店的神经中枢，又是饭店的门面和窗口。客人预订、抵店、住店、离店阶段，对前厅服务需求心理预期各不相同，导游只有把握了游客需求心理，依据需求心理的变化做好相应的住店服务，才能令客人产生惊喜的消费体验，从而留下良好的印象。

情景描述

大连海滨旅行社接待一个由40位退休老干部组成的豪华团，按照游客预订时的要求，旅行社做了精心的接待准备，其中游客提出要入住四星级酒店，客房要宽敞，餐饮适合老年人口味，突出地方特色等要求。旅行社在为游客预订酒店时，向酒店提出预订客房的要求，既考虑游客所提出的住店要求，又根据老年游客的住店心理预期，选择低楼层、阳光和外景朝向、距电梯近、有比较安静的同层宽敞客房（见图4-1-1）。当团队领队得到旅行社的住店安排反馈信息时，连连称赞旅行社的安排周到细致。

图4-1-1 舒适的住宿环境

考虑到老年游客经过长途旅行比较劳累，导游员详细研究了酒店精心制订的接待方案，并提出自己的服务想法，无论是接站服务、行李服务、开房服务、送房服务、问讯服务等，均确保服务舒适、快捷。

客人抵达酒店过程中，导游员一直与酒店交流游客行程等信息（见图4-1-2），总会把游客的下一步安排提前与酒店沟通好，并向游客通报服务进程和下一步的安排，导游员服务的专业、精心令游客产生信任感，游客非常愿意听从和配合导游员的组织和指挥。客人住店过程异常顺利，酒店服务和导游员的服务也令游客感觉贴心和尊贵。游客都说，有这样一位办事稳妥、细致的导游员，这些天大家一定会过得非常愉快。

图4-1-2 导游与酒店积极沟通

服务心理与待客技巧分析

住店是游客旅游过程中比较重视，又必须的经历。如果酒店服务不到位，不仅仅是住店不满意，整个游览过程也会受到影响，这样，游客不仅对酒店服务不满，更会责怪旅行社安排不周。游客住店的需求心理预期较高，一般有寻求礼遇与尊重的心理需求、寻求真诚与友好的心理需求、寻求便捷服务的心理需求、好奇求知的心理需求，需要旅行社和酒店共同协作予以满足。为此旅行社的服务人员应准确地把握游客需求心理，运用待客技巧，令游客愉悦住店。

1. 为游客选择喜欢的酒店

大多数游客都有住店的经历，对酒店服务水平高低的评判有较高的水准，对酒店服务的心理预期较高，游客既懂得酒店的常规服务标准，又会欣赏较高的个性化服务。为此旅行社应充分了解游客对服务需求的心理特点，为游客选择他们喜欢的酒店（见图 4-1-3）。依据游客住店要求，游客的年龄、职业、地域等不同因素，重点考虑酒店的等级、声望、位置、舒适度、服务品质等要素，做好入住酒店的选择。及时向游客通报预订酒店的相关信息，取得游客的认可后方可确定酒店。

2. 客人抵达前与酒店有效沟通

旅行社一般通过电话、传真等方式与酒店沟通，为游客做好住店预订服务（见图 4-1-4）。在游客抵达前一周、一天两个时间点与酒店确认接待准备情况，确保住店服务万无一失。

图 4-1-3 高雅华贵的前厅

图 4-1-4 做好住店预订服务

3. 做好接站服务

游客来到异地既有兴奋、新鲜，又有陌生和略有不安的心理，特别需要导游员热情迎宾、有序的组织安排，来维护游客良好的心情，打消游客内心的陌生感，安慰游客不安的心理。其中游客非常关心住店安排是否到位，导游员应善解人意，通过电话及时与酒店沟通游客抵达的信息，把酒店入住安排的落实情况及时告知游客，倾听游客意见（见图 4-1-5），直到游客满意为止，这样游客才能安心。

4. 与酒店协作，快捷办理好入住手续

前厅流畅快捷的服务可以解除游客心理上的焦虑感，使游客在前台服务环节留下美好的印象，为接下来的旅游活动打下良好的基础。导游员既要与前台有效沟通，又要组织好游客。

一般情况下，导游员应迅速安顿游客在大堂休息处等候，陪同领队办理入住手续，交接房卡，安排游客进房休息（见图 4-1-6）。

图 4-1-5　倾听游客意见

图 4-1-6　引领客人进房休息

5. 听取游客对住房安排的意见

游客初入客房，会表现出不同的情绪，如果客房环境能够让游客满意或是超出游客的美好预期，客人会非常愉悦，兴致颇高；反之，会情绪低落，甚至投诉。导游员及时获取游客对客房是否满意的信息，了解游客入房后的情绪十分必要，若游客对客房有意见，导游员应及时沟通，会同酒店一同改善，立即进行服务补救，直到游客满意为止。

相关知识

1. 注意

注意是人们的心理活动对一定对象的指向和集中。一个人在同一时间不可能感知周围的一切对象，而只是有选择地指向于一定对象，其余对象则离开感知范围，注意是顺利完成各种活动的重要条件。

心理学表明，注意有“选择功能、保持功能、调节与监督功能”。所谓选择功能是指其选择有意义的、符合需要的、与当前活动一致的事物，避开其与之相竞争的各种事物，例如服务人员在工作中应注意选择的只能是游客，而排除其他干扰；所谓保持功能是指注意对象的映像或内容较长时间在意识中指向并保持在一定方向上，例如前厅办理入住手续查验游客证件或游客离店结账过程，都应保持注意，直至服务活动结束。

注意的种类有“无意注意、有意注意、有意后注意”3 种。所谓无意注意是指没有预订目的、不需要意志努力的注意，例如餐厅服务操作时有声响，游客便可能留意哪里发出声响，什么原因？这种注意是一种被动的、本能的刺激后的反映；所谓有意注意是指有预订目的、不需要意志努力的注意，例如服务人员为了服务完美，服务过程中始终注意游客的各种需求就是有意注意。能否产生有意注意与个人的意志品质、对所从事的活动意义的认识有关；所谓有意后注意是指有自觉目的但不经意志努力就能维持的注意，例如服务人员熟练的斟酒、托盘（见图 4-1-7）、铺床等服务中的注意属于有意后注意，它是在有意注意基础上产生的。

图 4-1-7　服务员熟练的端盘技术

2. 注意与服务

服务中很好地运用注意有如下表现：

（1）注意与游客的消费行为

① 游客的无意注意。游客对饭店的设施、服务方式经常产生无意注意，形成消费动机。引起游客无意注意的原因有酒店本身的特点和游客自身的状态两个方面。酒店与众不同的环境，餐厅独特的菜品陈列，会引起游客的无意注意，产生好感，激起游客消费的愿望；而酒店的嘈杂声响，也会引起游客的无意注意，影响游客情绪，令其扫兴，失去消费的兴致；游客自身的状态，主要是指游客的需求、情感、兴趣、经验等。凡是符合游客需要的、令游客喜爱的、感兴趣的和以往美好体验的服务，就会引起游客的无意注意，从而引发游客的消费行为。如游客喜欢游泳，因此酒店的游泳馆就容易引起游客的无意注意。

② 游客的有意注意。游客有目的地了解酒店的硬件和软件，并对酒店做出入住的决策；游客认真询问房价、客房特色等信息；游客退房时，核对账单，都是有意注意的表现。

（2）注意与服务工作

① 饭店服务人员要根据游客的注意特征做好服务工作。游客的注意指向，集中在酒店环境美化、清洁卫生、文明礼貌、价格公平、设施先进等方面。因此酒店要依据游客的审美需求，给予他们听觉美、嗅觉美、形象美、意境美的享受；依据游客的心理需求，给予周到的服务和热情的接待。如有的酒店注重现代建筑风格，运用表现出时尚、富丽的装饰元素，服务人员的服饰中西结合、高雅时尚；游客所见的、触摸的均整洁如新；游客感受到服务的彬彬有礼、无微不至；体验到服务公平、价格公平；对先进便利的设施感到新鲜、好奇。这些美好的经历，都会吸引游客的注意，并留下美好的回忆，令游客愿意再一次入住该酒店。

② 导游人员要善于引导游客的有意注意。游客带着旅途和游览的疲惫踏进酒店，最希望的就是家的感受。导游要有意识地创设一些情境，协同酒店服务人员，主动地向游客提供一些周到、细致的服务以引导游客的有意注意，这样做可以使游客由被动地接受变成主动地感受和欣赏；可以激起他们的强烈愿望，同时也可以融洽导游与游客的感情。

3. 培养良好的注意品质

每个人的注意力是有差异的，但经过长期的努力和锻炼，注意力较差的人可以提高注意品质。旅游服务人员在工作中只有具备了良好的注意品质，才会专注工作，做好满意的服务。

① 要培养广泛的兴趣。兴趣和注意有密切关系，它是培养注意力的一个重要的心理条件。例如服务人员对健身服务感兴趣，那么其工作就会注意力非常集中，从而促进服务人员注意力的形成和培养。

② 要努力提高注意的稳定性。当服务人员明确自己工作职责和所完成服务任务的意义时，注意具有较高的稳定性。例如收银员知道收银工作关系到国家、企业、客人、员工各方经济利益，注意便会始终集中在工作上，减少收银差错。

③ 要努力扩大注意的范围。注意范围的大小和个人知识经验有很大的关系。服务人员经常面临人多、工作繁杂的场面，需要眼观六路、耳听八方的本领。因此，首先要熟悉服务工作，不断积累知识和经验，在工作中磨练自己，才能不断扩大注意范围。

④ 要提高注意分配力。服务工作往往需要同时从事几项活动，例如游客提出需要房内会晤服务时，要一边与客人沟通、一边记录，同时还要提供询问、建议，完成周密的服务计划，这就需要合理的注意分配。合理注意分配是有条件的，首先，同时进行的活动中有一种或多种是非常熟练的，接近自动化的程度；其次同时进行的活动应是相互联系的，不能排斥。例如服务人员操作中，相互说笑，甚至嬉闹，就容易出现失误或事故。

待客训练

训练一：小组合作，针对表 4-1-1 所示的“根据不同的游客的信息分析其住店的心理需求预期”，共同探讨，完成表中“小组评价”，各小组选出代表发言，陈述各自的观点，相互借鉴学习，最后倾听老师的评价。

表 4-1-1 游客需求心理及导游待客技巧分析评价表

游客信息	住店心理需求预期	小组评价	老师评价
游客来自上海、北京			
游客来自乡村			
老年游客			
年轻游客			
游客的职业是机关事业单位			
游客的职业是学生			
国外游客			
努力方向：		老师建议：	

训练二：请小组讨论，完成如下训练，做好旅游服务。

1. 为满足来客礼遇与尊重的心理预期，探讨待客技巧。

典型待客技巧举例：________________。

2. 为满足来客真诚与友好的心理预期，探讨待客技巧。

典型待客技巧举例：________________。

3. 为满足来客寻求便捷的心理预期，探讨待客技巧。

典型待客技巧举例：________________。

4. 为满足来客好奇求知的心理预期，探讨待客技巧。

典型待客技巧举例：________________。

训练三：如表 4-1-2 所示，将学生分成小组，一组提出游客可能的心理预期，一组分析满足游客的待客技巧，然后通过角色扮演，练习导游在前厅中的待客技巧，最后大家一起进行评价。

表 4-1-2　游客前厅需求心理及导游服务技巧分析

服务情景描述	游客前厅需求心理及导游服务技巧分析	组间评价	老师评价
情景一：	游客心理分析：________________ ________________ ________________。 待客技巧分析：________________ ________________ ________________ ________________。		
情景二：	游客心理分析：________________ ________________ ________________。 待客技巧分析：________________ ________________ ________________ ________________。		
努力方向：		老师建议：	

学习评价

学习评价表如表 4-1-3 所示。

表 4-1-3　学习评价表

评价项目	评　价　内　容	小组互评	老师评价
服务能力	能依据不同游客心理特征，因势利导，做好个性化服务	Yes　No	Yes　No
	能够熟练和恰当地提供功能性服务和心理服务	Yes　No	Yes　No
	能够有效地协调各部门之间的关系，做好服务工作	Yes　No	Yes　No
	能够依据客人心理预期，准确运用待客服务技巧	Yes　No	Yes　No
	进一步发现客人习惯、喜好，及时汇入客史档案	Yes　No	Yes　No
服务知识	住店服务程序及心理服务要领	Yes　No	Yes　No
	不同游客的心理需求特点	Yes　No	Yes　No
	相关心理学知识	Yes　No	Yes　No
服务态度	服务主动热情，态度诚恳、和蔼可亲	Yes　No	Yes　No
	善于并积极沟通，有较强的工作责任感	Yes　No	Yes　No
	善于合作、善解人意、乐于助人	Yes　No	Yes　No

课后练习

1．判断周围同学的学习心理预期，提升心理分析能力。
2．在学习与生活当中，注重与同学和老师进行有效沟通。
3．走访有经验的老导游，倾听他们在前厅服务中的成功案例，并做好记录。

任务二 客房服务心理与待客技巧

游客对客房服务的需求千差万别，提供优质的个性化服务才能一一满足其需求。导游员应及时向酒店和游客传递需求和服务信息，使酒店服务的针对性更强，让游客的不同需求得到及时满足，以得到充分的休息和放松。

情景描述

40位老年豪华团在旅行社的精心安排下，顺利入住三亚某酒店客房。所提供的客房，既考虑游客所提出的住店要求，又根据老年游客的住店心理预期，选择低楼层、阳光和外景朝向、距电梯近、比较安静的同层宽敞客房，游客一进入客房便连连称赞。即便这样，导游员还是诚恳地征求游客对住房的意见，其中两个房间的游客提出要房内灯光再亮些，3个房间的客人提出再加一个枕头，导游员立即协调客房服务一一满足（见图4-2-1）。

图4-2-1 导游员积极协调客房服务

服务心理与待客技巧分析

游客入住客房，希望能在这个空间中得到舒适的休息和放松。此刻的游客已经把导游员当做“百事通”和“自己人”，导游员提供的服务既专业又用心，赢得游客信任的同时，也令游客产生对旅行社所提供更好服务的心理预期。游客在客房的心理需求与待客技巧如下：

1. 保障生活、达到标准

客人满意所下榻的客房的同时，他们要感受到酒店就是自己的家的预期也随之而来。导游员务必要协调客房服务，确保游客生活舒适，各项服务达标是基础，提供因人而异的个性化服务成为完美服务的关键。所以导游员要尽可能地向酒店介绍所掌握的游客需求信息，并准确介绍游客的心理预期，听取酒店的客房服务举措，成为酒店和游客沟通的桥梁。

善于通过对游客进行鉴貌辨色，分析游客的个性心理，通过服务人员感觉、知觉辨别游客满意度，不断完善服务。

2. 有求必应、百问不厌

游客下榻酒店，客房也许不能完全达到游客的要求，即使有很多不便，大都选择自己克服，能够提出的要求，说明需要亟待解决，所以导游员和客房服务做到“有求必应、百问不厌”，是游客希望的。当导游员和客房服务提供真心诚意的服务时，游客才会打消疑虑，愿意说出在酒店生活的诸多不便，也帮助导游与客房提高服务水准。两个房间的游客提出要房内灯光再亮些，3 个房间的客人提出再加一个枕头，导游员应立即协调客房服务予以满足，直到客人满意为止。

3. 恰当建议、尊重选择

游客的生活安排往往仅从自身出发，没有考虑团队因素和酒店的服务能力，导游员应做好协调，若游客坚持自己的意见，应尊重游客的选择。如果游客安排晚上在房内打扑克、打麻将，导游员应提醒早点休息，避免过于疲劳影响大家明日出行；有的游客把房内的浴巾带出，这是酒店不允许的，导游员应做好游客工作，使其遵守酒店规定（见图 4-2-2）。

图 4-2-2 导游员耐心做好游客工作

相关知识

1. 能力

（1）能力的含义

能力是顺利有效地完成某种活动所必须具备的心理条件，是个体的一种心理特征。例如，音乐能力需要具备灵敏的听觉分辨能力、音乐的想象力、记忆力和音乐的感染力等心理条件，不具备这些心理条件就难于从事音乐活动。

智力是指人的认知能力，这种能力是人从事任何活动都必须具备的最基本的心理条件，例如观察力、理解力、记忆力、思维力、想象力等，思维力是智力的支柱和核心，代表智力发展的水平。正常发展的智力是人认识客观事物并运用知识解决实际问题的基础。导游员若要圆满地完成工作任务，除了应具备广博的知识和熟练的业务技能外，还必须具备各种能力。

（2）能力和知识、技能的关系

知识是人类社会历史经验的总结和概括；技能是通过练习而获得的和巩固下来的完成活动的动作方式和动作系统。

能力不是知识和技能，但和知识、技能有着密不可分的联系。能力是掌握知识技能的前提，决定掌握知识技能的方向、速度、巩固的程度和所能达到的水平。同时，在掌握知识技能的过程中，也会促进能力的发展。

导游的能力决定着知识和技能的掌握程度，同时导游扎实的服务知识和服务技能也会促进能力的发展。

2. 导游员的能力

导游员的能力直接影响服务效率和效果，也会影响到旅行社的服务水平。

（1）较强的认识能力

高水平的服务应该是导游员尽量把工作做在游客开口之前。这就要求导游员有较强的认识能力，能充分把握服务对象的活动规律。导游员较强的认识能力包括 3 方面的内容：一是观察能力。导游员要善于察言观色，从而全面、迅速地把握情况；二是分析的能力。导游员应善于透过现象看本质，分析游客的好恶倾向以及引起情绪变化的原因，并善于因势利导，采取恰当的方式和措施；三是预见能力。有较强的预见能力，工作才能主动，才能根据事物的发展规律提早决定自己应采取的行为方式。在导游服务中，预见能力还可以提早消除各种不利因素，防患于未然。

（2）良好的记忆能力

良好的记忆能力对于搞好导游服务工作是十分重要的。良好的记忆能力能使导游员在服务工作中熟练运用所掌握的一切知识和技能。良好的记忆力是导游员搞好优质服务的智力基础。为此，强化导游人员的记忆力是提高服务能力的重要方面。

（3）情绪自控的能力

自控能力是导游员必须具备的优良品质之一。导游员的自控能力体现了他的意志、品质、修养、信仰等诸方面的水平，尤其在与游客发生矛盾时，较强的自控能力可以使导游以大局为重，以游客为重，真正做到"客人至上"。但自我控制并不是怯懦，而是大事讲原则，小事讲风格，这是一种品质高尚的表现。

（4）随机应变的能力

导游人员的应变能力是指处理突发事件和技术性事故的能力。导游员的工作对象既广泛又复杂，导游员需要在工作中同各种阶层、各种性格、各种风俗习惯和文化传统的旅游者及其他方面的人士打交道。旅游活动中也充满了各种未知因素，使得接待工作变得更加扑朔迷离、变化多端。因此，要求导游人员在问题面前，沉着果断，随机应变地处理好各种问题，搞好与旅游者及各方面的关系。

（5）较强的语言表达能力

语言是导游人员与游客沟通的媒介。没有较强的语言表达能力，导游人员就无法有效地与游客沟通。导游人员要特别注重口头表达能力的培养，要能在任何情况下，用简洁、准确的语言表达自己的意向，说出应该说的话。准确的语言不仅可以生动、有效地表达出自己的想法、意见，而且可以防止产生歧义，语言不准确往往会使游客产生误会。

（6）较强的公关交际能力

导游除了与游客交往之外，还必须协调好与旅游部门和其他相关部门之间的关系。一个缺乏社交能力的人，往往会人为地在自己与社会、自己与周围环境、自己与他人之间筑起一道心理屏障，这样的人与导游服务工作的要求是格格不入的。

（7）良好的组织协调能力

导游面对的常常是十几个或几十个人的团体，要做大量的组织工作，才能将各项活动组织和落实好。此外，导游员在接待过程中还需要协调各个方面的关系，如旅行社与旅游者的关系，旅行社与饭店、民航、旅游景点等旅游服务供应部门的关系，领队、全程导游员和地方导游员3方面之间的关系（见图4-2-3）；旅游团内不同旅游者之间的关系，导游员所在的旅行社接待部门与该旅行社其他相关部门之间的关系等。导游员在接待中应注意讲究工作方法，根据具体情况采取适当的应付措施。没有良好的组织协调能力是不能圆满完成任务的。

图 4-2-3 导游员良好的组织协调能力

导游人员应具有的能力素质作为一种互相制约的多元化的能力系统，其构成要素之间是相互联系、紧密结合在一起共同发挥作用的。

总之，导游人员只有不断丰富自己的知识和技能，不断地学习和探索，才能具备良好的服务能力，才能在向导、讲解与生活照料等服务中圆满完成任务，让客人满意。

待客训练

训练：如表4-2-1所示，将学生分成小组，一组提出游客可能的心理预期，一组分析满足游客的待客技巧，然后通过角色扮演，练习导游在游客住店服务中的服务技巧，最后大家一起进行评价。

表 4-2-1 游客客房需求心理及导游服务技巧分析

服务情景描述	游客客房需求心理及导游服务技巧分析	组间评价	老师评价
情景一：	游客心理分析：________________________________。 待客技巧分析：________________________________。		
情景二：	游客心理分析：________________________________。 待客技巧分析：________________________________。		
努力方向：		老师建议：	

学习评价

学习评价表如表 4-2-2 所示。

表 4-2-2　学习评价

评价项目	评　价　内　容	小组互评		老师评价	
服务能力	能依据不同游客心理特征，因势利导，做好个性化服务	Yes	No	Yes	No
	能够熟练和恰当地提供功能性服务和心理服务	Yes	No	Yes	No
	能够有效地协调各部门之间的关系，做好服务工作	Yes	No	Yes	No
	能够依据客人心理预期，准确运用待客服务技巧	Yes	No	Yes	No
	进一步发现客人习惯、喜好，及时汇入客史档案	Yes	No	Yes	No
服务知识	住店服务程序及心理服务要领	Yes	No	Yes	No
	不同游客的心理需求特点	Yes	No	Yes	No
	相关心理学知识	Yes	No	Yes	No
服务态度	服务主动热情，态度诚恳、和蔼可亲	Yes	No	Yes	No
	善于并积极沟通，有较强的工作责任感	Yes	No	Yes	No
	善于合作、善解人意、乐于助人	Yes	No	Yes	No

课后练习

1．根据住店游客的心理分析，针对住店游客，列举较为有效的待客技巧。
2．根据心理学理论在酒店服务运用的理解，针对住店游客，列举较为有效的待客技巧。
3．走访有经验的老导游，倾听他们在客房服务中的成功案例，并做好记录。

任务三　餐厅服务心理与待客技巧

随着人们生活水平的提升，游客对餐饮服务的要求也越来越高。由于生活背景、文化层次、经济地位、饮食文化的差异，游客在菜品品质、就餐环境、就餐氛围、服务方式等方面的需求千差万别，因此导游员应该依据游客的个性化心理需求，会同酒店餐厅，有针对性地安排好游客的一日三餐，不仅满足游客的饮食习惯、符合就餐口味，还可以从中领略当地的饮食文化，并运用待客技巧，力争使团队吃得好、吃得饱、吃出味道的同时也品出真情实意的服务。

情景描述

由于下午游览活动的内容过于丰富，游客们游兴未尽。导游员安排回酒店时，大家才觉得肚子饿了。晚上 17:30 左右，40 名老年豪华团队的游客到达国际酒店宴会厅，落座后边环视高雅的宴会厅（见图 4-3-1）边期待丰盛的晚宴。导游员非常理解游客迫切用餐的心情，早在返回酒店的路上，就和领队一起通过电话与酒店点菜订餐，所以游客落座时桌面已经上好了各种样式的

图 4-3-1　环境幽雅的宴会厅

冷菜，导游员获取领队马上开餐的指令后，热菜及时上桌。看到大家愉快地进餐，周围的服务也有条不紊、忙而不乱，领队端起酒杯高兴地对大家说：“为今天大家的好心情干杯”。

服务心理与待客技巧分析

由于是老年游客，游览内容又非常丰富，到了就餐时间，游客一定会饥肠辘辘，期待导游员马上安排好丰盛的酒宴，在此基础上对就餐环境、氛围、服务有较高的心理预期。导游员要能够根据游客的心理需求，及时与餐厅沟通，让游客愉快就餐。

1. 随机应变、合理安排就餐时间

就餐时间的确定应尊重游客的决定，尤其应与领队有效沟通。导游员应根据游客的身体状况如何、游览时间长短、游览时游客的体力消耗大小、景点之间衔接是否便利、天气变化等因素，合理安排用餐时间。

2. 熟知就餐酒店、保障游客就餐需求

导游员应与口碑好、有特色的多家餐厅建立良好的合作关系，并熟知所要就餐酒店的餐饮等级、特色、联络电话，做到可以向游客推荐几个特色不同的餐品供其选择。

3. 积极协助，满意就餐

导游员是游客与旅行社、协作单位的桥梁，尽管应按合同要求照章办事，但导游员对于游客细节的要求与餐厅的协调还是必要的。根据游客的年龄、地域、职业、饮食喜好、游览体力消耗等细节，依据导游对菜品的了解，恰当建议，尊重游客选择（见图 4-3-2），发挥沟通协调作用。例如为老年游客应安排软的、炖的、清淡的菜品等，也可以为游客推荐突出地方特色的菜品（见图 4-3-3）。

图 4-3-2 尊重游客 恰当建议

图 4-3-3 菜品推荐

4. 关注游客用餐过程，及时出面处理突发事件

导游员始终关注游客的用餐过程，力争把可能出现的不愉快事件消灭在萌芽中，一旦出现不愉快的情况，应立即出面控制，避免游客扫兴。

相关知识

1．餐厅服务的心理策略

（1）建立良好的就餐环境

良好的就餐环境能使游客舒适地用餐，使他们感觉到物有所值。建立良好的就餐环境主要包括醒目的视觉环境和愉悦的听觉环境。

① 视觉赏心悦目。餐厅的门面要醒目，易于识别辨认。内部的装潢设计充满艺术气息，与酒店的整体风格相呼应。环境卫生应做到地面洁净，门窗、墙壁、服务台、桌椅洁净整齐，餐具物品摆放有序。映入眼帘的环境高雅舒适，会让游客感到心情愉悦，赏心悦目（见图 4-3-4 和图 4-3-5）。

图 4-3-4　漂亮的餐厅

图 4-3-5　豪华的餐厅

② 愉悦的听觉环境。在餐厅里播放一些背景音乐可以调节客人用餐的心情。播放音乐要因地制宜、根据饭店的特点来选取适当的乐曲。快餐厅可以播放一些欢快的音乐，增加客流量；正餐厅可以播放一些悠扬的轻音乐，调节气氛、增加客人的食欲，消除客人的疲劳和焦虑情绪。

（2）提高饭店的服务质量

饭店的服务质量直接决定饭店经营的成败，是饭店对客服务的重要衡量标准。也是游客对餐厅服务的基本需求之一。提高饭店的服务质量可以通过以下几个途径：

① 使用“无声语言”。“无声语言”指的是体态语。餐厅服务人员在对客进行服务的过程中不但要使用柔性语言，还要与“无声语言”并用，最重要的就是眼神和微笑的运用。眼神的交流才是心与心的沟通，才是真诚的问候。服务人员在对客交往中应该注重眼神的沟通，与客面对面时应该正视对方，通过目光让对方了解你在认真的倾听，没有分散自己的注意力。这样才能与客人进行顺利的沟通和交往。微笑意味着友善，象征着诚意，一个微笑可以化解一份隔阂。当服务人员和颜悦色、微笑服务时 ，才能让客人感觉真正的温暖。真诚、热情、发自内心的微笑才能赢得客人的满意。

② 培养敏锐的洞察力。细节决定成败。服务人员善于观察游客的情绪变化、即时需求，为游客提供细小的服务，会让游客感受到重视和尊重。例如对着空调坐着的游客一直在摸胳膊，服务人员马上就把空调关小一些。

(3) 树立餐厅特色品牌

针对游客对饮食求新求异的需求心理，饭店餐厅应该充分挖掘当地的饮食特色，树立特色饮食品牌，打造特色文化餐厅，如图 4-3-6 所示。不断推出不同风格的餐饮服务模式，从菜式的品种、餐厅的装饰和布局、背景音乐到服务人员的特色服饰，以不同的特色来渲染气氛，弘扬餐饮文化。

图 4-3-6　特色文化餐厅

2. 餐饮消费者心理效应

餐厅能够准确分析出消费者的心理动向，并针对不同的消费需求，提供满意的服务，就等于拿到了成功之门的钥匙，这也是旅行社实现满意服务的必要条件。从餐饮消费者初次和再次选择一所消费地点的 14 个因素来看，排在前五位的依次是清洁、味道、合理的价格、便利的位置与舒适的环境，以及良好的服务，作为导游工作人员只有了解了游客的心理需求，才能做到合理安排、恰当沟通，让游客满意。

(1) 餐饮消费前的心理效应

游客在进行餐饮消费前具有一定的消费偏好，针对餐饮消费者的心理需要进行餐饮消费需求心理和餐饮产品心理效应的方法研究是非常必要的。

首先，从餐饮消费心理角度来说，心理学家马斯洛认为，人的需求是可以唤醒的，每个人都有可能处于一种尚未得到满足的紧张状态（或称不舒适状态），这种状态能促使他去想办法解决其不满足的问题。 根据马斯洛的需求层次论，游客对餐饮食品的需求出于 3 个原因：一是为了满足体能上的生理需要，二是感受到异域的餐饮特色，三是享受到满意的服务和身心的舒适。游客对餐厅的需求实际上隐含了对情感、社交、自我实现等较高层次需求的满足。

① 清洁。保持餐厅清洁是对顾客的尊重和自身经营的需要。清洁的餐厅可以唤起顾客的食欲和心情，这也是顾客选择在哪家餐厅进餐的前提，即第一印象。因为清洁的形象会给消费者留下美好的印象，当其选择时，消费者会把第一印象好的餐厅纳入考虑范围之内。

② 价格。作为消费者，总希望能买到物美价廉的商品。什么才是适度的物美价廉，经济学家根据消费者的消费心理，研究出科学定价法。例如说尾数定价法，利用价格在尾数上的差别对消费者产生不同的心理影响，20 元与 25 元通常不被认为有何差别，但 29 元和 31 元在消费者看来差别就突出了。因为，消费者常常喜欢一些比平常便宜的商品，并且一旦买到比别人便宜的同样的商品就会有获得胜利的感觉，所以对常见食品打折有很好的心理效应。这些心理定价法在餐饮定价中是很有效果的。

③ 位置与环境。餐厅位置是消费价位的间接反应，好的地段肯定在价格上与其他地段有区别，但其中存在对顾客群定向的选择和餐厅经营类型等问题。例如环境问题就不能仅仅停留在狭窄意义上的清洁。重庆大足的“荷花山庄”，巴渝特色气氛浓烈，可以把客人安坐在一艘花艇内观看艇外的各种荷花，品尝巴渝小吃，接受穿着古楼渔家服的“渔家女”热情纯朴的服务。这个例子显示的是环境特色的经营理念。舒适的环境能营造食客就餐的情绪，同时也让其得到享受和尊重感。餐饮环境的营造是餐厅的无形资产投入。

其次，从餐饮产品提高心理效应的方法角度来说，是对外树立餐厅自身形象的一种宣传，如果说清洁、价格、位置、环境在餐饮消费心理学环节是对顾客心理的捕捉，那么餐饮产品提高心理效应的方法就是让自身理念被消费者接受和认同。

① 清洁。每个餐厅都有自己的衡量标准和检查制度。当然，消费者的要求程度不同，其对清洁的要求也不同，因而，餐厅只有在实践中不断根据消费者的要求，不断提升清洁水准，尽量符合消费者的要求。

② 价格。餐厅生存及盈利是为其定价的前提，但能否为消费者所接受，还要综合考虑竞争对手的价格、价格与需求的关系、价格政策与优惠结构等问题。作为提高心理效应的方法来说，合理的价格本身就具有强大的吸引力。

③ 位置与环境。从提高餐饮产品心理效应的方法的角度来说，明显有胜过前两者的趋势。这里并不是在有意夸大地段的重要性，位置的选择对吸引客源数量具有重要意义；如何提高心理效应，什么样的氛围能更多地吸引顾客，这都跟餐厅位置和定位取向有关。

当然，提高餐饮产品心理效应的方法并不局限于此，作为餐饮服务，一定要充分发挥自身优势。

（2）餐饮消费过程中的心理效应

所谓餐饮消费过程，是消费者选定了餐饮消费地点后，在进餐过程中的要求、偏好、满足感及所希望得到的服务和招待。针对消费者的心理思考，主要从服务态度和菜的口味来进行心理效应剖析。

① 服务态度对于消费者心理的审美效应。服务态度的审美，主要是在服务方式上树立一种独特的耳目一新的规范，在服务礼仪上力求建立与餐厅主题相符合的标准，以“诚信”为宗旨，让顾客感到亲切与贴心。

② 菜的口味对于消费者心理的审美效应。一家餐厅不可能为自己的菜肴、糕点等申请专利，唯一能申请专利的只有标记与名称。这种餐饮产品的无专利性带来的直接后果是：某一新菜式如果能创造经济效益，其他餐厅很快就会模仿。所以，从心理效应上下功夫尤为重要，仅仅一两次的餐饮消费就能让消费者得到贴心的个性化服务。而对菜品口味的审美心理则更侧重于菜品的“卖相”，诸如精致程度，配菜与主菜的颜色搭配，菜盘的修饰等。

只有现代的服务理念就让顾客满意是不够的，因为通过效仿，让顾客满意的服务是无法形成竞争力的。因而，要从服务态度的审美上赢得顾客的心，必须使服务态度特色化，人性化，主题化。例如在一些酒店客人可以享受到所谓的“皇帝宴”。宴会由身着古装的女服务员提供服务，使用古式银和瓷质餐具，在中国传统的乐器演奏中，客人可以品尝到过去只有皇帝才能享用的御膳佳肴。还有，在日本料理馆，服务员上菜及退盘都是跪式服务的，这种特色服务使得那些渴望得到尊重的人相继而往。这样的例子还有很多。不谈这些方式本身的是与非，仅从餐饮服务审美的角度来说，针对定向的顾客群确实起到了有效的心理效应。

从餐饮消费个性心理角度来说，由于偏好层次的区别，在菜的口味把握和服务态度上特别要求“人性化”的灵活服务。仅靠规范这种人人都会的固定模式，无法树立特色，获取优势。大家都在同一起跑线上拼抢，谁能技高一筹，谁才能独领风骚。

菜的口味基本上就是消费者对菜的口味的审美差异。餐饮经营者做餐饮比的就是菜品的特色、工艺和口味，而餐饮消费者的目的也是品口味、品特色。要延长一家餐厅的生命周期，在菜的口味上就是要特别、特别加特别，这中间就有许多尺度的问题。例如四川人能吃辣，但吃辣也有程度的差别，有的是适可而止，有的是越辣越好，还有些人是怕辣的。这就是尺度问题。当然，个性差异不能局限于以上谈到的这些，不一一列举，只是从这个角度来寻找延续餐饮生命周期的途径，要因地制宜地落实对顾客消费个性的心理效应。

服务态度对于消费者个性心理来说，就是要适时、适需、灵活的应变服务，诚信、贴心的人性化服务。对餐饮的心理效应来说，服务态度是最重要也是最灵活的因素之一。有这么一个例子，在重庆某开发区的一个酒家天天爆满，亦堪称是人际沟通的成功范例。该店除丰俭由人和菜肴品种繁多外，其服务员多为35岁左右的下岗女工，这些服务员因是重庆当地人，了解社会环境，思想成熟，善解人意，又具备家庭主妇的当家意识，因此服务效果好。或是为客人盘算实惠的菜点，或是与客人聊上几句家常，这种“宾至如归”的服务吸引了八方宾客纷至沓来。另外，北京的东兴楼、同和居、至美斋、丰泽园等老字号，店里的“伙计”和宾客的关系处得像朋友一样，常来的宾客口味如何，喜欢什么，不喜欢什么，“伙计”都了如指掌。如果是已订好的整桌菜，“伙计”会先预备一个菜单，总价格也写在上面，就座时请主人看，菜有变动，价格有增减，“伙计”也能提出更适合的建议。更绝的是，假若宾客要一条活鱼，两种做法，他都能满足。饭店老板授权，“伙计”对柜上有绝对的指挥权。在餐饮服务上，个性化服务的特例太多（见图4-3-7），只能秉着对消费者个性心理满足的意识去摸索，这样餐饮才能做久、做大。

图 4-3-7 个性化服务餐馆

待客训练

训练：如表4-3-1所示，将学生分成小组，一组提出游客可能的心理预期，一组分析满足游客的待客技巧，然后通过角色扮演，练习导游在餐厅的待客服务技巧，并进行评价。

表 4-3-1 游客餐厅需求心理及导游服务技巧分析

服务情景描述	游客餐厅需求心理及导游服务技巧分析	组间评价	老师评价
情景一：	游客心理分析：____________________。 待客技巧分析：____________________。		
情景二：	游客心理分析：____________________。 待客技巧分析：____________________。		
努力方向：		老师建议：	

学习评价

学习评价表如表 4-3-2 所示。

表 4-3-2 学习评价表

评价项目	评 价 内 容	小组互评		老师评价	
服务能力	能依据不同游客的心理特征，因势利导，做好个性化服务	Yes	No	Yes	No
	能够熟练和恰当地提供功能性服务和心理服务	Yes	No	Yes	No
	能够有效地协调各部门之间的关系，做好服务工作	Yes	No	Yes	No
	能够依据客人心理预期，准确运用待客服务技巧	Yes	No	Yes	No
	进一步发现客人习惯、喜好，及时汇入客史档案	Yes	No	Yes	No
服务知识	住店服务程序及心理服务要领	Yes	No	Yes	No
	不同游客的心理需求特点	Yes	No	Yes	No
	相关心理学知识	Yes	No	Yes	No
服务态度	服务主动热情，态度诚恳、和蔼可亲	Yes	No	Yes	No
	善于并积极沟通，有较强的工作责任感	Yes	No	Yes	No
	善于合作、善解人意、乐于助人	Yes	No	Yes	No

课后练习

1．根据游客就餐时的心理分析，列举较为有效的待客技巧。
2．根据心理学理论在导游服务运用中的理解，列举较为有效的餐饮服务待客技巧。
3．走访有经验的老导游，倾听他们在餐厅服务中的成功案例，并做好记录。

单元五

游览服务心理与待客技巧

依据旅游资源本身的基本属性，可以将旅游资源分为自然旅游景观和人文旅游景观两大类。旅游就其本质而言就是游名山大川，看沧海变幻，观四季更迭，赏名胜古迹。是一种怡情悦性的心理历程，而游览活动也是整个旅行程的核心，是旅游者最根本的目的。所以，导游人员在参观游览服务中应投入更大的精力。

导游员在游览中的服务与待客既受其特定工作过程的约束，又有其超越游客自身限制帮其完成审美心理历程的作用。当所有条件都具备以后，游览服务中，导游员的审美情趣和美感体验与引导就成为旅游者游览历程的重要因素。在游览中导游员以游客的美感体验和感受为服务目标，和谐的客我关系和导游员良好的技术水平并用才能给予游客完满的心理历程。在和谐客我关系基础上的导游员审美与驾驭游客审美的能力就成为游览服务心理与待客技巧的关键。

人景交融　赏美怡情

学习目标

- ✧ 游览自然景观的服务心理与待客技巧
- ✧ 游览人文景观的服务心理与待客技巧

任务一 游览自然景观的服务心理与待客技巧

自然景观是指坐落在国家公园、森林公园、地质公园、自然保护区、野生动物园等处的地貌、风景、海景、海岸、岛屿、公园、山地、动植群等。奇山、怪石、飞泉、流瀑、幽洞、云海、大江、大河，因其具有高度的美学价值而吸引着人类前往，成为人们一睹为快的追逐目标。我国丰富多彩的动植物区系、千姿百态的地貌景观以其未经雕琢的天然和灵动奇观触动着众多游人的心弦。

导游人员通过观赏和讲解的方式，引导旅游者对自然风光景象进行形式上、内容上和意境上的审美体验，依照审美法则，带领旅游者面对自然风光的具体审美对象，通过对其形态、色彩等特征的欣赏、接触，达到增长知识、陶冶性情的目的。

情景描述

导游王小姐接待了一个北京团，经过一路的奔波站在了红水河岸上，她向大家介绍完红水河岸自然环境后，声情并茂地将游人带进美景的鉴赏之中（见图 5-1-1）。她说："请大家从这里远眺（见图 5-1-2），处处是高耸的峰丛，放眼望去重峦叠嶂，高低错落，变化无穷，拟人拟物，裸露着奇特的形体，遍地可见深幽的洼地，俯首远眺隐约察觉村寨、田间和水池交织其间，不禁嗟叹这小小的一隅之谷犹如世外桃源，大有恍若隔世之感。这个奇妙的境地，磊磊多石，山岩嶙峋，崎岖突兀，夹杂着坚韧遒劲的林木，盘根错节的榕树，显示出一种空灵而粗犷的气势，您是否感受到那云雾缭绕的仙境触手可及？"

图 5-1-1　红水河岸风光

图 5-1-2　游览自然景观

服务心理与待客技巧分析

根据自然景观开发利用的情况可以划分为原始自然美景观（见图 5-1-3）和人文点缀自然美景观（见图 5-1-4）。根据构景要素及景观特征可划分为山地景观、水体景观和动植物景观。自然景观因其具有的天赋性、自然性、不可再生性等特点以及其本身具有的形式美、文化美和象征美等给予游客视、听、嗅、味、触感觉的撞击力。会使游客印象深刻，忘情于其间，导游甚至不多讲，游客也能感受到美妙。

图 5-1-3 原始自然美景观

图 5-1-4 人文点缀自然美景观

1. 山地景观游览服务心理与待客技巧

山地景观是专指以具有美感的典型的山岳自然景观为主体，渗透着人文景观美，环境优良的山地空间综合体。也就是说，以优美的天然山水为基础，与悠久的历史文化相结合而形成的具有旅游价值的名山景观。山地景观吸引着成千上万的旅游者，山地以其雄伟、险峻、奇特、秀美、幽深的特征向世人展示着地貌容颜。人们口口相传，趋之若鹜，慨叹不同山地、各色地貌中大自然的鬼斧神刀。品读着先哲积淀的历史文化和宗教文化。导游人员如何能理解游客乐山之美，如何把握住山地景观的形态特征，怡情悦性，引导游客有目的地观赏、体验，感受到真真切切的美；并体会到游客游山时容易产生疲惫，合理恰当地安排行程，使游客在饱览美景之时也能得到心理的温暖。导游的服务心理和待客技巧如下：

（1）做好基础服务，营造良好的审美心态

没有安全的行程和良好的身体状态，审美成为无根之木。所以在旅游服务中，导游首先要熟悉山地景点的旅游路线，熟知景区各点服务。关注游客游览时的身体变化并及时调整。强调旅游游览乘车、坐索道的时间，特别强调险峻地段的安全隐患。提醒游客防寒、防雨、防滑。营造良好审美心态。

（2）激发审美联想和想象

如图 5-1-5 所示，根据客人特点有选择地将自然科学知识、人文历史典故、宗教故事结合景点特点，有侧重地讲给不同游客。激发游客的审美联想和审美想象，引导游客细致入微的观察，启发游客广阔的联想。让游客能够观赏美、体验美、回味美。

（3）引导游客正确的观景方法

灵活运用导游讲解方法，引导游客正确的观景方法，让游客能够在最合适的地点、最佳的角度，欣赏奇特景观，将美感达到极致。

图 5-1-5 激发审美联想

2. 水体景观游览服务心理与待客技巧

如图 5-1-6 和图 5-1-7 所示，山是风景的骨架，水是风景的眉目。宋代著名画家郭熙说：“山无云则不秀，无水则不媚。”可见，山水相依才会风景迷人。水的存在状态有液态、固态或气态，泉水、瀑布，冰川、积雪，云霞、雾霭都曾在文人、雅士的笔下构筑过美轮美奂的景致。在一般游客眼中也是一道亮丽的风景。人们观赏水体景观时，欣赏江河、湖泊、涌泉、瀑布，海洋的声音、形态、倒影、色彩、光象和味道，品位人生、玩味自我。是审美境界的一种升华。

游客移情于山水之中，忘却喧嚣生活的种种压抑和纠结，还生命于本来的生机和情趣。导游人员应感受到水体景观给予游客的震撼，做好审美历程的引导和服务要掌握一定的技巧。

图 5-1-6　雪山湖泊

图 5-1-7　云海湖泊

① 导游人员应正确掌握构景中“水”的形、影、声、色、光、味、奇等形象生动的特点，把自然美和人文美有机地结合起来，将这些美感特征介绍给旅游者，善于通过直接的感官刺激，应用审美联想将游客带到水体景观的壮美之中，从而提高旅游者的兴致，将其导入情景交融的境界。

②“水”的形态美、倒影美、声音美、色彩美、光泽美都会让人浮想联翩，导游要善于应用审美想象，引导游客展开联想，寓情于景，调动游客的积极情绪。

③ 注重“水”文化。水体景观正是以其独特的“形”与特定的“意”的统一，才形成了外化与内涵的完美，才具有了旺盛的生命力。

例如游客看到湖泊，大湖泊能给人以畅旷的美感，所以古人用“帆影点点，烟波浩淼”来描述太湖风光；用“落霞与孤鹜齐飞，秋水共长天一色”来赞美鄱阳湖的绝妙景色；游客看到大海，被感动的是它的宽阔、澎湃，导游在游览中对这种文化意蕴的铺陈和挖掘愈深刻，传达给游客的美感就愈充分。

④ 在水体景观审美过程中，导游服务要能够以自我的情感投入，带动游客移情于山水之中，抛开生活琐碎与烦恼，体会生命本来的生机，激发对生活的热爱和憧憬。

3. 动植物景观游览服务心理与待客技巧

人们观赏山水、陶冶情操，放松精神、品位人生。动植物具有美化环境、装点江山、分隔空间、塑造意境的功能，并在维护大自然生态平衡方面功不可没。动植物给予人们的感受不同于山水，但一样深受人们喜爱。奇特植物、珍稀植物、风韵植物、古树名木等植物景观（见图 5-1-8），给予人们美好的视觉感受，吸引着游客前往；观赏动物，尤其是珍稀动物（见图 5-1-9），更易引起游客的关注。在接待动植物景观的游客时，要能理解游客的孩童本性，做好待客服务。

① 充分利用中国古典文化中被赋予美好寓意的动物或植物，引导游客审美联想和审美想象，满足游客好奇心理，让游客有更深刻的审美体验，达到陶冶性情、升华境界的审美目的。如借松柏表达刚强、长寿；借梅表达坚骨、孤傲等。

② 利用中国古代的传说、典故引起游客对动物、植物的审美想象，在观赏中体验美的蕴涵。

如“唐玄宗和杨贵妃乘夜游牡丹，诏李白赋诗助兴”、“武则天下令将牡丹移植内宫供其观赏”等典故来讲解“牡丹”的“雍容华贵”。

图 5-1-8 珍稀植物

图 5-1-9 珍稀动物

③ 在导游中，突出植物景观的“幽”、“翠”、“形”、“色”、“香”、“古”、“奇”特征及“森林氧吧”的保健作用，通过直接的感官体验（见图 5-1-10）给游客美的享受；同时，利用珍稀动物的濒危状况唤起游客的环境保护意识和对动植物的保护意识，激发游客高尚的审美情感。

图 5-1-10 游览植物景观

游览自然景观，游客的审美历程更多地受到自然景观主体特征的影响，导游的服务更多地体现在“向导”上。为了使游客有更多的收获，在身临其境感受美的同时，导游人员应用较高的素养、极高的使命感和责任感、充分的准备引导游客审美，给予游客超越其自身游览难以达到的审美高度，充分体现导游服务人员的服务技巧。

相关知识

1. 审美心理学

审美心理学是研究和阐释人类在审美过程中心理活动规律的心理学分支。所谓审美主要是指美感的产生和体验，而心理活动则指人的知、情、意。因此审美心理学也可以说是一门研究和阐释人们美感产生和体验中的知、情、意活动过程以及个性倾向规律的学科。旅游者在旅游过程中不可避免地发生一些审美活动，审美活动是个体对审美对象进行价值判断的过程，该过程常常带有微妙而又愉悦的情感体验，他们通过感知外部景色，产生美好想象，领悟和升华美感，最后激发积极情感体验，获得美的享受。

2. 审美联想和审美想象

（1）审美联想

联想是在审美感受中一种最常见的心理现象。旅游者在审美感受中的所谓触景生情，就是指曾被一定对象引起感情反应的审美主体，在类似或相关的条件刺激下，而回忆起过去有关的生活经验和思想感情，这是联想的一种表现形式。联想本身也具有多种形式，一般分为接近联想、类比联想和对比联想 3 种。它们在审美感受的想象活动中，都起着重要的作用。

① 接近联想。是一个人同时或者先后经历过两件事情（某种刺激或者感觉），所经历的这两件事情会在人的思想里互相联系，互相结合。此后，当想起其中一件事情的时候，另一件事情会自然浮现在脑海中。导游应了解游客来自于哪个城市，借用他们自身熟悉的美景而引起接近联想。

② 类比联想。是一件事物的感受引起和该事物在性质上或形态上相似的事物的联想。例如诗人听出海的啸声和人们的吼声相似，从树林发出的声音中听到诉泣，从美妙生动的风景画中看到微笑等等，在实质上都是类比联想。唐人“云想衣裳花想容”的诗句，也是类似联想的例证。

③ 对比联想。是一种由某一事物的感受引起和它相反特点的事物的联想，它是对不同对象对立关系的概括。在艺术中，形象的反衬就是对比联想的运用。我们从曹植“七步诗”中的萁豆相煎，联想到其兄曹丕对他的迫害，也联想到皖南事变中国民党对新四军的迫害；从杜甫的“朱门酒肉臭”联想“路有冻死骨”；从闹事的“吵”对比出景色的“幽”，从生活的“忙碌”对比出旅游的“悠闲”。这些都是从鲜明的两极对立中使人获得深刻的感受。

联想是导游员构筑旅游者美感常用的方法，深入理解联想的机理以及在美感中产生的作用，对于如何更好地引起联想十分重要。

（2）审美想象

① 想象。人在反映客观事物时，不仅感知当时直接作用于主体的事物，而且还能在头脑中创造出新的形象。即人在头脑中对记忆表象进行分析综合、加工改造，从而形成新的表象的心理过程，这就是想象。

想象与记忆有密切的联系，没有记忆就没有想象，想象凭借记忆所供给的材料进行活动。它是在人的头脑中改造记忆中的表象而创造新形象的过程，也是对过去经验中已经形成的那些暂时联系进行新的结合的过程。所以，它虽然具有很大的创造的性质，但实质上仍是反映现实的一种特殊形式。它能突破时间和空间的束缚，达到“思接千载”“神通万里”的境域。但不管是人首蛇身还是神话世界的想象，都只是现实世界中的事物在头脑中的特殊组合。

② 审美想象。审美想象是艺术家从事创造活动以及获得审美体验的重要因素之一，包括观赏风景的各种审美活动中的想象，例如杜甫《对雪》中的名句，“瓢弃樽无渌，炉存火似红”，瓢里没有酒且不说，分明没有火而又觉得炉中似乎有火，这种幻觉的产生，是诗人发挥想象的结果。而这种想象活动的引起，既与他的记忆相联系，也是此时此地的诗人感到孤独和贫困的情绪状态所促成的。旅游活动中所有景点的描述，都应借鉴多种自然景色和想象的描绘来丰富和创造游客的视听美感，达到良好的导游效果。

③ 想象的分类。按照想象内容的独立性、新颖性和创造性的不同，前人把想象分为再造性想象和创造性想象两类。再造性想象是主体在经验记忆的基础上，根据图样、任务或描述而在头脑中再造出来的事物形象（见图 5-1-11）。有一定的创造性但更多的是维持了原来的描述或图样；创造性的想象是在记忆或表象基础上或在原型启发下的创造性表象（见图 5-1-12），主要成分在于创造部分，不只是再现现成事物，而是能创造出新的形象。

不论是艺术创作还是艺术欣赏，一切审美活动都需要有所发现，有所填充，才能产生新鲜的、愉快的感受。在旅游游览的审美活动中，导游需要经常引导游客实现再造性想象与创造性想象。例如面对罗汉山讲述其由来，因为山本身就酷似罗汉，大家越看越像，鼻子眼睛的位置就越明晰。通过想象为山水赋予生命和灵性，使人透过对景物的知觉，直接把握它深刻的内涵，实现认识与情感的统一。

图 5-1-11　再造想象

图 5-1-12　创造想象

3. 审美移情说

“移情说”是心理学、美学流派最有代表性的一种理论。由德国心理学家、美学家里普斯创立。他认为产生美感的真正原因在于“移情”，美感是一种在客观事物中看到的自我错觉。

审美的最终结果是产生美感，美感是一种高级情感。游览自然景观，旅游者触景生情，他们的心理活动随导游对自然景观的描述而产生情感体验。这种把自己的情感移置到外在的天地万物上去达到物我合一的境界就是移情。例如当自己心花怒放时，似乎天地万物都在欢笑，当自己苦闷悲哀时，似乎春花秋月也在悲愁。

审美移情作为一种审美体验，其本质是一种对象化的自我享受。审美体验作为一种审美享受，所欣赏并为之感到愉快的不是客观的对象，而是自我的情感。在审美享受的瞬间，把自我的情感移入到一个与自我不同的对象（自然、社会、艺术中的事物）中去，并且在对象中玩味自我。例如，郑板桥的诗篇《竹石》:“咬定青山不放松，立根原在破岩中。千磨万击还坚劲，任尔东西南北风。”竹石本无情，竹也不会“咬”，也并无“坚劲”的人格，当然也不会有“任尔东南西北风”的情感、意志，这种种动作、人格、情感、意志不过是郑板桥的灵魂走进了竹石中，因此诗中的竹石形象是人的本质力量的化身。这时，审美欣赏的对象不是自然的竹石，而是移入到竹石形象中的自我情感。

审美移情的基本特征是主客消融、物我两忘、物我同一、物我互赠。如上所述，移情和感受是不同的。在旅游活动中，旅游者面对美景并移入美景，美景也似乎移入旅游者，主客体融合为一体。 在感受中，旅游者与美景实现同一，互相浸入，进入忘我境界；对美景而言，它与生命颤动的旅游者融合为一，实现了无情事物的有情化，无生命事物的生命化。 如图 5-1-13 所示，导游员将游客带进景色中，利用导游词的精彩讲解使游客移情于山水，忘却喧嚣生活的种种压抑和纠结，还生命于本来的生机和情趣，这就是对服务心理的最好把握，也是待客技巧的充分体现。

图 5-1-13　移情于美景

审美移情有4种具体类型：一是统觉移情，即主体赋予对象以自己的生命，对象在主体的统一感受中成为活的形象；二是经验移情，即主体把对象拟人化，把自己的感受经验投射在对象上，使难以言传的感受呈现为可感的形象；三是气氛移情，即主体将自己的一种整体气氛的感受渗透在客观景象中，从而铺展情感流动的空间；四是表现移情，即主体把自己的价值理想寄托于客观事物。四种移情现象都是把生命与世界统一，把情感与景象相联，对象的形式就表现了人的生命、思想和情感。

4. 导游员如何引导游客的审美历程

在旅游活动中，游客的审美好坏全靠导游的带动，不是游客没有审美素养，而是导游要提高审美情趣和审美热情，储备审美经验，及时提出美的互动，用语言的、行动的美和对景点的深厚的情感累积，设计引导游客的审美历程（见图5-1-14）。导游员要想引导游客的审美旅程、积淀审美情感、把握审美距离、经历审美体验、驱动审美升华、调适审美心理，必须引导游客做到以下几点：

图5-1-14 引导游客审美历程

（1）敏锐的审美感知

在审美心理学中，审美感觉和审美知觉统称为审美感知。审美感知是审美感受的基础。导游具有敏感的审美感知，才能有丰富的审美素材，才能引导游客的审美经历、尊重并重视游客、营造积极的游览氛围，为设计和传递美感做铺垫。

（2）积极的审美情感

在旅游活动中，自始至终伴随着强烈的情感活动，没有情就没有审美活动。丰富、积极的审美情感可以诱发审美感知，展开审美想象，加深审美理解；可以激发旅游者的生命意识，点燃心灵的火焰，从而释放出自我的压抑和烦忧，让游客在感悟中获得满足感、解放感、提升感，从而构筑美好旅程。试想一下，当我们登上泰山，在破晓的料峭的山风中静静伫立，等待日出，你等待着，期盼着……有些焦躁和不安，就在这时天边变成淡黄的颜色，慢慢地露出红红的一角，一轮红日喷薄而出，此时的情感无以言表，欢呼、嗟叹、感动……这便是审美情感。

（3）丰富的审美想象

审美想象是一种自由把握和创造形式的审美能力，导游人员只有引导游客通过丰富的审美想象，才能感悟美景的真谛，从而挖掘蕴涵在景点历史长河中丰富的审美资源，获得心灵的愉悦和释放。导游灵活运用再造想象与创造想象，调用一切可以表达的手段，营造美感的产生氛围，使旅游者产生更深刻的审美欣赏和审美创造，获得更深刻的感悟。

（4）合理的审美思维

审美思维表现为一种直接对审美对象的理解，这种理解是认识事物本质的结果，应该与时代相协调。审美思维是与审美主体的审美经验、审美修养、文化知识、审美标准和世界观等主观因素密切相关的。导游应以宽广的胸怀容纳游客的不同审美观，并引导其合理的审美思维，透过美景获得对人生、人性、人情的深刻体验和感悟。使审美心理体验不断积淀并组织、内化为美感。

（5）灵活的审美引导

由于游客的审美情趣各不相同，各旅游景区的美学特征也千差万别，大自然又变化万千、阴晴不定，游览时的气氛、游客的情绪也在随时变化。所以，即使游览同一景点，景点讲解员也应根据季节的变化、时间、对象的不同，采用切合实际的讲解方式。

待客训练

图 5-1-15 百米树根林美景

训练一：请同学们根据图 5-1-15 所示，参照表 5-1-1，结合自己感悟，分组讨论，虚拟游客类型，分析游客心理需求及导游游览审美技巧。确定主题，充分发挥联想，模拟进行有美感的讲解，并把相关内容填在表中。

表 5-1-1 游客心理联想及导游游览服务技巧分析表

<table>
<tr><th>服务情景描述</th><th>游客需求心理分析</th><th colspan="3">导游审美联想训练技巧分析</th></tr>
<tr><td rowspan="4">导游员王希领着老师团队走向远处的宾馆，途经百米树根林，看见傍晚的火烧云映红了半边天，王希面对如此壮观的植物景观声情并茂地讲了起来：____________________，____________________。引领游客感受美感。</td><td rowspan="4"></td><td></td><td>形　态</td><td>色　彩</td></tr>
<tr><td>接近联想</td><td></td><td></td></tr>
<tr><td>类比联想</td><td></td><td></td></tr>
<tr><td>对比联想</td><td></td><td></td></tr>
<tr><td colspan="3">努力方向：</td><td colspan="2">老师建议：</td></tr>
</table>

训练二：依照图 5-1-16 所示，请将学生分成小组，参照表 5-1-2 所示，进行审美移情体会训练和反馈。体会自己成为自然景观时的心理感受，并运用审美移情理论和待客服务技巧，带领游客进行移情体验；并模拟导游，与扮演游客的同学相互交流感受，把相关内容填在表格中。

图 5-1-16 湖光山色

表 5-1-2 游客审美移情及导游游览服务技巧分析表

<table>
<tr><th>服务情景描述</th><th>游客需求心理分析</th><th colspan="3">导游审美移情训练技巧分析</th></tr>
<tr><td rowspan="4">导游员小米将游客带到湖边，面对水体景观，向游客绘声绘色地讲起那古老的传说：两棵树、房子、小孤岛那传奇的故事。
与游客一起进行审美体验。</td><td rowspan="4"></td><td>自己是小岛</td><td>自己是房子</td><td>自己是树</td></tr>
<tr><td></td><td></td><td></td></tr>
<tr><td></td><td></td><td></td></tr>
<tr><td></td><td></td><td></td></tr>
<tr><td colspan="3">努力方向：</td><td colspan="2">老师建议：</td></tr>
</table>

训练三：依照图 5-1-17 所示，请将学生分成小组，参照表 5-1-3 所示，进行审美想象体会训练和反馈。体会创造想象和再造想象时的心理感受，并运用审美想象理论和待客服务技巧，带领游客进行空间想象；并模拟导游，与扮演游客的同学相互交流感受，并把相关内容填在表中。

图 5-1-17　高山

表 5-1-3　游客审美想象及导游游览服务技巧分析表

服务情景描述	游客需求心理分析	导游审美想象训练技巧分析	
导游员阿杉带领游客来到这巨大的山地景观前，用形象的比喻刻画着山形地貌，激发了大家的想象，随着导游员生动的描述，人们眼前的“猫”似乎就要从沉睡中醒来。		再造想象	创造想象
努力方向：			老师建议：

学习评价

学习评价表如表 5-1-4 所示。

表 5-1-4　学习评价表

评价项目	评　价　内　容	小组互评	老师评价
服务能力	能了解旅游者的审美需求并掌握美感的产生要领	Yes　No	Yes　No
	能够熟练和恰当地调动游客游览的积极情绪	Yes　No	Yes　No
	能够熟练引导游客的旅游审美行为	Yes　No	Yes　No
	恰当激发游客产生审美联想、审美想象和审美移情	Yes　No	Yes　No
	能够熟悉各类自然景观的审美活动	Yes　No	Yes　No
服务知识	游览自然景观的心理服务差异及导游技巧	Yes　No	Yes　No
	审美心理学理论知识	Yes　No	Yes　No
服务态度	积极热情，平易近人、态度诚恳、和蔼可亲	Yes　No	Yes　No
	有较强的工作责任感	Yes　No	Yes　No

课外练习

1．结合实际，谈谈如何引导旅游者进行正确的审美。

2．请做一次尝试，声情并茂将另外一个人带进你所描绘的意境中，并询问对方的感受来评估自己所做的努力结果。

任务二 游览人文景观的服务心理与待客技巧

历史人文景观是旅游景区中重要的组成部分。人文景观是指具有一定历史性、文化性，一定的实物和精神等表现形式的旅游吸引物。人文景观分为 4 类：文物古迹景观，革命活动地景观，现代经济、技术、文化、艺术、科学活动场所形成的景观，地区和民族的特殊人文景观。为了更好地了解历史，继承文明，人们对祖先遗留下来的罕见的历史活动遗址、古建筑、历史文明古迹也越来越有兴趣。

导游人员在面对人文景观时，除了显性的形象展现外，更多的要对其中的文化内涵、历史价值等隐性因素给予准确而深入的揭示，以满足旅游者的求奇、求异、求知的审美需求，深刻领悟其深层次的美。因此，游览人文景观对导游人员的文化素质和讲解技巧都提出了更高的要求。

情景描述

导游李晓接待了一个北京旅游团到承德避暑山庄观光游览。下了车，她亲切地招呼大家（见图 5-2-1）：“各位，避暑山庄到了，现在我就带领大家一睹她的风采！同时让大家也做一回皇帝，感受一下皇帝的生活！”。随后，她带领大家走进博物馆，眼前的 4 个大字“避暑山庄”（见图 5-2-2）映入眼帘，于是，她引导大家看“避”字的特点，顺便讲起那古老的传说。

图 5-2-1 游览人文景观

图 5-2-2 避暑山庄

服务心理与待客技巧分析

人文景观与自然景观相比，最大的特点之一就是文化内涵的延伸性。导游员带领游客游览人文景观时，导游员所承载的是人文景观的厚重历史。通过导游的引导和讲解，游客才能感受到人文景观的真正魅力，并有穿越时空漫游在遥远的历史长河中感受先人曾经的足迹。所以人文景观的导游员既要把旅游景点的基本知识展示给游客，又要体现出人文景观的时代内涵、地域差异、文化成就、思想轨迹，将人文景观的真正魅力展现出来，使游客在游览后真正有所收获，达到“玩个明白”的目的。

1. 浏览人文景观的服务心理和导游待客技巧

(1) 交代背景知识

人文景观与当时的社会有密切的联系，所以不能脱离当时的历史背景孤立地去欣赏它们。首先要交代好景观所处时代的历史背景，这有助于游客认识其出现的缘由，探寻景观的文化底蕴。其次，要交代好景观周围的自然背景。借助优美风景来突出建筑的美。

(2) 解读景观特征

讲解人文景观离不开对实物具体特征的把握，主要包括布局、功能、造型（形状）、质地、文饰、色彩以及与之有关的匾额楹联等方面的解读。不同类型的景观解读的侧重点也会有差异，出土文物类主要从文物功能、造型、质地、文饰和色彩等方面去把握，书院、楼阁类古建筑主要从建筑布局、匾额楹联碑刻、陈列实物等方面组织讲解，城墙类古建筑（长城、苗疆边墙等）主要介绍其御敌的功能、特殊结构和建筑材料等，名人故居类侧重于故居的整体结构、室内陈列实物、照片等。

(3) 挖掘历史文化

游客怀着探寻人类文化内涵的需求，希望在作为文化形态的人文景观中找到人类各种文化的内容和特征，探寻那个时代的思想和情感。人文景观被称为文化的凝聚、积累和表征。

人文匾额楹联、遗迹故址等是在一定的社会历史环境下产生的，与社会生活有密切的联系。追溯一段历史，无论是影响历史进程的重大事件，还是显赫一时的风云人物都已随时间的流失而灰飞烟灭，不复存在。但是与之相关的人文古迹却作为历史事件的见证得以保留下来，人们通过这些人文景观可回溯历史，凭吊怀古，获得启迪。然而这些历史文化的深刻内涵从表面上是感受不到的，必须有导游的讲解和引导才会挖掘到其中的精华。

(4) 编织故事情节

导游员在讲解人文景观时，要在尊重科学和历史的前提下，善于编织精彩的故事情节，以求产生艺术感染力，努力避免平淡的、枯燥无味的、就事论事的讲解，赋予景观以栩栩如生的灵性。需要注意的是，故事化讲解要中心突出，条理清楚，前后贯通；要善于取舍，针对不同游客的特点，筛选出相应的故事，取那些能突出景点神韵和生气的东西，舍弃繁枝赘叶，增加游客强烈的心理感受。例如，讲解上海豫园的“玉玲珑”就可以与妇孺皆知的《水浒》中的“智取生辰纲”联系起来，使景色更加鲜活。

(5) 巧用讲解方法

优秀的导游员能够针对讲解内容，灵活地运用各种导游讲解方法。或解惑释疑，创造悬念，引人入胜；或善于编织故事情节，虚实结合，启发想象，情景交融；或采用问答，注重双向交流与沟通，尽可能调动游客参与到讲解中来，让不同游客的合理需求得到满足。讲解人文景观时经常运用的讲解方法有分段讲解法、突出重点法、虚实结合法、问答法、制造悬念法、类比法、知识渗透法、引用法等。

2. 各类人文景观的服务心理和导游待客技巧

(1) 文物古迹游览的服务心理与待客技巧

文物古迹包括古文化遗址、历史遗址和古墓、古建筑、古园林、古石窟、摩岩石刻、古代文化设施和其他古代经济、文化、科学、军事活动遗物、遗址和纪念物。例如，北京的故宫（见图 5-2-3）、北海、西安的兵马俑（见图 5-2-4）、甘肃的莫高窟石刻以及象征我们民族精神的古长城等闻名于世的游览胜地，都是前人为我们留下的宝贵人文景观。

图 5-2-3 故宫博物馆

图 5-2-4 游人观赏兵马俑

文物古迹的导游服务技巧如下：

① 强化知识文化底蕴。自然景观往往可以直观赏析，但文物古迹景观却不能。要相对完整地了解一个文物古迹的内涵，必须要有一定的文化底蕴。因此，导游人员自己一定要具备丰厚的文化基础知识。在游览文物古迹之前不仅要准备相关的景点知识，还要准备大量文学、历史、宗教、艺术等知识，将其中所蕴含的中国传统文化介绍给游客。例如，湖南凤凰县境内的南方长城，绵延 100 多公里，那些残缺不堪的边墙，残存的碉堡遗址诉说着那段久远的历史。导游通过这些遗址可带领人们走进乾嘉苗民大起义的烽火和边关岁月。

② 注重讲解的通俗性。文物古迹景观的文化和历史内涵博大精深，而游客旅游的目的并不是做学术探索，因此导游人员在实际导游过程中必须合理组织自己的语言，根据游客特点，讲解内容繁简得当。对于文化程度不高的游客，知识点要少而精，在晦涩的古代历史内容中穿插些休闲娱乐的笑话和幽默故事；对于文化层次较高的游客，知识点要多而广，让游客充分体会不枉此行的满足感。

③ 突出景物的思想特征。在文物古迹的导游服务中，其中很重要的一条就是教育功能。因此，在讲解中要能客观地介绍历史，并恰当地结合现实，把人文景观的学术价值、思想价值充分地展现在游客面前，使游客的思想得到升华。

④ 注重服务个性化。游客的组成是极为复杂的，导游人员在实际导游之前，必须对游客的知识文化层次做全面的分析，找出文化的差异，筛选出适合游客特点的经典故事。

⑤ 用熟悉的内容消化“景点内容”。文物古迹景点因为时间比较久远，导游在讲解中尽量结合游客的家乡或游客熟悉的事物对比讲解，让游客容易理解眼前的景观。例如你讲一座大桥，全长有多长、耗了多少钱、建了多少时间等，这些数字对于大多数人来说都是枯燥的，但如果找出一座游客家乡比较著名的桥，告诉他们此古桥比它长一倍，这样游客的注意力就会被吸引过来。

⑥ 与游客共情。导游员对文物古迹景观的所有的知识与故事已经烂熟于心，但游客是初来乍到，景点中的一个狮子一个铜炉，一块砖头一片瓦砾，对游客来讲都是新鲜的。游客既

有新奇与探究心理，又有审视与观察思考的批判心理。导游讲解就像在和朋友聊天，声情并茂地给朋友讲他不知道的事情（见图 5-2-5），才能抓住他们的注意力。

图 5-2-5 为游客动情讲解

怎样才能讲得声情并茂，最重要的条件：一是熟，二是共情。如果连自己都没有被感动，那讲解如何让游客觉得震惊？但是，有些景点有令人惊叹的事，有些景点没有，该怎么办呢？有一句老话叫“情人眼里出西施”，首先得有对这个景区的热爱，然后再去探索关于这个景区的每一点信息、每一点故事、每一点惊人之处，再用你全部的热情讲出来，游览服务就成功了一半。

（2）革命活动地景观服务心理与待客技巧

革命活动地景观是指现代革命家和人民群众从事革命活动的纪念地、战场遗址、遗物、纪念物等。例如，新兴的旅游地——井冈山，除具有如画的风景外，“中国革命的发源地、老一辈革命家曾战斗过的地方”这些人文因素，无疑使其成为特殊的人文景观；而旅游城市绍兴，起主导作用的鲁迅故居、三味书屋、鲁迅纪念堂等旅游点也都是这类人文景观。

图 5-2-6 延安毛主席故居

游览革命活动地（见图 5-2-6）是一次对灵魂的洗礼和对历史的追忆，导游的讲解会勾起人们对峥嵘岁月的回顾，激发起强烈的爱国热情，让游客追随先烈的足迹，荡涤灵魂的污浊。

导游员的服务心理与待客技巧如下：

① 让故事穿插在遗址中，“以情感人”。导游要做好革命活动地的导游服务，必须先有对现代革命家崇高的敬意和对革命先烈的崇敬和敬仰，只有真正地、由衷地敬仰才能感染游客，才能充满感情地把先烈的经典故事贯穿于遗址中。

② 阅读大量革命者的书籍，“让景鲜活”。导游要想做好革命活动地的服务，就需要大量搜集、阅读革命者的故事，将大事件与生活中的小事情结合起来讲解，丰富历史人物的血肉，使游客能感受到立体的人物，从而更加深刻彻底地感受遗址、遗物、纪念物的深刻内涵。

（3）现代经济、技术、文化、艺术、科学活动场所形成的景观的服务心理与待客技巧

高水准的音乐厅、剧院及各种展览馆、博物馆都属于这类景观；像农业示范园、农业观光园，把科研、科普、观赏、参与结合为一体的符合新时代要求的观光地也是此类人文景观的一种。

对这类景观的导游服务技巧如下：

① 关注游客好奇心，利用游客的好奇心带领游客进行审美鉴赏活动。

② 以体验式方式进行讲解，利用游客曾有的经验来感受现代科技的成果。

③ 组织游客参与活动，让游客感受现代科技的发展，带给游客震撼，赢得游客“满意”。

(4) 地区和民族的特殊人文景观服务心理与待客技巧

地区和民族的特殊人文景观包括地区特殊风俗习惯、民族风俗，特殊的生产、贸易、文化、艺术、体育和节目活动，民居、村寨、音乐、舞蹈、壁画、雕塑艺术及手工艺成就等丰富多彩的风土民情和地方风情（见图 5-2-7）。例如，近几年的旅游“旺地”云南，除了得天独厚的自然条件外，还有赖于居住于此的各民族独特的婚俗习惯、劳作习俗、不同的村寨民居形式、服饰、节日活动等。傣族的泼水节、彝族的火把节、白族服饰上的“风花雪月”、石林和蝴蝶泉壮丽的爱情故事，这些都为如画的风景披上了一层神秘的面纱，正因为这些独特的人文景观，才使得云南更具魅力。

图 5-2-7 导游讲解原始民族标志——图腾

这类景观的导游服务心理与待客技巧如下：

① 充分的知识储备。导游要掌握关于该地区和民族的特殊人文景观以及相关的民俗民风。

② 熟悉所游览地区的民族礼节与待客特点。

③ 尊重旅游景区民族的生活民俗，重点掌握当地民族特殊人文景观的深刻文化内涵。

④ 能够协调好旅游团队与旅游景区所在地居民的沟通交流，促进各个民族的相互理解和友好往来。

综上所述，游客游览了人文景观之后，会对导游的服务和人文景观有个总体印象，导游员要根据实际情况进行总结，并补充在整个服务过程中的不足。同时，在景点游览中，游客不可能走完所有线路。因此，导游要在游览过程中讲述游客不能亲自到场的景点，让游客对人文景观的全貌有个了解和认识，这样可增强游客的消费价值感。

相关知识

1. 审美的“异质同构”说

人们游览景观，是在导游的带领下进行愉悦的审美体验。在对景观的感受中达到精神超越和生命感悟，产生极为强烈的人格、心灵的高峰体验。20 世纪初期兴起的格式塔学派提出了一种独特的学说，即审美体验“异质同构”说（见图 5-2-8），使人与景实现了物我同一的境界。

图 5-2-8 “异质同构”说

“异质同构”说认为世界上所有的事物都具有两种属性，一种是物理性，一种是表现性。审美体验就是“对象”的表现性及其力的结构，与人的神经系统中相同的力的结构的同型契合。他们的基本观点是，物理世界和心理世界的质料是不同的，但其力的结构可以是相同的，当物理世界与心理世界的力的结构相对应而沟通时，那么就进入到了身心和谐、物我同一的境界，人的审美体验也就由此境界而产生。

譬如，春山（物理世界）与人的“笑”（心理世界）虽然是不同质的，但它们的力的结构是相同的，即都属于“上升”的类型，因此，“春山”与“笑”就是异质同构关系，它们之间的联系与沟通，产生了“春山淡冶而如笑”的美好诗句，给人以审美的快感；再如“清秋望不极，迢递起层阴。远水兼天净，孤城隐雾深。叶稀风更落，山迥日初沉。独鹤归何晚，昏鸦已满林。”，这是一首写深秋傍晚旷野景色的律诗。诗中并未直抒肃寂凄清，但肃寂凄清之情自见。那么这种艺术效果是怎样达到的呢？ 这就是诗人不自觉地运用了异质同构的原理。近景中的孤城、落叶、独鹤、昏鸦，远景中的远水、迴山、沉日，跟诗中暗含的肃寂凄清之情，虽然质料完全不同，但它们的表现性和力的结构却是相同的（其样式是下降、软弱），这样诗中的“物”“我”同构契合，主体与客体交融统一，读者也就在这种契合、统一中获得审美的愉悦。

因此，导游在游览服务中要善于架构“异质同构”意境，善于寻找并发现情感的同构物、对应物。发现的同构物和对应物越多、越独特、越微妙，他的导引也就越能使内外两个世界产生审美的共鸣，给游客提供更加丰富的美的享受。

2. 审美“心理距离”说

审美“心理距离”说是由瑞士心理学家、美学家、语言学家布洛提出的。布洛认为只有心理上有了“距离”，对眼前的对象才能做出审美反应。布洛的“距离”是指与现实、功利拉开一定的距离。

人们外出旅游就是想把自己从单一的生活环境中解脱出来，暂时改变自己的社会角色，使自己与生活的现实世界拉开距离，变牵涉利害关系的参与者为没有利害关系的旁观者，从而观赏美、享受美。旅游审美最关键的是人要有一种欣赏和体验美感的心态，也就是准备状态。比如一个心烦意乱被一个危机威胁着的生意人偶尔来到了一个旷野：那清澈的溪流，明翠的鸟鸣和湛蓝的天空，自然也会让他的美感油然而生，那是一种自然的反映。因此，与功利拉开距离的心态是审美和美感体验的前提；一个身处幽静山谷，每天忙于卖矿泉水的疲惫的人，即使眼前一片美丽景色，他也无心去欣赏这种美，因为心被功利所笼。一个参与人世纷争太多的人，只能使自己美的感受迟钝。那种超脱凡俗、享受生命、宽容达观的人；那种尊重生命、可以同小草说话与飞蝶同舞、有雨露花香为精神食粮的人，正是美感的真实体验者。

导游员在讲解人文景观时，穿插的历史故事自然会引起游客对现实世界的评判。如果卷入了现实世界的压力、竞争、倾轧和矛盾思绪中，游客在游览人文景观感受历史文化的同时，就失去了审美体验。所以导游员应多花费一些功夫去雕琢导游词，去了解游客的心理需求，从而将游客带进非功力的历史故事境界中，让游客暂时抛开功力思想而享受人文景观所带来的美感体验。

3. 赫兹博格的“双因素理论”

20 世纪 50 年代美国行为科学家弗雷德里克·赫兹博格提出来了“双因素理论”。传统观念认为，“满意”的对立面是“不满意”。而赫兹伯格则认为“满意”的对立面是“没有满意”，而非“不满意”，“不满意”的对立面是“没有不满意”，而非“满意”。他认为，满意与不满意是一种质的差别，而不是量的差异。赫兹伯格把那些使员工感到非常满意的因素称为激励因素，把那些使员工感到非常不满意的因素称为保健因素。缺少保健因素，员工会感到不满意，有了保健因素，员工会感到没有“不满意”而并非“满意”；缺少激励因素，员工会感到“没有满意”而并非“不满意”；有了激励因素，员工会感到“满意”。不是所有的需要得到满足都能激励起人们的积极性，而是只有那些被称为激励因素的需要得到满足后，才会极大地调动人们的积极性。

因此，导游员只完成了导游任务是不能赢得游客满意的，只有做到超出游客所想，才能赢得游客的满意。导游要调动游客的积极性，不仅要努力做好最基本的服务工作，更重要的是加强对游客的个性化服务和心理服务，依据游客的心理特点，真正地使游客在旅游活动中感受到精神的放松和愉悦，才会让游客感到满意。

4. 共情

共情，由人本主义创始人罗杰斯所提出，指的是一种能深入他人主观世界，了解其感受的能力。罗杰斯认为良好的咨询与治疗关系本身就具有治疗的功能，而共情是建立良好咨询关系的3个充分必要条件之一。在与他人交流时，能进入到对方的精神境界，感受到对方的内心世界，将心比心地体验对方的感受，并对对方的感情做出恰当的反应。

在导游服务工作中也需要运用到“共情”理论，不仅能与游客建立起良好的关系，也会达到良好的服务效果。导游服务中的“共情”（见图 5-2-9）需要做到以下几点：

① 导游语言要“共情”。就是导游员要善于发现旅游者的兴趣，在旅游者为某人、某事、某物感到兴奋时，导游要积极地去“分享”，以实现与旅游者在情感上的“共振”，使自己的讲解和介绍与旅游者的情感一起跌宕起伏，保持一种和谐与默契。

② 导游要动情。在“共情”的过程中，导游员要善于运用富有感染力的语言，消除导游员与旅游者的心理距离，尽快接近旅游者，取得旅游者的信任，帮助旅游者尽快进入旅游的最佳角色状态，保持旺盛的旅游兴趣。

③ 导游要换位思考。要能够从旅游者的角度为他们的行为寻找合理性，以最大限度地理解对方。

④ 导游要学会倾听（见图 5-2-10）。学会“听”，不仅要耐心地倾听游客的各种意见建议，包括牢骚、不满，而且要能够洞察游客没有直言的信息。因为，有些游客尤其是国内游客为不使他人扫兴而有碍大家的情面，不习惯当面或在公共场合表明他“不”的态度，这需要导游了解到游客的真实想法，并做好相应的服务。

图 5-2-9 共情

图 5-2-10 倾听

⑤ 导游要表达尊重。只有尊重才会拉近与游客的关系，满足他们的心理需求。导游不仅要尊重游客的个性及能力，而且要接纳对方的信念和所做出的选择或决定，而不是评论或试图替其做决定；导游要善意理解游客的观点及行为，而不是简单采取排斥的态度；要以尊重并且恭敬的态度表达自己与游客不同的观点；不做价值判断，尊重游客的选择。

5. 同化

皮亚杰的发生认识论把生物学中的“同化”概念引入心理学，开始用认知同化理论来解释儿童智慧的发展。他认为学习是个体对外界刺激的反应，反应的变化是通过个体内部的组织来实现对外界的适应。个体对外界刺激的反应总是以个体已有的图式或认知结构为转移（所谓图式是指个体对世界的知觉、理解和思考的方式。我们可以把图式看做是心理活动的框架或组织结构）。图式是认知结构的起点和核心，或者说是人类认识事物的基础。 按发生认识论的观点来说，图式或认知结构是通过同化和顺应两种功能的平衡来进行或发展的。同化是将客体纳入主体已有的图式中，引起图式量的发展。不能同化则要改组或创造新的图式，以适应变化着的环境。顺应引起图式质的变化，以更好地适应环境。认知发展就是通过同化和顺应的平衡来进行的。

导游员应利用游客熟悉的事物进行景点讲解以利于游客能更好地理解和同化，将外界风景纳入到游客已有的熟悉的记忆图片中，便于游客深刻理解景物的内涵。例如，导游员在工作中要灵活掌握游客团队所熟知的事物或景点，比如其家乡的桥、家乡的山、家乡的风土人情，利用游客熟知的知识来讲解景点内容，便于游客构筑自己的美好旅程。

待客训练

训练一：结合表 5-2-1 所示的情景，请同学们分 4 组模拟表演，扮演导游和游客小王，在寻求解决办法的同时，“导游员”应如何应用共情原理来认识“游客”的心理需求和情绪情感？并完成服务任务，使问题得到合理解决。最后对各组方案进行互评，把相关内容填在表格内。

表 5-2-1　游客的需求心理及导游游览服务技巧分析评价表

服务情景描述	游客心理需求分析	导游服务技巧分析		组间评价	老师评价
		对游客所述内容的共情	对游客情感的共情		
酒店无房，导游员找到游客小王，并告之需要住在 302 的加床上，游客小王立即很恼火地对导游员说：“我和大家交的团费一样，本来这两天的旅途就疲惫不堪，我休息不好会影响旅游情绪，不行！”他非常生气地要求导游员给他合适的床位。					
努力方向：			老师建议：		

训练二：如表 5-2-2 所示，请同学们分组模拟游客和导游。模拟演示导游对正处在寒冷溶

洞中的游客该怎么办（说什么话，做什么事），游客才能感受到满意。通过游客和导游的对话或行为，游客反馈给导游的哪些内容让游客感到“满意”，哪些内容让游客感到“没有满意”，哪些让游客感到“没有不满意”。应用双因素理论。训练同学们“如何赢得游客满意的能力”。

表 5-2-2　游客的需求心理及导游游览服务技巧分析表

服务情景描述	游客心理需求分析	导游服务技巧分析			组间评价	老师评价
		游客“没有不满意”	游客“没有满意”	游客“满意”		
导游员带领游客来到寒冷的溶洞，一些游客没有听取导游的提前告知，穿着单薄，冻得瑟瑟发抖。导游该如何做？						
努力方向：			老师建议：			

训练三：请同学们结合表 5-2-3 所示，分组讨论，依据表中呈现的情景，分析内心世界不同的游客看到该景色的感受；并“假如你是导游”，该如何架构“内外世界的契合”实现“物我同一”的境界，使游客获得美的享受。训练同学掌握“异质同构说”理论，并把相关内容填入表内，做好互评。

表 5-2-3　游客需求心理及导游游览服务技巧训练表

内心不同的游客	游客审美心理分析	导游游览服务技巧	组间评价	老师评价
升职不久的游客				
刚得知自己得癌症的游客				
陪姥姥旅游的中学生				
 情景一	 情景二			
导游服务：	老师建议：			

学习评价

学习评价表如表 5-2-4 所示。

表 5-2-4　学习评价表

评价项目	评　价　内　容	小组互评	老师评价
服务能力	能了解旅游者的审美需求并掌握美感的产生要领	Yes　No	Yes　No
	能够熟练和恰当地调动游客游览的积极情绪	Yes　No	Yes　No
	能够熟练引导游客的旅游审美行为	Yes　No	Yes　No
	恰当激发游客产生审美联想、审美想象和审美移情	Yes　No	Yes　No
	能够熟悉各类人文景观的审美活动	Yes　No	Yes　No
服务知识	游览人文景观的心理服务差异及导游技巧	Yes　No	Yes　No
	相关人文景观的历史文化知识	Yes　No	Yes　No
	相关心理学知识	Yes　No	Yes　No
服务态度	积极热情，平易近人、态度诚恳、和蔼可亲	Yes　No	Yes　No
	有较强的工作责任感	Yes　No	Yes　No

课后练习

1．如何提高自己的审美能力？

2．走访老导游，学习他们成功的游览导游案例，并写出心得。

3．广泛阅读相关历史人文知识，为导游工作积累丰厚的知识储备。

单元六

旅游购物服务心理与待客技巧

旅游是对经济发展的一种促进，旅游购物更是旅游经济六要素中最活跃的因素。据统计，目前世界旅游购物的平均消费指数为30%，在旅游业发达国家这一数字则达到了40%～60%，而我国的旅游商品收入只占旅游总收入的20%左右。可见，旅游购物在旅游产品构成要素中可挖掘的经济效益的潜力是最大的。

旅游者在旅游活动中，不仅希望有愉快美好的娱乐活动，而且还希望在旅游过程中能够买到称心如意的旅游商品。在购物过程中，游客的心理活动非常活跃，不同游客的购物动机也各有千秋，作为旅游从业者必须掌握游客心理，让其购物欲望得到满足并达到满意，在购物过程中让旅游者感受到快乐和享受。

优质服务　满意购物

学习目标

- ✧ 游客购物的服务心理与待客技巧
- ✧ 导游导购的服务心理与待客技巧

任务一 游客购物的服务心理与待客技巧

旅游购物专指游客在旅游地购买商品的活动。所购商品可以在旅途中使用、消费，也可以带回去使用，送给亲朋好友，甚至作为收藏品。购物也是旅游活动中的一个重要环节，甚至有的游客把购物作为旅游的主要目的。素有购物天堂之称的香港，甚至推出购物之旅，以吸引更多的旅游者光临。

每位游客在旅游购物过程中的行为活动和心理动机都各不相同，只有认真分析游客的真实动机和心理需要，激发潜在的购买欲望，了解游客购物的心理决策过程，才能做好旅游购物服务工作。让游客买的满意、买的放心和称心，实现圆满、愉快的旅游活动。

情景描述

杭州地陪导游员李丽接待了一个大连老师旅游团，老中青教师共计 23 人。在游览过程中他们就经常问到杭州的地方文化，准备买些特色商品带回去送给亲朋好友。李丽针对老师的特点，在游览中有意识地介绍了一些有特色、有知名度的旅游产品，并融入很多人文思想和艺术元素，突出了文化内涵，为后来的购物做好了铺垫。

“各位游客，大家一定听说过杭州‘三绝’吧！那就是扇子、丝绸和龙井茶。

说起扇子，在中国已有三千多年的历史。最早用鸟的羽毛做扇子，故称“羽扇”。大家看，扇子的“扇”不就有个“羽”字吗？汉代后，一种用竹子做圆框，用绫绢做扇面的扇子开始在宫廷兴起，叫“纨扇”。到了明代，折扇开始兴起。后来，又在折扇的基础上，开始用檀香木制作扇子，这是杭扇中的代表品种。杭扇在南宋迁都临安后开始生产，至今已有近千年的历史。其中最著名的是黑纸扇和檀香扇（见图 6-1-1 和图 6-1-2），历来受到国内外游客的喜爱，也是馈赠亲友的佳品。

说起丝绸……”游客们专著地倾听，认真地记在脑海中。

图 6-1-1 黑纸扇

图 6-1-2 檀香扇

在购物商店，针对中青年女老师的心理特点，李丽重点推荐了扇子和丝绸；对于中老年男教师重点推荐了龙井茶并介绍了鉴别方法。大家都夸李丽是个贴心的“高参”。

服务心理与待客技巧分析

1. 旅游购物心理分析

（1）可以唤醒潜在旅游者的旅游欲望

旅游购物作为旅游活动的组成部分，是影响潜在和旅游者旅游动机的因素之一。外观精美、质量上乘、经济实用的旅游商品，可以唤醒潜在旅游者的旅游欲望，增加旅游活动的吸引力，可以成为激发人们产生和强化旅游动机的积极因素。

（2）可以增加旅游者的愉悦感和满足感

在购买旅游商品的过程中，游客通过挑选、甄别和鉴赏活动可以购买到称心如意的旅游商品，从而增加旅游过程中愉快和满意、享受的体验。选购精美的旅游产品过程为旅游活动增添了丰富多彩的内容，从而使旅游活动的节奏和旅游者的情绪得到积极的调整，有的旅游者会因没有买到满意的旅游商品而抱怨和失望，这证明了旅游商品对旅游者会产生积极的心理效果。

（3）可以唤醒旅游者的美好回忆

愉快的旅游活动终归是要结束的，尽管会使旅游者留下美好的印象、产生积极愉悦的情感体验，但是随着时间的推移，这种激动和美好总会变得模糊，旅游的愉快情景也会被淡忘。然而旅游者购买的旅游产品，尤其是旅游纪念品可以长期保存，每当看到它就会引发对上次旅游活动的美好回忆和向往，这有利于重新激发旅游者重游动机的产生，形成重游的旅游行为。

（4）可以激发潜在的旅游动机

旅游者在旅游地购买到具有特色的旅游产品，无论是自用、保存或观赏，还是向亲友展示和馈赠，都会引起别人的羡慕和向往，在某种程度上对旅游地进行了很好的宣传，对于提高旅游地的知名度有积极作用，对潜在旅游者的旅游态度和旅游动机产生积极影响。

2. 旅游者的购物心理需要

（1）求纪念的心理

“归心似箭，满载而归”，这是游客在离开旅游地返乡时的共同心理。他们都希望把当地有纪念价值的旅游商品带回家，一方面，带回的是一份对家人和亲朋好友的关爱和慰问；另一方面，证明自己的旅游经历，赢得人们的羡慕和尊重；时过境迁后，通过睹物思情也能唤起对旅游历程的美好回忆。

例如，在西安买一些兵马俑复制品，到南京的雨花台买雨花石，到江苏宜兴买紫砂壶，到广东肇庆买端砚……。

（2）求馈赠的心理

人们旅游归来后都要送给亲戚、朋友和同事一些在旅游地购买的商品。即使有些商品在本地也能买到，但从旅游地带回来的商品肯定别有一番情趣，它表达了对亲朋好友的感情和礼貌，既可以增进彼此的友谊，也可以提高自己的声望。在其他国家，这种现象也是很常见的，例如日本人，他们在外出或旅游归来都有赠送礼品的习俗，如果远游归乡没有礼物赠送，则被认为是没有礼貌的。

（3）求实用的心理

旅游者在购物时特别注意商品的品牌、质量、功能和实用价值，买的东西不管是自用、收藏抑或是馈赠亲友，首先看它是否有实用的价值，能否在生活上派上用场，或作艺术装饰，或作日常生活用品，然后再考虑是否要购买。例如，有些日本和东南亚游客到中国旅游，喜欢购买中国的名贵中药，如六神丸、地造丸和人参等；在行程结束返回之前，都会想到购买一些当地名优土特产带回家，以达到孝敬父母、馈赠亲友之用。这些都是从实用的角度考虑的。

（4）求新求异的心理

好奇之心，人皆有之，追新猎奇是许多旅游者固有的心理需要。他们对于异国他乡具有新奇性的物品一般都喜欢购买，在购买旅游商品时，追求新奇和与众不同，特别重视商品的外观、造型、款式、装饰等，买点地方特产是旅游者的普遍心理。地方特色商品，不仅具有纪念意义，而且货真价实，消费者值得购买，例如杭州的龙井茶、海南的椰子、云南的民族服饰、西藏的藏饰（见图 6-1-3）等。一些游客都喜欢购买有地方特色的竹篮、草帽、草鞋等新奇罕见的物品；对想突出个性的游客来说，一些奇珍异宝、文物古董、名人字画、奇石怪物，则更有兴趣。

图 6-1-3　游客购买藏式纪念品

（5）求知识的心理

游客在购买旅游商品时，总希望在得到物质享受的同时，还能得到精神方面的愉悦，即能满足他们求知的愿望。为此，我国现在一些旅游地的大商场都有导购员通过多媒体授课的示范，来介绍该商品的有关知识。例如北京景泰蓝等工艺品的制作过程，字画的年代、作者以及有关的奇闻轶事，如何鉴别珠宝玉器、珍珠、水晶产品的真假、优劣等，这些均能取得较好的购物效果。还有当游客参观完茶叶研究所、陶瓷工艺品店、丝绸工艺品店、丝绸厂、珍珠养殖场之后，知道了某种产品的生产过程，增长了相关知识，一般都有去购买这些货真价实产品的欲望。

（6）求尊重的心理

每个游客都有一种内在的价值感，都有自己的人格和尊严，希望自己应受到别人的尊重。这种尊重的需要也表现在游客购物的过程中，例如希望销售人员热情耐心地回答他们的询问，希望销售人员不厌其烦地做好服务，希望销售人员语言有礼并尊重他们的爱好、习俗和生活习惯；希望销售人员认同他们对商品的评价、观点及审美情趣等。

当然游客在购物过程中并非只有一种购物需要，常常是几种需要的结合，旅游者在购物中希望旅游商品能满足他们的多种需要。因此，在销售服务中应注意研究旅游者不同的购物需要，以便更好地为旅游者服务。

相关知识

1．旅游者购物的心理过程

从心理学的角度来分析，旅游者的购物行为过程包括 3 个决定因素：刺激因素、反应因素和中介因素。

刺激因素是指引起人们行为反映的内部、外部条件。外部条件如旅游广告、旅游产品、旅游接待者、当地居民的态度和他人的旅游经历等。内部条件是各类游客本身满足的需要。

反应因素是指刺激因素所引发的结果性行为。反应因素具有外显性和内隐性。外显性是指外在的、可见的行为反应，如购买某种旅游商品时，激动时提高声调，高兴时眉开眼笑等；内隐性是指内在的、不可观察的行为反应，如对某一旅游商品或其组成部分知识的增加、态度的改变、旅游消费动机的增减等。

中介因素是指一个动机、态度、知觉和检验等。在某些特定条件下，刺激可以直接引起反应，这是让生理平衡的需要。由于中介因素的存在，旅游消费行为才呈现出千变万化的现象。

游客购买商品都要经过一个购买过程（见图 6-1-4），而且游客在购物过程中的心理活动也是异常活跃的。

图 6-1-4 游客购物过程分析

例如游客进入商场时，他们首先要环视各种陈列的商品，寻找自己需要购买或值得参观、浏览和鉴赏的商品。当他们集中精力注意某种商品时，会产生各种美好的联想，例如有的游客会想象到自己穿上某件衣服后一定显得很漂亮优雅，有的游客可能想到围上那条真丝纱巾时的轻柔飘逸，有的会浮现把这个礼物送给亲人时的欣慰体验和感受。随着联想的深入就会产生购买的欲望，接着就自然产生对商品的各种特性进行比较、研究的过程。然后在比较思维的基础上消除疑虑，下决心购买。绝大多数游客在真正购买某个中意的商品前一定要先讲价，只有讲到一个适合的价位，买卖才可能成交，游客才会有所收获，最后满意地离开商场。

2. 旅游者购物行为分析

旅游者购物一般有两种情况，一种是在出游前就有购物愿望，购买动机清晰，有意识地要在旅游过程中购买某种旅游商品，所以在购买时，目的性比较强；另一种是出游前并没有购买的明确打算，只是在游览过程中由于受到一些促销和广告的宣传影响，激起浓厚兴趣而临时产生购物行为。无论是上述哪种情形，旅游者购物的全过程是人的认知、情感和意志综合作用的结果。也就是说，游客在购买活动中的心理过程是一致的，即都要经历感觉、知觉、记忆、思维、想象、情感、意志等过程。但是，不同的游客由于年龄、性别、职业等因素的不同，其在具体的购买活动中所表现出来的行为特点也各不相同。下面针对具有代表性的旅游群体的购买行为进行分析。

（1）青年游客的购物行为

青年游客是指 18 ～ 35 岁的旅游者，这是旅游市场上最活跃的一个消费群体。他们身体健康，精力充沛，对事物有很强的敏感性，对新鲜事物有强烈的好奇心。因此，在旅游购物中，他们追求明显的消费个性，以独特的方式来显示自己的成熟和与众不同。其购物行为有以下几个特点：

① 追求时尚，崇尚新颖。青年人的特点是热情奔放、思想活跃、富于幻想、喜欢冒险，这些特点反映在消费心理上，就是追求时尚和新颖，喜欢购买一些新潮的产品（见图 6-1-5）。在旅游购物活动中，他们往往喜欢标新立异，追求美的享受。他们强烈的求新、求异思维决定了他们往往是新商品的追求者、尝试者和推广者。

图 6-1-5　青年购物者

② 表现自我，体现个性。青年人的自我意识日益加强，强烈地追求独立自主，在做任何事情时，都力图表现出自我、个性。这一心理特征反映在购买旅游商品时，喜欢一些具有特色的商品，而且这些商品最好是能体现自己的个性特征，对那些一般化、不能表现自我个性的商品，他们一般都不屑一顾。

③ 容易冲动，注重情感。由于人生阅历并不丰富，青年人对事物的分析判断能力还没有完全成熟，他们的思想感情、兴趣爱好、个性特征还不完全稳定，因此在购买旅游产品时，往往容易感情用事，甚至产生冲动行为。他们往往忽略综合选择商品的必要，款式、花色、价格都能单独成为购买的理由，只要认为商品合意，就能迅速做出购买决定。有时，即使超出个人购买能力，也要想方设法购买。

④ 追求实用，表现成熟。青年游客的消费倾向由不稳定向稳定过渡，在购买旅游商品时，他们在追求时尚和个性的同时，往往又表现出成熟性，看重商品的实用性，追求货真价实。

（2）中年游客的购物行为

中年游客一般指 35 ～ 55 岁之间的旅游者，其购买力强，是旅游购物市场中的主力军。中年旅游者人生阅历丰富，购买经验丰富，他们在挑选旅游商品时往往会理智地思考，受情绪、感情和客观环境的影响较小。他们对购物往往会从质地、外观、实用性、艺术性等方面进行多方面分析、推敲。其购买行为有以下几个特点：

① 经验丰富，理智性强。中年游客生活阅历广，购买经验丰富，购物时情绪一般比较稳定，比较理智行动。他们注重旅游产品的实际效用，往往会认真仔细地向销售人员询问旅游商品的

有关情况，对于营业员夸大其词的劝诱，也会理智地做出分析、判断。总之，中年游客会使自己的购买行为尽量合理、正确、可行，很少有冲动、随意购买的行为。

② 量入为出，计划性强。中年游客大都肩负着赡老抚幼的重任，是家庭经济的支柱。所以，在旅游购物活动中，他们对每一项支出都有很强的计划性，不像青年游客那样冲动性强，随随便便、无牵无挂、盲目购买。因此，中年人在购买商品前常常对商品的品牌、价位、性能要求乃至购买的时间、地点都妥善安排，做到心中有数，对不需要和不合适的商品他们绝不购买，很少有计划外开支和即兴购买。

③ 注重身份，稳定性强。中年旅游者正处于人生的成熟阶段，在家庭、社会中扮演着重要的角色。他们在挑选旅游商品时，往往会根据自己一贯的偏好进行选择，同时，他们会根据自己的身份和社会角色做出相应的购买决策。由于中年人的工作、生活负担较重，希望减轻家务负担，故而十分欢迎具有便利性的商品。如减轻劳务的自动化耐用消费品，半成品、现成品的食品等，往往能被中年顾客认识并促成购买行为。

④ 追求实用，注重节俭。中年人不再像青年人那样追求时尚，生活的重担、经济收入的压力使他们越来越实际，买一款实实在在的商品是多数中年人的购买心理需要。因此，中年人更多的是关注商品的结构是否合理，使用是否方便，是否经济耐用、省时省力，能够切实减轻家务负担。商品的实际效用、合适的价格与较好的外观，是引起中年消费者购买的动因。

(3) 老年游客的购物行为

人们一般把 60 岁以上的人称为老年人。老年游客在购买旅游商品时与青年人有很大的区别。其旅游购物行为大致有以下几个方面的特点：

① 富于理智，很少冲动。由于年龄和心理的因素，老年游客的消费行为较为理智，他们的冲动性消费和不明目的的消费相对较少。他们不赶时髦，讲究实惠，比较仔细。

② 追求实用，精打细算。老年游客注重旅游商品的实用性，强调旅游商品质量可靠、方便实用、价格合理、舒适安全。会按照自己的实际需求购买商品，量入为出，注意节俭，对商品的质量、价格、用途、品种等都会进行详细了解，很少盲目购买。至于旅游商品的款式、颜色、包装往往放在第二位。

③ 追求便利，方便易行。老年游客由于生理机能逐步退化，对旅游商品要求易于操作，易学易用，不用花费过多精力。他们往往要求旅游商品的外形不要太大，以便于携带（见图 6-1-6）。

图 6-1-6 老年旅游者

④ 注重健康，崇尚保健。现在的老年人随着生活水平的提高，越来越注重自己的身体健康，他们往往会在身体保健方面花很多时间和金钱。在旅游购物过程中，他们往往喜欢购买有益于身体健康的医疗保健品。

⑤ 品牌忠诚度较高。老年消费者在长期的生活过程中，已经形成了一定的生活习惯，而且一般不会有较大的改变，因为他们在购物时具有怀旧和保守心理。他们忠诚于曾经使用过的商品及其品牌，印象比较深刻，而且非常信任。

(4) 女性游客的购物行为

女性游客更愿意借外出旅游之机购买所需要的商品。因此，人们常常可以看到，女性外出旅游回家时总是满载而归，大包小包忙得不亦乐乎。女性外出旅游时，只要有时间，她们最喜欢的去处就是商场之类的购物场所。因此，女性游客的购买行为具有较大的主动性。另外，女性的心理特征之一就是感情丰富，心境变化快，富于联想，因而她们的购买行为带有强烈的感情色彩。当然，这种心理特点也不可避免地使女性游客常常产生冲动性购买行为，以至于有时人还没有到家，就感到“错爱”了所买的某种商品。

① 追求时髦，注重时尚。无论是青年还是中老年女性游客，她们都愿意将自己打扮得美丽一些，充分展现自己的女性魅力。尽管不同年龄层次的女性具有不同的消费心理，但是她们在购买某种商品时，首先想到的就是这种商品能否展现自己的美，能否使自己显得更加年轻和富有魅力。例如，她们往往喜欢造型别致新颖、包装华丽、气味芬芳的商品。

② 追求美观，注重品味。女性消费者还非常注重商品的外观，将外观与商品的质量、价格当成同样重要的因素来看待，因此在挑选商品时，她们会非常注重商品的色彩、式样能否提高和体现她们的品味。

③ 感情强烈，喜欢从众。女性一般具有比较强烈的情感特征，这种心理特征体现在购买动机和购买行为上，就经常表现出情绪化和冲动性。同时她们经常受到同伴的影响，喜欢购买和同伴一样的东西。

（5）高收入阶层游客的购物行为

这类旅游群体主要在经济效益比较好的国有企业、合资企业、外资企业从事管理工作，或者是个体、私营企业的老板及家属。由于这一类旅游消费群体的工作环境现代气息很浓，收入和消费水平又较高。因此，他们在购买旅游商品时，追求商品的高档化，对名牌商品和名贵商品比较感兴趣；购买力较强，新风格、新式样的旅游商品容易在他们中间推广。

（6）男性游客的购物行为

① 迅速果断，自信性较强。男性游客的个性特点与女性的主要区别之一就是具有较强理智性、自信性。他们善于控制自己的情绪，处理问题时能够冷静地权衡各种利弊因素，能够从大局着想。这些个性特点也直接影响他们在购买过程中的心理活动。

男性的购买行为比女性果断迅速，即使是处在比较复杂的情况下，如当几种购买动机发生矛盾冲突时，也能够果断处理，迅速作出决策。特别是许多男性不愿“斤斤计较”，购买商品也只是询问大概情况，对某些细节不予追究，也不喜欢花较多的时间去比较、挑选，即使买到稍有毛病的商品，只要无关大局，也不去计较。

② 动机被动，行为机械。一般来说，男性游客不经常料理家务，照顾老人、小孩，因此，购买活动远远不如女性频繁，购买动机也不如女性强烈，比较被动。在许多情况下，购买动机的形成往往是由于外界因素的作用，如家里人的嘱咐、同事朋友的委托、工作的需要等，动机的主动性、灵活性都比较差。许多男性游客在购买商品时，往往事先记好所要购买的商品品名、式样、规格等，找到了目标就立即采取购买行动，否则，就放弃购买动机。

③ 情绪低调，动机稳定。男性游客在购买活动中心境的变化不如女性强烈，不喜欢联想、幻想。相应地，感情色彩也比较淡薄，所以，当动机形成后，稳定性较好，其购买行为也比较有规律。即使出现冲动性购买，也往往自信决策准确，很少反悔退货。 他们在购买商品时，往往对具有明显男性特征的商品感兴趣，如烟、酒、服装等。

待客训练

训练一：结合表 6-1-1 所示的案例，进行情景模拟表演，并分析游客心理需求及导游导购技巧，并把相关的内容填在表格中。

时间：2011 年 6 月 1 日

地点：北京贵友购物中心

人物：地陪小马，游客

事件：地陪小马接受了北京某旅行社的委派，负责接待一个由武汉某旅行社发出的教师旅游团队，该队女性很多，现带领游客来到北京贵友购物中心。

表 6-1-1　游客需求心理及导游导购服务技巧分析表

	服务情景模拟		游客需求心理及导游服务技巧	
	导游导购技巧	游客行为反应	游客心理需求分析	导游服务技巧分析
进店前的讲解	地陪：各位团友，现在我们大家看到的这个商店是北京最大的旅游购物商店，具有北京市政府颁发的诚信商店的荣誉称号。价廉物美，希望能够满足大家的需要。	游客面露喜色，齐称：“太好了，我们正担心购物的信誉问题，这样就可以放心的选购了。”		
进店前的讲解	地陪：该商店商品种类齐全，有很多特色商品，如京八件，驴打滚，北京果脯，糖葫芦……；还有布老虎，兔爷，拨浪鼓等玩具；玉器珠宝等应有尽有。	游客：“商品好全啊，我们要多带一些回去送给家人和朋友。”大家迫不及待地奔向了这家商店。		
进店前的讲解	请大家购物时切不要忘记集合的时间，一个半小时后我们还在这里集合。	游客：好的。那我们快进去吧。		
进店后旅游商品介绍	重点介绍景泰蓝、陶器、扇子、玉器等特色商品。 地陪：______ ______。	游客认真倾听介绍后，每个游客就自己感兴趣的商品进行咨询。 游客：______ ______ ______。		
进店后旅游商品介绍	地陪耐心、热情地接受游客咨询：______ ______ ______。	游客点头：原来有这么多的知识啊！东西不错，我很喜欢，只是价格有点贵了！		
进店后旅游商品介绍	地陪：价格吗！我可以帮您讲讲价，只是一分价钱一分货，可能也不会降太多，根据个人情况，量入为出吧！	游客：那就太好了，不过我再认真考虑一下是否有必要值得花这么多钱。		
努力方向：			老师建议：	

训练二：参照表 6-1-2 所示，请同学们分成小组，讨论不同游客的心理需求和导游导购技巧，并依据情境把客人的心理需求与导游导购技巧填在横线上，然后把分析结果填在表格相应位置，并做好互评。

表 6-1-2 游客需求心理及导游导购技巧分析评价表

游客类型	游客购物需求心理分析	导游导购技巧分析	组间评价	老师评价
青年游客				
女性游客				
中年游客				
高收入游客				
努力方向：			老师建议：	

学习评价

学习评价表如表 6-1-3 所示。

表 6-1-3 学习评价表

评价项目	评　价　内　容	小组互评		老师评价	
服务能力	能够依据不同游客购物心理特征，做好相应的个性化服务	Yes	No	Yes	No
	能够熟练和恰当地提供购物的功能性服务和心理服务	Yes	No	Yes	No
	善于分析不同游客的真实购物动机	Yes	No	Yes	No
	能够依据客人购物的心理预期，发挥导游的作用	Yes	No	Yes	No
	能够熟练讲解典型旅游商品的相关知识	Yes	No	Yes	No
	能熟练操作购物时的工作程序	Yes	No	Yes	No
服务知识	导游导购服务程序及心理服务要领	Yes	No	Yes	No
	不同游客的购物心理需求特点	Yes	No	Yes	No
	相关心理学知识	Yes	No	Yes	No
服务态度	服务耐心热情，态度诚恳、和蔼可亲	Yes	No	Yes	No
	善于沟通，有较强的工作责任感和良好的职业道德	Yes	No	Yes	No

课后练习

1．如何通过察言观色，分清不同游客的真实购物动机？
2．请结合成功导购的案例，分析游客的购物心理需求及导游服务技巧。
3．请结合实例对旅游者的购物行为进行分析。

任务二 导游导购服务心理与待客技巧

导游导购是指导游人员在导游服务过程中，引领旅游者游览商店，将商品的有关信息传播给旅游者，帮助他们买到自己满意的商品，使旅游者油然而生一种满足感。旅游者身在陌生地要想买到自己满意的物品，导游人员自然就成了游客最直接的咨询和依赖对象。因此，导游人员在旅游团购物方面，具有十分重要的作用。一位优秀导游的导购，不仅会引领游客到信誉好的商店，而且会详细介绍商品的性能、特色，帮助游客当好参谋，避免游客上当受骗，使游客在购买时买到称心如意、货真价实的商品。

情景描述

导游朱珊带着某旅游团到了上海，许多游客在游览中都想买些茶叶回去馈赠朋友。所以游客处处留意卖茶叶的店铺，并不断询问价格，查看品质。在参观游览豫园时，朱珊热情地讲解到："……在桥的中间，有座亭子（见图 6-2-1），始建于清朝，大约在 80 多年前被改成一个茶馆。老人们喜欢在早晨来此会会朋友，沏上一壶茶，聊聊天。一般他们喝的都是一种绿茶，叫做'龙井'。这个茶馆也是外国首脑常来之地。1986 年英国女王伊丽莎白二世来上海时，就曾到这个茶馆喝茶。确实，能在这儿喝上一壶也是一种享受。试想一下，在一个炎热的夏日，来到茶馆，临窗而坐，俯视开满荷花的绿池，迎面吹来阵阵凉风，在优雅的江南丝竹声中，慢慢地品上一口微温的龙井茶（见图 6-2-2），是不是有一种飘然若仙的感觉？是不是也想喝一壶呢？那现在还不能去，我们还要参观豫园呢。"

图 6-2-1 豫园湖心亭茶馆

图 6-2-2 龙井茶

接着，朱珊又讲解了茶叶等级的区分，并介绍了接下来要去的商场，价格虽然略高于市场，但对游客来说，买得称心、买得放心是最重要的。几位游客听了朱珊导游的介绍，都很认可她的观点。

服务心理与待客技巧分析

导游导购在旅游环节中是个非常敏感的话题。导游行业确实存在欺客、宰客的个别现象，每当导游的言行举止有这方面的倾向，旅游者就会如临大敌，加倍提高警惕。上面的导游很自然地把茶文化介绍融入豫园的参观讲解中，起到了成功推销龙井茶的效果。导游所用的技巧和方式，有很多值得我们学习和借鉴的地方。那么，作为导游应如何科学、有效地在旅游活动中导购呢？

1. 导游导购的服务技巧

（1）充分了解所推荐商品的知识和特点

既然是导购，导游应做到对商品的相关信息了如指掌，如商品的相关文化、商品的生产工艺及所促销商品的功用。要让旅游者感觉到导游人员有专业的鉴别水准，使他们觉得导游是他们的购物老师；在向游客介绍商品时要做到语言流畅，措辞严谨，增强游客对商店及所买商品的信任感和安全感。这就要求导游要多学多看，认真观察、揣摩旅游者的购物心理，整理出适合自己购物促销的导游词。

（2）自我推销

对于旅游者来说，在正式参与旅游活动之前，脑海中会浮现和憧憬各种导游形象。因此，导游在登场之前，首先要学会推销自己，把一个完美、真实而又具有人格魅力的“自我”毫无保留地展示给旅游者，以充分获得旅游者的信赖和认可。

（3）精心安排进店时间

进店时间正确与否会直接影响购物效果。从心理学的角度看，大多数游客的首要目的是游览景点，所以绝不能将进店安排为每天的第一项活动，也不能安排雷同商品的购物店，否则会引起游客严重的逆反心理。当游客太累太饿时不能进店，否则游客会拒绝进店。

一般来说，进店应该安排在至少游览了一个大景点之后或安排在午饭前后或晚饭之前。许多导游有意识地将早上及下午的游览结束时间控制在离开餐还有 50 分钟的时段，此时既完成了观景任务，在用餐前又有充分的时间，应该是最佳的进店时间。

（4）真挚服务

真挚是一个人的内心情感在交往中的外在表现。作为导游服务人员要想在完成导游服务工作的同时，最大限度地完成导购任务，离不开对旅游者真挚的情感投入，通过自己精湛的讲解、优质的服务（见图 6-2-3），引发旅游者的共鸣，使其对自己产生好感，觉得导游是个诚实、值得信赖的人。只有这样才会赢得旅游消费者的真诚和在购买行为上的支持。

图 6-2-3　精湛的讲解、优质的服务

（5）巧妙的铺垫

优秀而聪明的导游在进店前就已经为亮相的商品做好了铺垫，不会让游客觉得太突然，难以接受，甚至拒绝入店。通常，导游在给游客介绍当地的基本概况、自然风光、民俗风情时，就应将要推销的商品融入其中，以便在游客的头脑中形成一个初步的印象。而在景点导游过程中，巧妙地借题发挥，“无意”地提及重点商品，为其做铺垫，埋下伏笔。此时游客们会在进店前更容易接受导游的观点，也能在进店购物时不觉得太突然。

（6）认清游客的真实购物动机，有针对性地推荐商品

游客进入旅游商店，会有一些特定的行为表现。导游通过对他们行为的观察和分析，可以判断他们的购物动机和真实需求。例如有的游客进入商店后，眼睛东张西望，无固定目标，目光不专注于某一特定商品。这些行为表明，此旅游购物者是以游览参观为目的，无明显的购物动机和需求，这时不必主动招呼他们，让其自由参观就可以了；而有的游客进入商店后，脚步缓慢，边走边看，四处寻找，此类游客的行为折射出他们了解行情的心理特点，在品种、

式样、价格方面进行权衡，如果觉得合适就会购买。当导游发现他们对某产品感兴趣时，就可以给他们一些合理化的建议（见图 6-2-4）；如果有的游客脚步匆匆，直奔柜台，这表明购物目的明确，导游适机提供些品质的介绍即可。

图 6-2-4 提供合理化建议

旅游者会有各种不同的购物动机。例如具有求名动机的游客，目光往往专注于价格昂贵的柜台或商品，对价格相对较低廉的商品柜台则不关心。导游应重点向其推荐同类旅游商品中的上品和精品，介绍此类商品做工的精良，质地的上乘，款式的新颖，强调一分钱一分货；具有求实用的游客，注重商品的使用价值和质量，导游应为其推荐土特产和食、用类的产品。总之，作为导游必须善于分析游客的真实购买动机，灵活地做好各类游客的接待工作。

（7）激发游客的兴趣与购买欲望

激发游客的兴趣和购买欲望在导游购物促销中起着重要的作用。唤起游客兴趣的关键就是要让游客清楚地意识到购买商品所能得到的好处和利益。导游可以将商品的特征、优点与游客的需求联系起来，激发出游客的兴趣。同时，提供各种例子进行证实，强化游客的利益。例如玉自古以来有驱邪、保平安的说法，以自己所见所闻的实例加以说明；说到画的升值，以徐悲鸿的《漓江春韵图》当年与现在的价值对比；还有水晶眼镜可有效地防止眼睛疾病，降低眼睛近视度数，能够抵挡有害光线对眼睛的辐射；水晶球和水晶柱可以增强人的快速反应能力和记忆能力；高山雪莲可治好风湿性关节炎等疾病。总而言之，示例要有说服力和可信性，这样才能真正唤起游客的兴趣和购买欲望。

（8）掌握促成交易的技巧

一般来说，进购物店后，为了让游客买得放心，游客在购物时，导游应勤于走动，观察每一位游客的反应，主动当好游客的参谋，帮助游客做出正确的成交选择。

① 直接成交法。直接成交法是指直接要求游客购买商品。例如，导游对游客说："这是北京有代表性的特产，凡是来北京的游客都会给亲朋好友送上北京的特色点心，既然您看中了这盒，您就买了吧！这里的点心正宗而且有质量保证。"

② 机会成交法。机会成交法是指向游客表示最后一次机会而促使购买。例如，导游对一位游客说："这么精致美丽的紫玉貔貅挂件，整个玉器馆只有 3 个，其中一个前天已被一位游客买走，现在仅剩这两个了，这种品质的玉器是很少见的，如果您不买就太可惜了，机不可失呀！"

③ 优惠成交法。优惠成交法是指提供优惠条件促使购买。例如，游客面对一件商品迟迟下不了购买的决心，这时导游就对他说："我看您非常喜欢这件商品，如果您很想买下它，只是考虑价钱太贵的话，我找经理商量一下，看看能否给您打个折，不过通常这里是没有折扣的。"

④ 保证成交法。保证成交法是通过提供各种交易的保证来促使购买。例如，导游对一位游客说："这里是政府的旅游定点商场，有质量保证，价廉物美。如果您购买后，发现商品有质量问题，可以找我或这家商店，保证包退包换，请尽管放心。"

⑤ 从众成交法。从众成交法是指利用从众心理促使购买。例如，一位游客手拿一盒北京

的“京八件”正犹豫不决，导游走过去对她说：“陈小姐，这‘京八件’可是北京的一大特产呀，刚才王太太、李小姐她们每人都买了两大盒呢。回去送给亲朋好友、老人小孩最适宜不过了！”

2. 导游导购的讲解技巧

购物在旅游中是一个敏感的字眼，游客已把它与欺骗、宰客联系在一起。有些导游员在利益的驱使下，做了侵犯消费者权益的事，翻翻报纸杂志有关旅游的版面，上面充斥着这样的内容："旅游购物四戒"、"出游防宰有术"、"随团游防骗 18 招"等，在这样的氛围下游客怎么会有好心情，又怎么会愿意买东西呢？希望导游员共同努力来改变旅游购物在人们心中的形象。

虽然导游促销有负面影响，但是购物是许多旅游者的一项活动内容，导游员仍要认真介绍商品，帮助游客购物。

（1）前后态度要一致

有的导游在介绍景点时话不多，整个游览过程死气沉沉，缺乏热情和生机，介绍景点也是粗枝大叶。可是到了购物点时却突然来了精神，一点也不急躁，讲解特别耐心和细致，说话不仅多，而且声音洪亮，还“好心”地帮游客讨价还价。这无疑会引起游客的猜疑和反感，反而让购物效果适得其反。所以讲解景点也要周到细致，前后态度要一致。

（2）要在旅程中多讲，不要讲完就进店

导游员在接机时从机场到市区的旅程中，介绍风土人情时就穿插购物的介绍，潜移默化，不知不觉，勾起游客对地方特产的向往和喜爱，让游客马上有一睹为快的感觉。引导购物，舆论先行。等到了购物的时候，导游就会有意识地一起和游客回顾前面讲过的产品或工艺。

（3）要教客人鉴别知识（见图 6-2-5 和图 6-2-6）

导游员自己必须学习丰富的知识，比如北京的导游员要学好景泰蓝的知识，云南的导游员要学习翡翠玉石的鉴别，杭州的导游员要学好丝绸的鉴赏，东北的导游员要学好人参的挑选，如果一问三不知，就不能满足游客的需要。

图 6-2-5 耐心讲解商品知识

图 6-2-6 教会鉴别的知识

（4）要讲产品的缺点

导游员在讲解产品时，要把产品的好坏优劣讲得清清楚楚，特别是产品的缺点，这样游客就会根据自己的情况可以理性地决定是否购买。

（5）亲和、热情，与客人拉近距离

导游刚接到团队，与游客之间是陌生的。人们不会轻易相信陌生人的话，所以要想达到好的购物效果，一定要拉近与游客的距离。

（6）不要欺骗游客

作为导游在为游客购物服务中，最不该犯的错误就是欺骗，这不仅有损旅行社的声誉，也有损导游的职业道德，更会给旅游业带来很多延续的不良影响。

相关知识

1. 知觉的选择性

知觉选择性是指个体根据自己的需要与兴趣，有目的地把某些刺激信息或刺激的某些方面作为知觉对象而把其他事物作为背景进行组织加工的过程。

由于人每时每刻所接触到的客观事物众多，因此不会也不可能对同时作用于感觉器官的所有刺激信息作出反映，而是主动地挑选某些刺激信息进行加工处理，从而排除其他信息的干扰，以形成清晰的知觉，并迅速而有效地感知客观事物来适应环境。

知觉的选择性是指人在进行知觉时从复杂的环境中把某些事物或现象当做知觉对象，而把另一些事物或现象当做知觉的背景。

知觉过程就是从背景中选择出知觉对象的过程。知觉的选择性会在旅游购物中产生并为游客服务。

在旅游购物活动中，知觉的选择性会影响旅游者对物品的选择。一般来说，强度较大、色彩鲜明、活动性、变化性的刺激物容易成为知觉对象，组合比较规律的刺激物（即良好图形）容易成为知觉的对象。知觉的选择性既受知觉对象特点的影响，又受知觉者本人主观因素的影响，如兴趣、态度、爱好、情绪、知识经验、观察能力或分析能力等。

2. 学习

学习是游客在购买和使用商品过程中，不断获取相关商品的知识、经验和技能，不断完善其购买行为的过程。例如，当游客接触知识信息并对其进行初步加工和归类时，学习便开始了。信息渠道有商业来源、公共来源、参照群体及个人经验4种，其中导游、团队成员、亲朋好友等参照群体及个人经验对旅游购物影响较大，尤其是导游和团队成员对游客的影响更大。但越来越多的游客出游之前收集大量的旅游目的地信息，降低购物风险，在这种不断的学习中游客逐渐成为明智的、聪明的消费者。

3. 导游人员在旅游者购物活动中的作用

（1）主导作用

导游人员适时地介绍当地的旅游纪念品及特产可以加深游客对商品的了解并激发购买欲望。导游人员根据游客的需要，安排一定的时间带领游客选择商店进行购物，都体现了导游人员在旅游购物中的主导作用。

图 6-2-7　参谋作用

（2）参谋作用

游客在购物前，一般都会就某种商品向导游人员征询意见（见图6-2-7），了解情况。在购物中也会向导游人员详细了解商品的性能、特色及售后服务的有关规定，请导游人员帮助挑选商品。因此，导游人员在游客购物中起着不可替代的参谋作用。

（3）维权作用

导游人员应当带旅游者到定点商店和价格公道、质量保证、信誉较好的商店去购物。在购物中，导游人员要提醒游客不要上当受骗，以免掉入购物陷阱。对商店抛售伪劣商品、以次充好等行为，导游人员有责任向商店负责人反映情况、进行交涉。在游客购物中，导游人员自始至终地要维护游客的合法权益。

4．不同性格类型游客的服务技巧分析

（1）性格及其类型

性格是指表现在人对现实的态度和相应的行为方式中比较稳定的、具有核心意义的个性心理特征，是一种与社会关系最密切的人格特征。性格表现了人们对现实和周围世界的态度，并表现在他的行为举止中。性格主要体现在对自己、对别人、对事物的态度和所采取的言行上。

根据知、情、意三者在性格中何者占优势，把人们的性格划分为理智型、情绪型和意志型。理智型的人，通常以理智来评价、支配和控制自己的行动；情绪型的人，往往不善于思考，其言行举止易受情绪左右；意志型的人一般表现为行动目标明确，主动积极。

（2）不同性格类型的服务技巧

如表 6-2-1 所示，依据不同游客的性格特点，导游在导购服务中应该掌握不同游客的心理特点，做好相应的服务，才能起到良好的导购作用。

表 6-2-1　游客不同性格类型的导购心理服务技巧分析

性格类型	导游导购心理服务技巧
理智型	不要过多地提出建议，依据他们的喜好和兴趣，客观、有条理地讲解相关产品的知识和资料，尊重他们自己的想法，给他们充足的时间判断和分析
情绪型	多介绍新异的产品，帮助详细分析商品优劣；服务主动热情、诚恳相待，建议服务速度快，多变花样，不要拖沓；这类游客购物时容易冲动，所以，多加提醒和建议，免得购物后出现后悔等情绪
意志型	说话直截了当，不要过多地干涉他们的想法和行为，依据他们的已有目标帮助推荐价廉物美的产品，并提出鉴别建议。不要盲目地向他们推荐花样繁多的商品

待客训练

训练一：请同学们阅读下面几位游客的旅游日记，分析这几位导游的问题在哪里，在以后的工作中应该如何导购。

1．记得有一次到云南旅游，那个地陪说话很少，从机场到酒店的过程中总共就讲了 6 分钟，下午游览碧塔海的时候，也懒洋洋地像没睡醒一样，游客个个心里有些不快。第二天早起去石林，开车后没讲几句话就又坐下了，但是到了半路接近一个休息购物点的时候，她突然像打了吗啡一样来了精神，拿起话筒第一句话就是：“你们想买玉吗？”客人都不吱声，本来大家就对购物敏感，对她印象也不佳，突然问了这么一句，就像突然拿了一把宰客刀在客人面前一晃似的。

她看客人没反应，接着说：“我带你们到前面一个店去买玉，那里玉便宜。”客人没吱声，

车内气氛紧张，有的游客就打圆场说："先去景点吧，回来有时间再去看看。"她却说："那是休息点，不去也得去！"然后就气哼哼地坐下了。这一下车里面简直是一片死寂，到了那个休息点司机要停车的时候，游客的领队突然大声说："我们不要休息，全体不上厕所，往前开！"结果可想而知，这个团的全程购物记录是零。

导游导购中的失误：____

____。

游客的心理反映：____

____。

导游正确的导购技巧：____

____

____。

2．……导游小姐把我们送到机场，临走时，连句"再见！"都没听到，就急急地走了，真是个急性子。她在领我们说是去参观实则是购物的时候，却耐心得很，一点都不急。她领我们参观了紫砂壶、丝绸、珍珠、菊花茶，这些地方合同上都没有。每个参观的地方多则一个小时，少则四五十分钟，却很有耐心。在每一个购物点时都口若悬河，还少有"热心"地帮我们讨价还价，极力成交。不得不让我们怀疑她的过于热情，是为了促成更多的成交记录，她的提成也会越来越多。"

导游导购中的失误：____

____。

游客的心理反映：____

____。

导游正确的导购技巧：____

____

____。

3．海滨城市特有的美丽景色让我们都很兴奋，我们的地陪导游是个腼腆的小姑娘，初见面大家也很喜欢她的斯文和美丽，可谁知几句话就让大家大失所望，问这个不知道问那个不清楚的。团里很多游客都想买些大连的特产海参和海米等海鲜带回去给家人尝尝，问导游该如何挑选和鉴别海参等海产品时，她结结巴巴地说："这我也不太清楚，大概是刺多的好吧？你们问问店里的售货员。"大家都感到很茫然，店里的售货员个个都像拿了把宰客刀，想买的游客怕受骗也都迟疑起来了。……

导游导购中的失误：____

____。

游客的心理反映：____

____

____。

导游正确的导购技巧：____

____

____。

训练二：参照表 6-2-2 所示，请同学们分组模拟演示导购的情景，分析此服务情境中游客的心理需求，评价导游的服务技巧，并进一步设计丰富多彩的导游导购技巧，各组交流意见，做好互评，最后由老师点评。并把相应的内容填在表格中。

表 6-2-2　游客需求心理及导游导购技巧分析评价表

服务情景描述	游客需求心理分析	导游待客技巧分析	组间评价	老师评价
北京的导游员小张接待了一个大连的旅游团。她在接游客回宾馆的途中，绘声绘色地讲解了北京的风土人情。在介绍北京的历史文化时，她讲到了景泰蓝，从创制到制作的奇异过程，包括历史上的传奇故事，绘声绘色，让游客们简直恨不得马上一睹真容。				
过了两天，在去长城的路上路过一个景泰蓝的购物店，她问客人：“大家有没有兴趣去看看？”，大家早就想看看了。下了车，她说：“我带你们去开开眼，见识见识景泰蓝中的珍宝，一个花瓶要几十万元！”大家听了纷纷跟着进店。				
她一路走进去会偶尔停下来，指着某一件产品对大家说：“还记得我给你们讲过的掐丝工艺的讲究吗？看，这样的掐丝做得就不太好，一定是新手做的。看！旁边这件就比较好。”众人都聚拢来纷纷议论、比较。然后她又指着另一件：“看，这个花瓶上面的色彩就很少见啊，大家都知道陶瓷釉彩烧制后会变色，有时会变出出乎意料的少见颜色，这一块就比较稀罕了。”立刻有个游客拿去问价了。				
她看见大婶大妈们在柜台前犹豫不定的时候，就说：“你们不要买太重的东西啦，路上拎着辛苦，我带你们看些小东西。”然后她带她们到了景泰蓝首饰柜台前，才几元一个的小挂件，可以送给孙女女儿们，大家买起来收都收不住。				
努力方向：			老师建议：	

学习评价

学习评价表如表 6-2-3 所示。

表 6-2-3　学习评价表

评价项目	评　价　内　容	小组互评	老师评价
服务能力	能够依据不同游客的购物心理特征，做好相应的个性化服务	Yes　No	Yes　No
	能够熟练和恰当地提供购物的功能性服务和心理服务	Yes　No	Yes　No
	善于分析不同游客的真实购物动机	Yes　No	Yes　No
	能够依据客人的心理预期，熟练运用导购技巧	Yes　No	Yes　No
	能够熟练讲解典型旅游商品的相关知识	Yes　No	Yes　No
	能熟练操作购物时的工作程序	Yes　No	Yes　No

续表

评价项目	评价内容	小组互评	老师评价
服务知识	导游导购服务程序及心理服务要领	Yes　No	Yes　No
	导游导购技巧知识	Yes　No	Yes　No
	相关心理学知识	Yes　No	Yes　No
服务态度	服务耐心热情，态度诚恳、和蔼可亲	Yes　No	Yes　No
	善于并积极沟通，有较强的工作责任感和良好的职业道德	Yes　No	Yes　No

课后练习

1．根据本课所学知识，熟练掌握导游导购的服务技巧。

2．走访有经验的导游，学习他们科学合理的导购服务技巧。

单元七

游客投诉服务心理与待客技巧

与其他企业一样，追求产品质量的“零缺陷”是旅游服务企业的根本目标。然而，任何企业，无论是标准化的生产还是个性化的服务，都无法达到百分之百的正确。在旅游服务中，尽管旅游从业人员热心、耐心、细心地工作，努力提高服务质量，可还是会有不满意的游客。曾有一家大型航空公司的调查结果显示：“不满意的顾客只有4%会提出投诉；凡有一名投诉者，必有26名顾客心怀不满离你而去——什么也不说。这些由于不满意而离去的顾客中，65%将再也不会回来使用你的服务。”调查中提到：“令人稍感欣慰的是，投诉若处理得当，67%的游客将回来继续使用你的服务。”鉴于这样一个结论，作为出售服务的旅游行业，当旅游产品和服务质量与旅游者的期望不符时，游客常以投诉表示不满，是在所难免的。然而，更重要的是如何处理好投诉。所以，旅游企业员工应了解游客投诉心理，正确处理投诉事件，为过错买单，对游客负责，为企业正名，修复游客误解，赢得企业声誉。

火爆投诉 合理处理

学习目标

- ✧ 任务一 针对主观原因的投诉心理与待客技巧
- ✧ 任务二 针对客观原因的投诉心理与待客技巧

任务一 主观原因投诉的服务心理与待客技巧

旅游服务是借助旅游设施或旅游景点进行的人与人之间的互动过程，游客形形色色，服务人员千差万别，因而旅游投诉的原因也是多方面的。由主观原因引起的投诉可以分为两类：一类是不尊重旅游者；另一类是工作不负责任。旅游者如果受到从业人员的怠慢一定会非常恼火和不快，在处理游客主观原因投诉时要有正确的心态，分清事实，理解游客心理，灵活运用语言技巧，把“对”让给游客的同时也要维护旅游企业的利益。同时，旅游者投诉也是我们搞好旅游工作、弥补工作中的漏洞，提高管理和服务水平的一个重要促进因素。

情景描述

国际旅行社的导游员小李带一个境外团赴B城海滨旅游度假，下榻某饭店。这天中午，当游客们兴致勃勃地从海滨浴场回来用餐时，一位游客发现餐厅所上菜肴十分丰盛（见图7-1-1）。但刚坐下，正想大吃一顿，发现在素烧油菜的菜碟上有一条很长的虫子。顿时一桌游客食欲全无，有的还感到恶心。游客们当即找到导游员小李，气愤地向他投诉，要求换家餐馆用餐。

图7-1-1 丰盛中餐

服务心理与待客技巧分析

由于旅游服务人员待客不主动、不热情，说话没有修养、粗俗，冲撞或羞辱游客，不尊重游客习俗，食品质量有差异等问题的投诉都属于主观原因的投诉。上述案例中提到的就属于主观原因的投诉，针对主观原因的投诉应做好如下工作：

1. 各类主观原因投诉的服务心理与待客技巧

（1）游客因感到“未受到尊重”而引起投诉的服务心理与待客技巧

如果游客反映如下这些情况，说明游客感到了“未受到尊重”：服务人员对游客冷淡，对询问不予理睬或一律回答“不知道”；不注意礼节、礼貌、语言不文明；不尊重游客的风俗习惯；未经敲门许可就闯入客房；无端怀疑游客带走饭店物品让游客感到受侮辱，误认为游客未结清账目就离开等。出现这些情况服务人员要做到以下几点：

① 端正服务态度。服务员的服务态度直接影响服务效果。服务人员要清楚地认识到：游客是花钱买享受的，理应受到尊重；服务人员是为游客的消费来提供服务的。所以，当接到投诉时首先应摆正自己和游客的角色关系，认真倾听和补偿，树立为游客服务的意识。

② 提高自身素质。良好的内心态度要有得当的行为来反映，接到游客投诉时要认真分析自身原因，冷静对待，心平气和，不急于辩解或反驳，做到有理、有礼、有节，体现旅游服务人员良好的素质修养，扭转游客的不良认识。

③ 控制行为 。礼貌与谦恭是服务人员一生的必修课，“如何做” 是关键。当游客投诉时，利用各种方式满足游客求尊重的心理，把理解做到位，让游客感受到被尊重，释放抱怨，找回尊严。

（2）游客因感到“不一视同仁”而引起投诉的心理服务与待客技巧

如果游客反映服务人员只对团队中一些人热情；或者是分房、乘车等情况优先考虑一些游客的需求，把朝阳面的房间分给他们，车上的有利座位也是优先考虑部分游客，其他团员明显感觉到似乎这些游客特别尊贵，自己受到冷落。这是游客感受到“不一视同仁”的现象。有些服务人员将游客分成等级，以财取人，以貌取人；有的服务人员还对游客的服饰、打扮评头品足；有的对常客是热情有加，但是对不经常来或是第一次来的游客不冷不淡，常常是冷热不均，厚此薄彼，优亲厚友，拉关系，走后门。这样势必会使其他游客反感，从而进行投诉。这种情况的心理服务和待客技巧如下：

① 对游客做到同价同酬。游客的投诉有求平等心理，旅游者认为自己花钱是为了寻求美好的旅游经历和获得应有的服务，如果旅游经历让他们感到不平、烦恼，会让他们选择投诉，这就要求服务中能够正确理解游客需求，掌握客观公正的原则，避免让游客产生不平等、受歧视的感受。同时，投诉后要给予游客补偿，满足他们心理平衡的需要。

② 适当把握“人情味”服务。“人情味”服务能够得到游客的理解，但要运用得当，过则不益，没有也不益。对待特殊的游客（如老弱病残等），必须做到周到、细致的特殊服务；若游客中有亲朋好友，如果他们没有感受到被关注也会引起不满，但得到特殊关注又会引起其他游客不满。所以既要让他们感受到被关注又能使其他游客不觉得过分，就要把握得当。如果游客因为受到不一样的待遇而投诉，要理解游客，让游客一吐为快，将心中的不满和感受释放出来，游客也就得到了平静。

（3）语言沟通不畅引起游客投诉的服务心理与待客技巧

沟通，即双方或多方通过充分的交流而达到相互理解。俗话说：“一句话能逗人笑，一句话能惹人跳”。在投诉接待中，会发现游客认为旅游服务人员对自己有成见，但旅游服务人员无辜地认为自己不是那个意思。原因是模式语言不灵活；接待宾客或处理问题时语言表达欠艺术，招惹宾客不悦、愤怒；……都是因为语言沟通不当而造成“误会”。这类原因引起投诉的服务心理与待客技巧如下：

① 在接待服务的过程中巧妙地使用礼貌用语。常用的有“对不起”、“别客气”、“谢谢”、“您好”、“再见”、“欢迎再来”、“请”等。在实际工作中，即便有些服务不得当，也会因为这些润滑语言而立刻让游客感受到服务人员的意思并不是自己所想象的那样。

② 要充分理解游客“求沟通、求理解”的心理需求。遭到游客投诉时要把“误会的原因”归结到自己服务不周上，通过沟通把“理”让给游客，“错”由服务人员承担，赢得游客满意。并通过进一步的沟通转变游客的不良认知。

（4）由于食品质量引起投诉的服务心理与待客技巧

游客用餐，对食品的要求越来越严，不仅注重外形的精美，还要求营养的搭配，如果酒店提供给顾客的食品不卫生，饮料变质、过期，甚至有假酒、假冒饮料；菜肴变味变质或烹调不当，使游客无法下咽，都会引起宾客不满，造成投诉。游客投诉是为了能够更好地用餐，但对出现的质量要有个说法，求得补偿。理解游客心理，将利益让给游客，为出现的质量问题承担相应责任。这类投诉的服务心理和待客技巧如下：

① 立即调整服务工作中的弱点、漏洞和不足。特别是发现一些带倾向性的问题，以便有

针对性地采取措施，改进服务工作，提供高质量、高效率的服务。

② 了解游客求得补偿的方式，判断给予补偿的可能性。并根据游客的心理需求调整游客求得补偿的“合理性”。

③ 给予适当补偿，求得游客心理平衡，挽回过失所引起的不良后果。

2. 处理游客投诉的方式方法

（1）高度重视

游客需要你对他表现出关心与关切，而不是不理不睬或应付。游客希望自己受到重视或善待，希望接待他们的人是真正关心他们的要求或能替他们解决问题的人。

（2）仔细倾听

聆听是一门艺术，从中可以发现客户的真正需求，从而获得处理投诉的重要信息。在面对顾客的投诉时，无论是面对面的投诉还是电话投诉，都要认真倾听游客的全部意见，弄清事情的原委，任其发泄心中的不满。听取意见时，态度要诚恳，不能打断对方的谈话。如果游客由于激动无法表述清楚时，要用提问的方式引导游客。

（3）保持冷静

在面对游客投诉时，无论对方有多么激动，我们都要保持冷静，切勿辩解，更不能冲撞游客，甚至和游客争吵。要采用柔性语言和宽容的态度化解对方的情绪，即使对方出言不逊，我们也要持容忍的态度，尽量满足游客的自尊心和优越感，要时刻牢记“游客总是对的”这句话。

（4）给予投诉者理解和关心

处理投诉时要先处理“情感”再处理“事件”。而化解游客不良情感的首要因素就是“理解和关心”游客。投诉的游客进行的陈述可能是侮辱性的，可能是不客观的，也可能不那么具体和不太好理解，旅游服务人员应耐心倾听游客的陈述并表示理解和同情，如“您的心情我能理解，如果我碰上这种事，我也会……”。

（5）要立即向游客认错和表示道歉

不管在什么情况下，当游客投诉时，都应该虚心接受，表示歉意。即便有些投诉是因为游客误解了，服务人员仍然可以表示歉意，不要阻拦对方提出自己的要求，不要指责或暗示游客错了，更不要马上进行自我辩解，更不能与游客争吵。要立即向游客认错，表示歉意，然后对产生问题的原因再作进一步说明。

发自内心的道歉不需要成本，又使投诉者觉得你的态度诚恳，能够消除游客的怨恨，当怒气平息时，游客会认识到自己的过失。在表示道歉时，要注意用语，例如可以说“非常抱歉让你遇到这样的麻烦”“这是我们工作的疏漏，十分感谢您提出的批评”等，要表示出一种诚意。

（6）采取积极的行动，找到解决问题的最佳办法

为了不使问题进一步复杂化，不失信于游客，必须认真做好这一环节的工作。接待人员要进行比较和判断，确定最佳方案，在征得游客同意后，做出补偿性处理。如果暂时不能解决投诉，要耐心向游客解释，取得原谅，并请游客留下地址和姓名，以便告诉游客最终处理的结果。

（7）事后检查记录

如果导游员在成功地解决问题之后再对曾经失望了的游客给予适当的关注，就可以从中了解到自己行动所起的效果；并把投诉情况和解决办法记录在笔记本上，这对于积累经验和改进工作是很有益处的。

相关知识

1. 态度

(1) 态度的定义

态度是人们在自身道德观和价值观基础上对事物的评价和行为倾向。态度有 3 方面的构成要素：认知成分、情感成分、意向成分。

认知成分是指对人、对事物的认识、理解和评价，即我们通常说的印象，它是态度形成的基础。

情感成分是指对人、对事物的情感判断（即“喜欢－厌恶”、“爱－恨”等），它是态度的核心并和人们的行为紧密相联。

意向成分是指个人对态度对象的反映倾向（谋略、企图等），即行为的准备状态。

例如，某游客认为大连自然资源丰富、景色清新秀美，这就是游客对大连的内在认知；于是就做出了对大连积极的情感反应：“大连是个美丽、浪漫的城市！”；也就有了各种去大连旅游的积极准备和行动意向。激发态度中的任何一个表现要素，都会引发另外两个要素的相应反应，这也就是认知、情感和意向这 3 个要素的协调一致性。一般来说，态度的各个成分之间是协调一致的，但在他们不协调时，情感成分往往占有主导地位，决定态度的基本取向与行为倾向。

(2) 态度的特性

① 对象性，态度总是针对某种事物的。如“五岳归来不看山，黄山归来不看岳”，离开了五月和黄山，这些诗句和他们蕴含的态度就不存在了。

② 评价性，意味着是否赞同该事物。如对旅行社导游服务质量“恶劣”的评价，就形成了游客厌恶和气愤的态度。

③ 态度相对于情绪具有稳定性，它是一种对事物比较持久的而不是偶然的倾向。如对旅游企业之一的饭店来说，回头客的多少，既能反映饭店服务质量的高低，也能反映游客的态度的稳定性。

④ 态度是个体内在的心理状态，往往不能为别人所直接观察到，但它最终会通过当事人的言行表现出来。

(3) 态度形成的阶段

任何态度都是后天习得的，是人在社会化的过程中逐渐适应周围世界的结果，特别是其他人的相互作用，人获得了对于社会环境中人和事物的认识，丰富了情感，积累了经验，形成了对人和事物的接受与拒绝、喜爱与厌恶、赞成或反对的倾向。态度的形成有以下 3 个阶段：

① 顺从阶段：是获得物质与精神的报酬或避免惩罚而采取的表面顺从行为。

② 同化阶段：个体不是被强迫而是自愿接受他人的观点、信念，是自己的态度和他人的要求相一致。

③ 内化阶段：人们从内心深处真正相信并接受他人的观点而彻底转变自己的态度，并自觉地指导自己的思想和行动。

一个人的态度只有到了内化阶段，才是稳固的，才真正成为个人的内在心理特征。

(4) 旅游者态度的转变方法

旅游者的态度是旅游者在旅游活动中形成的对旅游产品的肯定或否定的心理倾向。当旅游者感到服务中存在诸多问题，心中产生不满和否定的态度进而投诉时，旅游服务人员应该给予旅游者代偿性满足，转变不良态度。态度是可以改变的，但这种转变依赖于多种因素。

例如，某旅行社接待了一个中国台湾旅游团，旅行团一路上被误机、误餐，游客怨声载道，投诉到了旅行社。于是旅行社派了一名经验丰富的导游接待了这个团。这名导游看到游客们个个都怒气冲冲，就想办法寻找话题，给游客一点心理上的满足。他走到一个中年妇女面前，和气地说："太太，您是台湾哪个市的呀？"女士说："小地方，说了你也不知道。""你说说是哪里，也许我知道呢。"女士便说出了她的家乡，果然是小地方。但是导游却十分了解这个地方，还能背诵当地著名亭子上的一副对联。于是游客们纷纷与这位导游攀谈起来，主客之间的关系融洽了。在整个游览期间，这位导游尽职尽责，努力满足他们的各种要求，不仅化解了他们心中的不满，还赢得了赞赏，彻底改变了游客的不良态度。

① 更新旅游产品，塑造优质品牌。

② 给旅游者代偿性满足。如某美国旅游团，在某酒店吃饭时，一位游客吃了几口牛排就吐在了骨碟里。他生气地招呼服务员，"小伙子，你们的牛一定比我的爷爷还老，可是我的嘴不高兴。"小伙子连忙道歉，经理听说后亲自出面，重新换了牛排并表示再给大家每人多加一份"冷烤里脊"，使得每位旅游者由不满转为满意。

③ 提高服务人员的文化素质和业务技能。

④ 给旅游者发泄情绪的机会。当人们遇到某种不快或挫折时，如果能够及时地将由此引起的悲伤、愤怒、懊丧等情绪发泄出来，就会有种轻松感，人也会变得冷静和舒畅，态度也会容易转变。

2. 投射作用

投射作用是指个体将自己不喜欢或不能承受但又是自己具有的冲动、动机、态度和行为转移到他人或周围事物上，认为他人或周围事物也有这样的动机和行为。如"以小人之心度君子之腹"、"我见青山多妩媚，青山见我亦多情"等就是投射作用的写照。

罗夏墨迹测验是最著名的投射法人格测验，如图 7-1-2 所示，不同的人会会从图中看到不同的事物，都是自己内心的一种投射。罗夏是瑞士的精神病医生，20 多年的实践中，他用大量的图片来测试病人。后来他改用墨迹图（在一张纸的中间滴一滴墨汁，然后将纸对折，用力一压，墨汁便向四面八方流动，形成了一个对称但形状不定的图）来测试病人。罗夏发现不同类型的精神病人对墨迹图的反应是不同的，认为可以通过观察被试人对墨迹图的知觉反应，来预测或推断被试人的人格特征。确实如此，投射作用是一种非常严重的认知心理偏差，它会让我们的认知缺少客观性，并由此而产生消极的影响。例如，有人对自己喜欢的人或事越来越喜欢，越看其优点越多；而对自己厌恶的人或事越来越讨厌，越看其缺点越多。所以，就表现出过分地赞扬与吹捧自己喜欢的人或事，过分地指责甚至中伤自己讨厌的人或事。这种将自己的感情投射到这些人或事上进行美化或丑化的心理倾向，缺少了人际沟通中认知的客观性，从而造成主观臆断并陷入偏见的深渊。

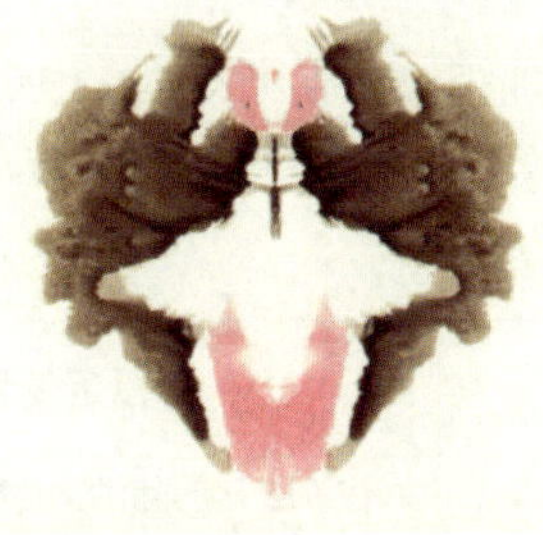

图 7-1-2 罗夏墨迹图

在旅游服务工作中，投射作用会使服务人员在进行社会认知时，不自觉地将自己身上所具有的一些人格特点投射到游客身上，从而将一些本不属于游客的心理行为特征强加到对方身上，掩蔽了游客的真正的人格心理特点，扭曲了客体的真实面貌，形成对游客错误的认知图式，使得认知中的游客不是像客观中的客体，而是越来越趋向自己本身。例如，服务人员在服务中的心情是愉快的，则对游客表情的认知判断也会是肯定性质的，若服务员的心情是懊恼的，则对游客表情的认知判断将趋向否定性质。这是投射作用消极的一面，投射作用在旅游服务中也存在积极作用的一面。由于投射作用使得服务人员总是趋向于把对游客评价判断成与自己相类似，总是将自己的主观感受、主观经验“先入为主”地来认知和评价他人。因此，投射作用会使服务人员在对确实与自己相类似的人进行社会认知时，对游客的评价判断会更加容易、更加精确、更加到位，使游客感觉到服务人员的贴心和细致。

3. 游客投诉的心理需求

无论何种原因导致游客投诉，面对投诉时，首先应该做的是要了解他们的投诉心理，并对其进行深入的分析。一般情况下，顾客投诉时的心理主要包括以下几个方面：

（1）求尊重的心理

求尊重是人的正常心理需要。在旅游服务的客我交往过程中，消费者求尊重的心理一直十分明显，而在进行投诉活动时这种心理更加突出。他们在投诉后，总希望自己的投诉是正确的，希望受到有关部门应有的重视，要求别人尊重他们的意见，向他们表示歉意，并立即采取相应的处理措施。

（2）求发泄的心理

宣泄是指当一个人遇到某种挫折时，把由此而引起的悲伤、懊恼、愤怒和不满等情感痛痛快快地“发泄”出来的心理调节方法。消费者在碰到使他们烦恼的事情或不公正的待遇时，心中充满了怨气、怒火，必然要利用投诉来释放心中的不满，以维持心理平衡。

（3）求补偿的心理

当人们寻求满足，而又受种种条件的限制无法得到满足的时候，“求满足”就会变成“求补偿”。在旅游服务过程中，如果由于旅游者的职务性行为或旅游企业未履行合同，给旅游者带来损失或伤害时，他们就可能利用投诉的方式来要求有关部门给予物质上的补偿。

待客训练

训练一：结合表 7-1-1 所示的案例，分组讨论，分析游客心理需求和接待投诉处理的方法，并做好互评，把相关内容填在表格内。

表 7-1-1 游客投诉的需求心理与待客技巧分析评价表

投诉情景描述	游客需求心理分析	投诉接待处理	组间评价	老师评价
情景一：入住 913 房的陈洪文先生晚上退房时，楼层查房报房内消费了一包香烟、两副扑克、一盒方便面，游客质疑：除了一盒方便面，其他东西都没用过。于是自己到房间去看，此时服务员又报说查错了，香烟和扑克原本没有配到房间，游客被冤枉而投诉。				
情景二：游客林女士及家人参加了武汉某旅行社组织的“长江三峡精华三日游”。旅游合同约定，每人交纳 660 元，为全包价旅游，可享受全程导游服务及交通、餐饮、住宿各方面的服务。然而林女士及家人在游览三峡中，被该团导游安排给另一团队，而另一团的导游几乎全程不见踪影。没有导游讲解，无法实现合同就餐标准，游览行程不合理，林女士投诉，要求旅行社赔偿其相应损失，承担违约责任。				
努力方向：		老师建议：		

训练二：结合表 7-1-2 所示的案例，分组讨论，分析游客心理需求和接待投诉处理的方法，并做好互评，把相关内容填在表格内。

表 7-1-2 游客投诉的需求心理与待客技巧分析评价表

投诉情景描述	游客需求心理分析	投诉接待处理	组间评价	老师评价
一位游客深夜抵店，行李员带游客进客房后，将钥匙交给游客，并对客房设施做了简单的介绍，然后进入卫生间，打开浴缸水龙头往浴缸内放水，游客看到行李员用手亲自调试水温，几分钟后，行李员出来告诉游客，水已放好，请游客洗个澡，早点休息。游客暗自赞叹该酒店服务真不错。				
行李员走后，游客脱衣去卫生间洗澡，却发现浴缸里的水是凉的，打开热水龙头，同样是凉水。于是打电话到总台，回答是：“对不起，晚上 12 点以后，无热水供应。”游客无言以对，心想，该酒店从收费标准到硬件设备，最少应算星级酒店，怎么能 12 点以后就不供应热水呢？可又一想，既然是酒店的规定，也不好再说什么，只能自认倒霉。“不过，如果您需要的话，我让楼层服务员为您烧一桶热水送到房间，好吗？”还未等游客放下电话，前台小姐又补充道。“那好啊，多谢了！”游客对酒店能够破例提供服务表示感激。				
放下电话后，游客开始等待。半个多小时过去了，已经到了凌晨 1 点，可那桶热水还没送来，又一想，也许楼层烧水不方便，需要再等一会儿。又过了半小时，电视节目也完了，还不见有热水送来，游客无法再等下去了，只好再打电话到总台。 “什么，还没给您送去？”前台服务员表示吃惊，“我已经给楼层说过了啊！要不我再给他们打电话催催。” “不用了，还是我自己打电话吧。请你把楼层服务台的电话告诉我！”游客心想，这么久还没有送来，必定有原因。为了避免再次做无谓的等候，还是亲自问一问好。 于是，游客拨通了楼层服务台的电话，回答是：“什么，送水？酒店晚上 12 点以后就没有热水了！”				
游客并非一定要洗个澡，只是酒店已经答应为游客提供热水，才使游客白等了一个多小时，结果澡也没洗成，觉也没睡好，影响了第二天的工作，游客投诉。				
努力方向：		老师建议：		

学习评价

学习评价表如表 7-13 所示。

表 7-1-3 学习评价表

评价项目	评　价　内　容	小组互评		老师评价	
服务能力	能够灵活娴熟地处理游客投诉事件	Yes	No	Yes	No
	拥有面对投诉者的良好个性	Yes	No	Yes	No
	善于洞察游客的投诉心理需求，并做好相应的服务	Yes	No	Yes	No
	善于沟通，有较强的协调能力	Yes	No	Yes	No
	能够熟练运用法规条例处理投诉事件	Yes	No	Yes	No
服务知识	相关心理学知识	Yes	No	Yes	No
	旅游政策法规知识	Yes	No	Yes	No
	应对主观原因投诉的服务技巧和相应服务程序及要领	Yes	No	Yes	No
服务态度	服务主动热情，态度诚恳、和蔼可亲	Yes	No	Yes	No
	善于并积极沟通，有较强的工作责任感	Yes	No	Yes	No

课后练习

1．如何培养自己的倾听能力？

2．请结合日常生活中的实例，分析投射原理所带来的认知偏差。

3．试述自己所熟悉的某一事件中，每个人的态度、价值观和定势。

4．根据自身情况，搜集如下情况的信息，并尝试去解决矛盾：当一个人向你抱怨某人时（类投诉），该如何回应能够让对方感到得到了理解并心情舒畅。通过交流得到反馈提高自己处理投诉事件的能力。

任务二 客观原因投诉的服务心理与待客技巧

随着生活质量的提高，旅游者对旅游企业所提供的硬件设施服务提出了更高的要求。如果说旅游企业的软件服务是汽车的前轮，则旅游企业的硬件设施就是汽车的后轮。无论前轮或后轮哪一方面出现问题，都有可能会引起旅游者的投诉。对于旅游设施等客观原因出现的旅游投诉，旅游服务人员要以企业代言人身份征得游客的理解，接纳游客的抱怨，及时处理好投诉事件，以便不断完善旅游硬件设施，构建企业良好品牌形象，赢得更好的市场赞誉。

情景描述

2000 年 8 月，张先生及朋友 4 人参加了武汉某旅行社组织的北京六日游，该旅行社提供了特快列车卧铺、宾馆住宿、团队餐饮、旅游汽车等服务。大家怀着高昂的情绪在北京游览了故宫、天坛、颐和园、长城等景点，但是旅行社所提供的某些服务却使游客很扫兴。如在北京下榻的某酒店各项服务设备、设施陈旧老化，客房卫生条件差。热水供应仅限于每晚 7—10 点钟，白天大家汗流浃背的回到宾馆，急于想冲个凉却不能如愿；旅行社提供的旅游车破旧且没有行李箱和空调（见图 7-2-1），加之座位狭窄，20 多人挤在车内十分闷热难受。游客认为旅行社提供的各项服务均未达到约定的标准，要求旅行社赔偿其住宿费、车费等（见图 7-2-2）。

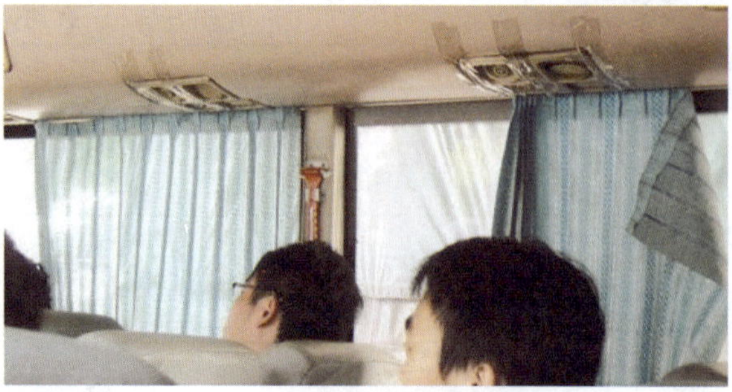

图 7-2-1 破旧的旅游车

图 7-2-2 气愤的游客

服务心理与待客技巧分析

在旅游活动的过程中，旅游者发生伤害、被盗等自身原因以及旅游设施、旅游价格等原因引起的投诉属于客观原因投诉。因客观原因遭到投诉时，旅游企业接待人员应理解游客由于受到挫折而引起的抱怨并主动承担责任，合理解决纠纷和矛盾。

1. 由于住宿条件的客观原因引起投诉的服务心理与待客技巧

游客没有得到旅游约定的住宿条件，如约定为三星级酒店，但住进去发现是二星级酒店，旅游者会感受到被欺骗。甚至想到是旅行社为了挣更多的钱而故意安排。或者是住进了三星级酒店，但不是电视没频道，就是马桶没有水，或者是空调不工作等，引起游客不满。一般投诉的游客是感受到自己该享受的权利没有享受到。和自己预期相差甚远，要求讨回公道，求合理解决。服务人员接待这类投诉，应首先了解游客不满的主要原因；其次，在能够调节和解决的范围内尽可能解决，如调房等；再次，如果的确不能解决则要给予游客因质量降低而补偿相应的差价。一般在住宿条件没能满足游客要求时，有所改善的调房都会缓解游客的不满。

2. 由于交通条件的客观原因引起投诉的服务心理与待客技巧

在交通条件上引起的投诉，多是与旅游者的期待较高而客观设施较差的落差引起的。在旅游合同约定中的旅游交通条件设施很少约定，如提到金杯车，没有约定是新的、旧的还是快要报废的车；游客在旅游行程中感受到狭小、憋闷等直接影响付费旅游质量。近而引起不满进行投诉。旅游服务人员深知旅行社提供给游客的旅游交通条件设施状况，遭到投诉也完全知道游客反映属实，但在交通条件设施的改善上不能立刻做到。此时，旅游服务人员在待客技巧上应做到以下几点：

① 接纳游客的指责和批评，让游客的抱怨得到发泄。

② 深表歉意并耐心做好解释，争取游客谅解。

③ 做好缓解措施，如提供更加人性化的个性服务，补偿由于硬件设施差引起的不满。

④ 对于不能调和的游客给予适当的差价补偿（见图 7-2-3）。

图 7-2-3 给予适当的差价补偿

3. 由于景点服务设施引起投诉的服务心理与待客技巧

景点服务设施引起的投诉多与意外相联系，是旅游服务人员和游客都无法预期的，如电梯突然不工作，索道出现暂停，旅游项目中绳索断裂将人摔在保护垫上，动物表演中出现异常现象有惊无险等一些非人为控制的因素；或者是停水、断电、机械故障等原因使游客产生的惊吓、恐慌而引起的不满等。在这类投诉中游客心理认为自己为了休闲娱乐而进行的旅游活动不该有这样的经历。产生这样的后果应该由安排旅程的旅行社负责，从而对此进行投诉获得说法和补偿。一般情况下可以由旅游项目提供者负责，旅行社协助处理。但从心理上导游人员要帮助游客承担起这样的心理负荷；理解游客心理，帮其解决并以安慰为工作核心。游客只是借助旅游服务人员来解决，接待投诉时抓住核心，不能推卸责任，要寻求合理的解决方案，给予补偿。

4. 由于其他客观原因引起投诉的服务心理与待客技巧

在旅游活动中，游客美好的旅程是建立在相对较好的客观条件基础之上的。在吃、住、行、游、购、娱每一个环节，都有硬件设施的基本条件保障。在各环节中，硬件设施或客观条件不能满足游客最基本的期待和需要时，就会遭到投诉。如在旅游合同中约定了景点或住宿的酒店，但具体旅游中此景点因临时原因不再开放，或酒店正在进行装修等，都有可能引起游客消费质量的下降或预期希冀的破灭而遭到投诉。

在因客观原因引起的投诉中，游客的心理是有准备的，知道许多客观条件不是一时间能够改善的。因此大多数游客的投诉是为了使问题得到解决，不能得到解决的投诉多数是为了宣泄和得到合理补偿。只要能够得到接待人员的理解和认同，大多数游客能够平息心中的怨气。旅游服务人员在斟酌和协商合理补偿上要与游客沟通交流，调整游客的心态，以便得到和谐解决。

由于个人特点，游客在投诉时，有可能反映的不全是客观内容，往往还会加进一些自己的判断、推测和分析。接待投诉的旅游人员，应能够区分出哪些反映的是真实情况，哪些反映的不一定是真实情况，要区别出真实与谎言，更好地解决问题。

相关知识

1. 挫折

（1）挫折的定义

挫折是指人们为实现预订目标采取的行动受到不能克服的阻碍。挫折心理是指人们为实现预订目标采取的行动受到阻碍而不能克服的心理状态。个体在受到挫折后，无论挫折情境是由客观因素还是由主观因素造成的，都会使个体产生紧张状态与情绪反应。

（2）受挫后的反应

受挫后的生理反应：

个人受到挫折后，所表现的愤怒、压抑或焦虑的情绪反应，都将同时引起生理上的变化，如血压升高、汗腺分泌增多、胃液分泌减少等，长久下去便导致心身性疾病，如高血压、胃溃疡及偏头痛等。游客受到挫折后在生理上会出现上述不良反应，最后导致游客出现一些投诉行为。

受挫后的心理反应：

由于个体的心理承受能力不同，自我调适能力也不同，遇到挫折后，会有不同的行为表现。总体上可以分为两种，一种是积极的心理行为表现，指个体在遭受挫折后能够审时度势，不失常态地、有控制地、转向摆脱挫折情境为目标的理智性行为，如坚持目标，继续努力；降低目标，改变行为；改换目标，取而代之；寻求支持，合理投诉。另一种是消极的心理行为表现，指失常的、失控的、没有目标导向的非理智性行为。

受挫后的非理智行为如下：

① 焦虑。一种缺乏明显客观原因的内心不安或无根据的恐惧。表现为持续性精神紧张或发作性惊恐状态等。如有的游客受到旅行社欺骗，表现出极度的内心不安等。

② 攻击。个体遭受挫折后，常常引起愤怒的情绪。为了将愤怒的情绪发泄出去，或是要对构成挫折的人进行报复，可能会产生攻击性行动。直接攻击是指受挫者将愤怒的情绪直接发泄到对自己构成挫折的人或物上，如采取打斗、辱骂、讽刺等形式，发泄自己内心的不满（见

图 7-2-4 攻击

图 7-2-4）。转向攻击不是直接攻击造成挫折的一方，而是将其他人或物作为发泄的对象，如把接待投诉的人痛骂一顿等。

③ 冷漠。当个人遭遇挫折时表现出无动于衷、漠不关心的态度，似乎毫无情绪反应。其实，冷漠并非不包含愤怒的情绪成分，只是个体把愤怒暂时压抑，以间接方式表现出来而已。例如员工受委屈，管理人员不听其申诉，同事又不表示同情时，员工对一切都表现出失去信心，对任何事情都不感兴趣，自暴自弃，或者要求调离原单位。

④ 退化。指个体遇到挫折时表现出与自己的年龄、身份极不相称的幼稚行为。当一个人遭到挫折时，可能会以简单、幼稚的方式应付挫折，以求得到别人的同情和照顾。如有些游客遇到挫折或一些不顺心的事情后，或暴跳如雷，甚至像小孩一样哭闹。

⑤ 逃避。逃避是指有些人遭受挫折后，往往不敢面对现实、正视现实，而是躲开受挫的现实，放弃原来所追求的目标，撤退到比较安全的地方。

⑥ 固执。个体在受到挫折后，采取刻板的方式，盲目重复某种无效的行为，以不变应万变的现象叫固执。尽管他们知道这些动作对目标的达成、需要的满足并无帮助，如“碰一鼻子灰后还不知转变”便是固执的最好注释。

（3）挫折后的心理防卫机制

心理防卫机制是受挫者为了减轻或避免挫折可能带来的不愉快与痛苦，恢复情绪平衡与稳定的自我保护方式。现实生活中，常用的方式有：

① 合理化作用，也叫文饰作用。它是指个体的行为或结果不符合社会价值标准，会给自己找出适当的理由来解释。这些理由在第三者看来是不合逻辑的，但本人却能说服自己，感到心安理得。

② 投射作用。存在于个体内部的许多动机中，有些是自己不愿承认的，或者因为承认了之后引起内心的不安及厌恶感，因而无意识中把这些动机及与此有关的态度、习性等排除于本身之外，而加到别人或物体上。

③ 压抑作用。指一个人在受到挫折之后，用意志的力量压制住愤怒、焦虑的情绪反应，或者把意识所不能接受的使人感到困扰或痛苦的思想、欲望、体验等，不知不觉地压抑到潜意识之中，使之不侵犯自我或使自我避免痛苦。例如一位游客遇到傲慢的、服务态度极差的导游，受了一肚子的“窝囊气”。他真想把导游“教训”一顿，但又怕因此影响了大家的心情，只好忍着。

④ 代替作用。个人对某一对象所抱持的动机、感情与态度，若不为社会所接受，或自将遇到困难时，将此种感情与态度转向其他对象以取代之。

⑤ 反向作用。个体为防止某些自认为不好的动机呈现于外表行为，采取与动机相反的行动，即想借正相反的态度与行为，抑制内心的某些动机。这种防卫方式具有调和自己与环境间矛盾的功能。它可减低情绪冲突，从自身内在具有危险的冲动中保护自己，缓和伤感的经验，减轻失望感，消除个人内在、外在因素的冲突，使个人有机会“退一步想”或“从另一个角度看”而导致解决问题的可能。例如有的游客感受到导游的不良服务时，心里不满，表面上却很平静，自己找个合适的理由来调整自己。

⑥ 补偿作用。补偿是指当个人行为受挫或因个人生理缺陷、能力所限，无法达到目的时，

以其他成功的活动方式来代替。补偿可以消除内心的不平衡感，如游客在饭菜质量不佳时投诉，饭店重新调整饭菜质量，并给予经济补偿。

2. 如何洞察谎言

说谎行为是一种普遍存在的社会现象，在日常社会生活中，人们经常会出于对自身或他人利益的考虑而说一些善意或恶意的谎言。伴随着说谎现象的普遍存在，信任他人首先要区分出事实与谎言。哪些信息能帮助我们识别谎言呢？美国《华盛顿邮报》援引加拿大的最新科学研究称，科学家早就发现人类脸部会透露出“微表情”（micro-expression），它通常只有 1/25 秒的时间，一般人用肉眼根本察觉不到，当事人自己也没有感觉。但却真实地透漏了内心世界。人们可借助一些可观察到的动作、手势等来判断一个人是否说谎。

（1）假笑的识别

① 笑时只运用大颧骨部位的肌肉，只是嘴动了动，眼睛不会眯起。

② 假笑能保持的时间特别长，真笑能保持 2 ～ 4 秒的时间，任何一种表情如果持续时间超过 10 秒则大部分有可能是假的。感情特别强烈的除外。

③ 要想知道别人是真心地笑还是虚伪地笑，眼睛和眉毛是最重要的线索（见图 7-2-5），眼睛“笑”才是真笑。

④ 假笑时面孔两边的表情常常会有些许不对称。笑容来得太早或太迟都可能是一个欺骗的表情。

图 7-2-5 识别真笑、假笑

（2）肢体语言的识别

① 讲话时掩嘴或假装咳嗽。

② 揉眼睛、挠脖子、摸鼻子、搓耳朵或突然产生毫无意义的肢体动作都有可能在说谎。

（3）从其他方面识别说谎者

① 口误、笔误所表达的正是内心真实的想法或观点。但说话者常常用谎言“说错了”来掩饰。

② 如果说话时停顿的时间过于长久或频繁，有可能是在说谎。

③ 声音的高低、强弱、起伏、节奏、速度、转折和停顿不符合当时的情景，有可能是说话者在说谎。例如一个人说：“我不是已经和你说过这件事了吗？”然后勃然大怒或者一个人“砰砰”地敲桌子之后表现出愤怒的样子，多半是装腔作势，是在演戏。

3. 有效的沟通

所谓有效的沟通，是通过听、说、读、写等思维的载体，通过演讲、会见、对话、讨论、信件等方式准确、恰当地表达出来，以促使对方接受。

达成有效沟通须具备两个必要条件：首先，信息发送者清晰地表达信息的内涵，以便信息接收者能确切理解；其次，信息发送者重视信息接收者的反应并根据其反应及时修正信息的传递。免除不必要的误解，两者缺一不可。

达成有效沟通应注意以下 4 点：

① 必须知道说什么，就是要明确沟通的目的。如果目的不明确，就意味着你自己也不知道说什么，自然也不可能让别人明白，自然也就达不到沟通的目的。

② 必须知道什么时候说，就是要掌握好沟通的时间。在沟通对象正大发雷霆时，要求让

他理解客观原因，显然不合时宜。所以，要想很好地达到沟通效果，必须掌握好沟通的时间，把握好沟通的火候。

③ 必须知道对谁说，就是要明确沟通的对象。虽然你说得很好，但你选错了对象，自然也达不到沟通的目的。

④ 必须知道怎么说，就是要掌握沟通的方法。你知道应该向谁说、说什么，也知道该什么时候说，但你不知道怎么说，仍然难以达到沟通的效果。如图 7-2-6 所示，沟通是要用对方听得懂的文字语言（包括语调）及肢体语言，并能透过对这些沟通语言的观察来有效地使用它们进行沟通。

图 7-2-6 语言、肢体沟通

待客训练

训练：结合表 7-2-1 所示的投诉情景，分组讨论，分析游客的心理需求和接待投诉处理的方法，并做好互评，把相关内容填在表格内。

表 7-2-1 游客投诉的需求心理与待客技巧分析评价表

投诉情景描述	游客需求心理分析	投诉接待处理	组间评价	老师评价
情景一：朱先生一家去张家界旅游，之前合同上标明的交通工具明明是“大金龙”客车，可到了地方却变成了“小黄海”，当地提供的旅游车很小，20 多名游客蜷缩在一辆小客车里满脸倦容，行李也只能抱着。山路颠簸，一路上可真受了不少苦。游客投诉要求赔偿部分车费。				
情景二：62 岁的马女士参加某旅行社组织的“苏州二日游”旅游团出游。途中在旅行社指定的“中途岛”饭店用餐时，因地面太滑，马女士不幸倒地受伤，不得不在医院住院治疗，其间共花去了医药费 3403 元，投诉旅行社承担责任并要求赔偿。				
情景三：某旅行社组织了 30 人赴某地区旅游。按照合同约定，旅游者于出发日乘某次火车的硬卧返程。地接社难以买到约定的车次车票，就购买了其他车次返程车票。旅游者明确表示无法接受，要求旅行社给予赔偿。由于双方分歧过大，结果旅游者滞留在旅游目的地并进行投诉。				
努力方向：		老师建议：		

学习评价

学习评价表如表 7-2-2 所示。

表 7-2-2 学习评价表

评价项目	评 价 内 容	小组互评	老师评价
服务能力	能够灵活娴熟地处理游客投诉事件	Yes No	Yes No
	拥有面对投诉者的良好个性	Yes No	Yes No
	善于洞察游客的投诉心理需求，并做好相应的服务	Yes No	Yes No
	善于沟通，有较强的协调能力	Yes No	Yes No
	能够熟练运用法规条例处理投诉事件	Yes No	Yes No

续表

评价项目	评　价　内　容	小组互评		老师评价	
服务知识	相关心理学知识	Yes	No	Yes	No
	旅游政策法规知识	Yes	No	Yes	No
	应对客观原因投诉的服务技巧和相应服务程序及要领	Yes	No	Yes	No
服务态度	服务主动热情，态度诚恳、和蔼可亲	Yes	No	Yes	No
	善于并积极沟通，有较强的工作责任感	Yes	No	Yes	No

课后练习

1．主动尝试与自己观点不一致的人进行沟通，并述说自己的体验。谈谈该如何进行有效沟通。

2．讲述自己经历过的一件重大挫折事件，分析在此事件中自我的感受和行为表现。

3．走访有经验的老导游，倾听他们处理客观原因投诉的成功案例，并写出心得体会。

单元八

旅游从业人员的心理与调适技巧

随着社会经济和文化的迅速变革，旅游从业人员所面对的游客更加多样化、工作环境更加复杂化。而导游工作本身就具有很大的挑战性，不仅独立性强、关联度高，需要脑力与体力劳动相结合，而且工作情境复杂多变。

独立性强的特点要求导游人员要勇于向困难挑战；脑体高度结合的特点要求导游人员具有广博的知识和健康的体魄，以便随时随地向游客提供所需要的服务；复杂多变的特点要求导游人员有高度的责任感和敬业精神，以及较强的心理自控能力，能沉着冷静地处理各种变化和问题；关联度高的特点要求导游人员在工作中要头脑清醒、思维缜密，有较强的协调能力和公关能力，这就使导游人员面临的压力和挫折越来越多，出现的心理问题也越来越多，因此，旅游从业人员要具备良好的心理素质，保持健康的身心状态，学会自我心理调适，自觉缓解工作压力，提高抗挫折能力是尤为重要的。

和谐心绪　愉快工作

学习目标

✧ 旅游从业人员日常心理调适与技巧
✧ 旅游从业人员特殊情境心理调适与技巧

任务一 旅游从业人员日常心理调适技巧

从学校的学习生活到实习及走向工作岗位，从社会环境的适应到人际关系的处理，从生活的变迁到自我的成长，每个旅游从业人员在日常的工作、学习和生活中，都不可避免地会遇到各种各样的困难和挫折，产生种种难以抵御的心理冲突和压力，从而受到不良情绪的困扰，抑制了潜能和创造力的发挥，最终会严重影响工作效率和工作质量。所以学会认识压力、正确应对压力，协调好人际关系，才能具有健康的身心，保持良好的工作状态，取得游客满意的服务效果。

情景描述

今天是林红参加工作3个月来第一次带团导游，她的心情格外激动又十分紧张。在火车站等候旅游团时，她不断默记早已准备好的导游词，可还是紧张得总上洗手间。当她来到游客面前时，早准备好的欢迎词不知跑到哪里去了，只用颤抖的声音连续3次说："女士们！先生们！"，引得大家不约而同地笑了起来（见图8-1-1），林红羞得脸红到了脖根。在领大家出站的路上，她不断地鼓励自己，"林红，没关系的，你能行！"，并迅速地调整心态，在前往宾馆的路上，她多了几分镇定，甜美的声音、恰当的讲解、美丽的笑容，深深吸引了全体游客的注意力，这也让她信心百倍。在以后的几天中，她端正心态，与全陪的老导游密切配合，同游客和谐相处，圆满完成了本次任务。

图8-1-1 尴尬的迎接

心理调适技巧分析

导游人员是旅游接待工作的主体，是整个旅游服务的轴心。导游服务作为旅游产品的一部分向旅游者出售，是旅游服务产品质量高低最敏感的部分。

第一次带团紧张的心情给刚刚参加工作的导游带来了很大的压力，案例反应的是林红的在第一次带团时的种种紧张感受。压力不仅仅存在于工作初期，也会存在于工作的过程中，且随着社会生活的日益复杂化和丰富化，人们感受到的压力也越来越多。压力过大，容易造成精神负担，破坏良好的心理状态，影响工作效果，产生不良的情绪。那么，导游人员如何在重重压力下，仍能保持良好的自我感觉和稳定的情绪，充满信心地圆满完成工作任务呢？

1. 压力的应对策略

（1）主动疏导，理智宣泄

生活在社会中的人，有点压力是正常的。因此旅游从业人员在参加工作之前就应该在心理上做好应付压力的准备，对正常的压力并不需要全面排除，因为压力会起到激励作用。但是，太大的压力，太重的心理负担则必须想办法减轻。当感到工作中压力太大时，就应当学会主动疏导和发泄，可把自己在工作中的压力讲给亲人、同学、朋友，让不良的情绪释放出来，同时也可得到别人的安慰（见图 8-1-2 和图 8-1-3）。例如导游在结束接待一个团队后，都应当积极地总结自己的工作，把中间遇到的压力及时地释放出来，避免带到下次的工作中去。必要时导游应该向专业的心理咨询师进行心理咨询，以缓解压力。

图 8-1-2 主动疏导

图 8-1-3 释放压力

（2）改变不良的认知方式

如果不能改变引起自己压力的事情，那么不妨改变一下自己对这些事情的认知，即换个角度从积极的方面看问题。例如，导游带团中遇到游客心脏病突发事件，不能认为是挫折，而应该把整个问题的处理过程，看做是增强自己能力、发展成长的重要机会。

其实，一些不良认知来自于不良的思维方式。根据美国心理学家艾利斯的理论，个体的不合理思维常常是导致个体产生压力的深层原因。

旅游从业人员不合理思维的特点首先是绝对化，即个人内心常将“必须”“应该”“绝对”等词汇连在一起，例如“这件事关系到我的前途，我必须成功”等，不合理的思维方式会导致个体自责、焦虑、抑郁等消极情绪。其次是灾难性想象，即个体想象某事件的结果非常可怕，具有灾难性影响，进而导致焦虑、自责、抑郁而不能自拔。例如“我要是不能圆满完成这次导游任务，就肯定会被开除！”等。因此，改变不良的认知方式可减轻压力。

（3）增强身体素质，提高抗压能力

旅游从业人员应在日常生活中注意加强营养，经常锻炼身体和丰富健康常识。学会在工作中合理安排饮食和休息技巧。一个身体健康的导游比一个身体虚弱的导游更能有效克服心理压力。

（4）学会换位思考，做好角色暗示

所谓换位思考就是旅游从业人员要经常把自己比作游客，试图站在对方的角度和立场来看待、分析、处理工作中的问题。对待游客应该以诚相待，要把每一位游客的旅游当作是游客生命中最精彩的一次旅游来安排，做好每件事，带好每批团。

角色暗示是指旅游从业人员在服务过程中，遇到挫折时，要能够进行积极的心理暗示，迅速排解不良情绪。工作中，我们会遇到形形色色的人、千奇百怪的事，“挫折感”在所难免，“不顺心”更是家常便饭，做好角色暗示是舒缓旅游从业人员心理压力的一剂良方。

（5）提高自我效能感

自我效能感是指人们对自身完成某项任务或工作能力的信念。它涉及的不是技能本身，而是对自己能否利用所拥有的技能去完成工作行为的自信程度。

低效能感的旅游从业人员在旅游服务中因对自我的不确定，在遇到不愉快的经历时就很容易产生心理压力，使其将注意力放到对可能的挫败或不利的后果的关注上，不同程度的焦虑会随之产生，对解决问题的努力就会放松，在这样的心理作用下极易激化与游客的矛盾，造成游客气愤、导游恼火的局面，从而产生更大的压力。反之，具有高效能感的导游因其对自我评价较高，成功动机较低效能感的导游要高，他们对自我的期待水平也会相应较高，对工作的自我控制力表现较强，会以一种乐观积极的态度处理与游客的矛盾或遇到的难题，并能取得良好的绩效。

2. 良好人际关系的建立

人际关系是我们生活中的一个重要组成部分。搞不好人际关系，就会造成心理压力，产生不良情绪，从而对我们的工作、生活及心理健康带来不良影响。在现实社会中，由于每个人的性格、秉赋、生活背景及目的等不同而产生思想上的隔阂，这是正常的，也是可以理解的。若在工作或生活中和所有的人都合不来，那就需要进行自我调整并加以改变了（见图 8-1-4）。建立良好的人际关系需做到以下几点：

（1）正确认识自我是一种自信

人不仅能意识到周围的客观世界，还能意识到自己的心理和行为，把自己的意图和体验、思想和感觉报告给自己，根据社会和自身的需要自觉地调控自己、完善自己。只有正确认识自己，才能客观地认识自己的长处和短处，恰当地评价自己的贡献与不足，辩证地决定自己力所能及和力所不及的事情。只有认清自己的优势，才能在人际交往中充满自信，主动与人沟通和交流；只有清醒地认识自己的局限，才具有平和、恬淡、和谐的内心世界，才可能在与人交往中表现出谦虚和诚恳。

（2）懂得换位思考是一种宽容

只有站在对方的立场去想问题，才会理解和宽容他人。同事间多一些换位思考，岗位上就架起了相互理解的桥梁；家庭成员间多一些换位思考，家里就会始终充满和睦相处的氛围；和游客间多一些换位思考，就可以将冷淡的人际关系织成相敬相亲的纽带，避免“不必要的冲突”的发生；全方位多一些换位思考，我们就能凝聚成巨大的力量，化解一切矛盾，战胜一切困难，促进人际关系的和谐。

（3）善于有效沟通是一种智慧

沟通从心开始，捧着真诚、热情的心与人交流就会成功。沟通中要专注聆听，并给予适当的反馈。在表达思想时，要讲究含蓄、幽默、简洁、生动。含蓄既表现了自己的高雅和修养，同时也起到了避免分歧、说明观点、不伤关系的作用。提意见、指出别人的错误，要注意场合，措词平和，以免伤害别人的自尊心，产生反抗心理。幽默是语言的调味品，它可使交谈变得生动有趣。简洁是与人谈话时该说的说，不该说的不说，不啰嗦。生动使沟通中意态灵活，能感动人。要掌握好沟通的技巧，还需要不断实践，并不断增加自己的文化修养，拓宽自己的视野。

（4）时刻尊重他人是一种修养

尊重是一种修养，一种对人不卑不亢、不俯不仰的平等相待。在工作中，当游客在崎岖的山路上艰难行走时，导游鼓励的目光是尊重；当游客遇到困难，导游亲切的关怀和温暖的话语，也是尊重；当导游面对情绪急躁的游客时仍然耐心地解释，那也是尊重；为爬上顶峰的游客喝彩，体现的也是尊重。在生活中，当他人功成名就时给以赞扬而不是贬低是尊重，对情趣相投的人真诚相待是尊重，对性格不合的人心存宽容同样也是尊重……。尊重他人是一种文明的社交方式，是顺利开展工作、建立良好人际关系的基石。

（5）提升人际魅力是一项法宝（见图 8-1-5）

图 8-1-4 建立良好的人际关系

图 8-1-5 提升人际魅力 建立良好关系

拥有人际魅力可以大大提高人际吸引力。提升人际魅力的方法如下：

① 留心身体外表的修饰。旅游从业人员若想增进人际魅力，则应做合适的“印象修饰”。从自己的服饰、举止、面部表情、精神状态等做出适合于自身角色和当时情境需要的行为，产生令人愿意“接近”、“接收”的吸引力。

② 注重人际间的互惠关系。在人际交往中，一般来说，功利的互惠较为现实，但不能长久；而心理的互惠则较能满足人的基本需求，能持续长久。因此，若能把感激的心情准确地传达给对方，对方也将会为您做更多的事、更多的服务。

③ 学会真诚地微笑。微笑是人际交往良好的催化剂，是使人心情愉悦的最佳方法，也最能表达出一种热情而积极的处世态度。如果旅游服务人员在工作中，无论是对认识的人还是不认识的人，都会把微笑当做礼物慷慨地、温暖地送给他人，使和他交往的人感到亲切、愉快，那么他们的旅游服务工作会无比顺畅。

④ 提高个人内在修养。不断学习，增加广博的知识，扩大视野，增加才干，提高工作能力和抗挫折能力，培养优秀的道德品质，都会为人们增添许多人际魅力。导游的良好个人修养也会在游客面前为自己增加很多吸引力。

3. 合理减轻心理疲劳

由于工作的压力比较大，旅游从业人员很容易产生心理疲劳。心理疲劳不仅降低工作效率，而且对心理健康也有很大的影响。长期的心理疲劳，易使人情绪低落、心境抑郁、百无聊赖、精疲力竭，进而引起心因性疾病，所以要及时进行自我减轻心理疲劳。

（1）合理安排休息

人疲劳后必须得到休息，但应科学合理地安排休息。具体来说，工作要合理安排时间和轻重缓急，生活要有规律，重视积极性休息，适时参加一些体育锻炼，如跑步、游泳、打球和步行等，以提高肌体的活力、精力和人体在应付复杂且枯燥工作时的适应能力。从而避免因从事的活动过于单一而产生单调、消极的心境。同时，每天尽可能保证 7 ~ 8 小时的睡眠，这对消除疲劳有明显的效果。

（2）换个角度看世界

我们之所以感觉心理疲惫，关键在于过多地关注个人的得失，而忽略了发现和欣赏许多美好的东西。赶车上班，与其为那一个多小时的上班车程而忧心忡忡，倒不如把心思倾注于美丽清晨的每一个细节之中。也许一阵清脆的鸟鸣能让你心情愉快，刚刚盛开的花朵能使你倍感神清气爽，把一份好的心情带到工作上。

很多时候我们之所以感到累，更多的是因为不能在工作中找到乐趣和价值感。此外，很多人在工作和生活中总是重复着单调的活动，缺少变化，再加上缺少发现美的心情或娱乐活动，也必然会导致心理上的疲劳。

（3）培养浓厚的兴趣

浓厚的兴趣是消除心理疲劳的关键因素之一。一旦对某一活动产生兴趣，就能使大脑皮层形成兴奋灶。努力改变单调、枯燥、重复性的工作或学习的程序，使活动的样式保持多样化，通过交换刺激，预防重复性活动使大脑皮层产生抑制，使人始终保持兴奋状态，即使身体疲劳，心理上仍会保持愉悦的感觉。

所以，积极培养对某一工作或学习的兴趣，并不断变换兴趣就能使心理处于一种良好的应激状态，以致克服心理疲劳。

（4）合理设计工作环境

在工作环境的设计上，除了消除温度、噪声、粉尘等不利因素的影响外，工作台、工作座椅的合理设计对消除疲劳也是十分重要的。工作台过高或过低、工作座椅设计不合理，往往会造成操作者在一种不舒适的姿势下工作，从而引起局部肌肉疲劳。此外，工作中变换姿势，使工作负荷由不同肌肉轮流承担，也是一种减轻疲劳的有效方法。

（5）自我心理训练

运用思维、情绪等心理因素的作用，对自己进行良好的心理暗示，使大脑产生美好的想象，抑制大脑的紧张状态，从而有利于消除疲劳，强身健体，提高工效。

自我心理训练的主要方法有闭目养神，脑子里思想意识集中，想想自己是最美好的事物，产生愉快的体验；或者以意领气，采用自我调节呼吸的方法，吸气时默念“静”，呼气时默念“松”，从而反复地缓慢调节呼吸，如图 8-1-6 所示。经过几次练习之后，全身会得到放松，而且血液循环和呼吸系统的功能也会得到改善。运用自我心理训练入静之后，大脑的兴奋自然地转入抑制，常可入睡，而使人得到休息。

图 8-1-6 自我调整呼吸法

相关知识

1. 导游人员心理压力的来源

导游人员的工作是直接面对客人的工作，所以导游人员面临着更多的压力。导游员心理压力的来源主要来自以下方面：

① 导游工作本身压力源。主要包括工作环境不良、负荷过轻或过重、时间紧迫等。

不良的工作环境因素是导游员心理压力的来源之一，导游员的工作环境主要是在室外，如飞机场、酒店、景区等，长期处于外面繁杂的环境里，首先在生理上让导游员感到不适和烦躁心理，工作失去耐心。

工作负荷过重一直是公认的损害身体健康的压力源。导游员的工作性质是脑力与体力相结合，每当接到一个团他们必须做大量的心理和知识方面的准备。另外有时导游员又会出现工作负荷过轻的情况，如一直在同一个地方讲解，工作单调、重复、无挑战性。在旅游淡季时很多导游员没有工作可做，只能在办公室里聊天、等待团队，这样也会使导游员因自我价值未能实现而感到压力。

时间紧迫是来自工作内部的压力源。导游员的工作必须严格按照行程安排的时间表进行，稍有不慎就可能造成误团、漏团、误机等情况。因而导致心理疲惫，出现烦躁等现象。

② 导游员人际关系压力源。主要包括与客人、与同事、与合作者之间的关系。良好的人际关系不仅能有效缓解工作压力，而且有助于提高工作满意度。不良的人际关系容易形成人人自卫的防御性气氛，彼此缺乏"共情心"。导游员的工作是整天都要面对很多的人，对客人要有强烈的服务意识，对同事即要合作又存在竞争，任何一个方面存在问题都会给导游员带来很大的工作压力。

③ 导游员职业定位压力源。职业定位是指导游员为自己的工作角色和今后的发展方向的一个认识。当导游员对自己充当的角色把握不准或缺乏真正理解时，便会产生无所适从的困惑和犹疑，或者是周围很多人对导游的工作提出了完全不同的期望和要求，以致造成进退两难的尴尬境遇。这便引发了导游员的角色模糊和角色冲突。

④ 个人主观压力源。同样的压力源作用于不同的导游员身上，产生的反应却千差万别。个体的一些主观因素是导致上述差异的根本原因。性别、年龄、健康状况、生活事件与经济状况等因素均可能影响到导游员个体对工作压力的感受。

⑤ 企业的组织管理压力源。很多旅行社对导游严格管理，员工没有参与权，一切行动听指挥，自主性、创造性被压抑，产生心理压力。

2. 导游人员心理压力的反应

压力就像一根琴弦，没有压力，就不会产生音乐。但是如果弦绷得太紧，就会断掉。这说明适度的压力是个体成长和发展的动力，可以提高个体的工作效率，但过大的压力也会影响个体的健康导致工作效率下降。导游人员心理压力的反应主要表现为：

① 失去工作信心。今天的社会对导游人员提出了全新的要求，他们既要适应现代人对服务的高要求，还要面对越来越多样的旅游者。对此许多导游员尤其是新导游员深感力不从心、无所适从，出现了心理焦虑、精神紧张、情绪紊乱、身心疲惫、行为懒散、工作疲劳等问题。因而在导游活动过程中他们变得无趣、无能、无效，当然也就谈不上积极性、主动性、创造性的发挥了，并且容易出现工作失误。

② 人际关系紧张。导游员的工作是直接面对人的服务工作，过重的压力也会使导游人员在工作中的情绪发生很大的变化，如遇事容易激动，带团与客人发生争执，在办公室因为不顺心的事情对同事发火。这些情形的出现会严重影响导游员的人际关系。

③ 个人情绪不稳定。在工作中由于游客要求越来越高，维权意识越来越强，导致导游处

处留神、害怕出错，担心失败，甚至不能正视自己的失败，强烈的挫折感使他们痛苦、懊恼、不能自拔，甚至情绪恶劣、自暴自弃。

④ 出现不良个性品质。导游员只有具备良好的心理素质才能有良好的服务意识。导游员的服务意识是经过长期的职业培养建立起来的，但当导游员面对过多的压力时，可能会出现自我中心、自卑、狭隘、悲观等不健康的个性品质。

同时，个体在压力状态下会出现一系列生理反应，主要表现在自主神经系统、内分泌系统和免疫系统等方面。例如，导致心率加快、血压增高、呼吸急促、激素分泌增加、消化道蠕动、分泌减少和出汗等，所以出现便秘、眩晕、胃痛、心慌等症状时，应知道这是因为自己的压力过大所致。正常压力下的生理反应可以调动个体的潜在能量，提高个体对外界刺激的感受和适应能力，使个体更有效地应付变化，但过久的压力会使个体的适应能力下降。

3. 导游人员初次带团的自我心理调节

（1）克服害羞感，敢于“暴露自己”

导游在初次带团时，会产生羞怯感，导致言行拘谨，甚至言不由衷或言行不一致。这时可以直言：“对不起，见到大家，我有点紧张和激动。请多包涵！”以取得游客的理解。所以，作为初次带团的导游人员应尽可能做到坦白自我。

（2）增强自信心，克服自卑感

初次带团的导游人员会对自己的服务水平不自信，工作没有老导游那样游刃有余，从而产生自卑心理。其实，新导游虽然在经验和技能上比不过老导游，但是新导游对工作有新鲜感，对游客更加积极、主动、热情。因此，新导游应该看到自己的优势，克服自卑心理，增强自信心。

（3）认真准备，虚心请教

作为初次带团的导游人员，在带团前一定要认真做好准备工作，尽可能把工作做在前面。在准备过程中，碰到不懂的问题，要虚心向有经验的老导游请教。在导游服务过程中，也应虚心地与司机交流，与其他工作人员密切配合。

（4）运用技巧，自我调适

可以运用深呼吸法和自我激励法进行调适。自我放松，调整紧张情绪，进行自我鼓励，形成积极暗示。

4. 导游人员常见心理问题分析

旅游从业人员在工作中要努力做好服务工作，与各方密切合作，采取各种必要措施，预防问题和事故的发生。尤其对导游人员的工作能力、协调能力和独立处理问题能力是重大考验，因而容易滋生一些困扰他们的心理问题，主要表现在以下几个方面：

（1）人际关系障碍

导游要协调好客人、旅行社、景点、司机等各方面的利益关系，但由于在人际交往方面的能力不足，常常出现自我中心、害羞、自卑、嫉妒、自负等人际关系障碍，客我交往出现不顺畅和不和谐，与同行的协作经常出现问题，导致情绪也随之发生变化。

（2）心理焦虑严重

旅游服务中，导游不仅需要与游客近距离的长时间的接触，而且要管理好游客的“吃、住、行、游、购、娱”。由于旅游业把“一切为旅客着想”“客人总是对的”作为服务的宗旨，因此，对服务人员的性格、气质、能力也就有特殊的要求。性格和能力都有较强的可塑性，可以通过职业技能和职业素养的培训，使旅游从业人员符合职业要求，适应服务环境。但一些导游的气质因与服务要求相悖，而且较难改变，因而造成严重的心理焦虑。如一些导游员感受性很高，很容易因客人的一言一行产生心理反应。而有的则太低，对周围发生的一切现象都熟视无睹，又会怠慢客人；而忍耐性较低的导游，对要求比较苛刻的客人，容易发生冲突；而导游固有的性格，如倔强固执、争强好胜、高傲刻薄等，又容易导致客人产生不满情绪。可见，近乎完美的工作要求与导游的个性心理会产生矛盾，这种矛盾无疑会增添心理压力，使导游产生心理不适，总是有压抑感和抑郁、焦虑的情绪产生。

（3）心理压力过大

工作环境和工作高强度造成压力过大。导游面临旅游目的地自然环境、旅途交通、住宿、饮食、人身安全等工作环境的威胁，工作中对导游独立性、协调能力、应变能力等的高要求，也会导致导游常常处于高度紧张的精神状态而身心疲惫。

（4）职业倦怠感增强

社会的进步、信息的爆炸、教育的发展、人才的竞争，对导游提出了全新的要求，他们既要适应现代人对服务的高要求，还要面对越来越成熟的旅游者。对此许多导游出现了心理焦虑、身心疲惫、行为懒散、工作疲劳等职业倦怠问题。

因此，导游人员要学会自我心理调适，以阳光的心态，愉快地投入工作。

心理调适训练

训练一：北京导游刘先生在机场接待了一个 11 人的日本旅游团，该团的全陪奈美女士因在前一地受到地陪的冷落，憋了一肚子气，两天来一直都绷着脸，还处处不配合。游客也满腹牢骚。如表 8-1-1 所示，请同学们分成小组，一名同学扮演刘先生，一名同学扮演奈美女士，其他同学扮演游客，体会他们当时的心情，并运用技巧调适不良情绪，迎接各种挑战，圆满完成工作任务。

表 8-1-1 旅游从业者心理分析与心理调适技巧分析评价表

服务情景描述	旅游从业者心理分析与心理调适技巧	组间评价	老师评价
刘先生：(迎上去) 大家好！大家辛苦了。我是地陪小刘。 游客：是够辛苦的。 刘先生：(迎向全陪) 您好！您是全陪奈美女士吗? 全陪：(紧绷着脸) 你就是地陪? 我这人脾气不好，别惹我生气 (命令的口吻)，我们直接去参观天坛、景山、王府井。 刘先生：(面带微笑，没有计较) 我会尽力的，还希望您多指导和配合。 下午，大家玩得很高兴，游客的情绪有所缓和。	游客心理分析：________________ ________________________。 旅游从业者心理分析：__________ ________________________ ________________________ ________________________ ________________________ ________________________。 旅游从业者心理调适技巧：________ ________________________ ________________________ ________________________ ________________________ ________________________。		

续表

服务情景描述	旅游从业者心理分析与心理调适技巧	组间评价	老师评价
第二天，刘先生带团到长城和定陵参观。一路上他的讲解很精彩，还不时地讲几个笑话，游客们也给予积极的回应。一边的全陪仍然面无表情，一言不发。 刘先生：我们的全陪导游中文很好！请大家欢迎她教大家几句中文，好吗？ 大家热情地鼓起掌来。 全陪得意地接过话筒侃侃而谈。	游客心理分析：______ ______。 旅游从业者心理分析：______ ______ ______ ______。 旅游从业者心理调适技巧：______ ______ ______ ______。		
下午，全陪又突然提出增加参观十三陵的神路、动物园和农贸市场等活动项目。 刘先生：现在已经三点多了，恐怕增加的项目在晚饭前无法完成，大家再商量一下，选择一条更合理的线路，我会尽量满足大家的要求。 全陪：那不行，这是全团游客的要求。 刘先生：（没有争执）如果我们去这些地方，恐怕晚饭就会错过预订的时间，而且，游玩后时间已经很晚了。 最后大家商定放弃去动物园。	游客心理分析：______ ______ ______ 旅游从业者心理分析：______ ______ ______ ______。 旅游从业者心理调适技巧：______ ______ ______ ______。		
友谊商店门口，游客进店购物，刘先生在车上小憩。 全陪：（满脸堆笑）您和司机今天辛苦了，请喝点饮料吧！ 刘先生和全陪聊起天来，并了解了前一地的遭遇。 刘先生：我们都是为旅游者服务的，本不该有利害冲突。您作为旅游者的代表可以随时把他们的要求告诉我，我们一定会尽力去满足的。不要因为少数导游的不良表现，就把不良情绪带到工作中。导游每天都是超负荷工作，如果把我们作为发泄对象，那我们怎能心情愉快地为游客服务呢？ 全陪：是我错怪你了，我为这几天的不佳情绪深表歉意，以后工作中我一定注意调整自己的情绪，一定好好配合工作。	游客心理分析：______ ______ ______ ______ ______。 旅游从业者心理分析：______ ______ ______ ______ ______ ______。 心理调适技巧：______ ______ ______ ______ ______ ______。		
努力方向：		老师建议：	

训练二：运用“社会测量技术”来测量一下班级的人际关系情况并依据结果进行人际关系大讨论。

第一步：对全班学生人际关系测量。请同学们用一张纸写出“在这个班级中你最喜欢的3个人，按喜欢的程度依次排列。”“再写出这个班级你最不喜欢的3个人，按不喜欢的程度依次排列。”，然后交给老师，由老师和班长按表8-1-2统计出每人每项的人数。

温馨提示：

1．你的选择必须是班级内的同学，包括缺席的同学。

2．除了你和老师，任何人都不会看到你的选择，请放心选择。

3．一定要认真填写。

表 8-1-2 人际关系测量统计表

等级 选择对象	最喜欢	次喜欢	再次喜欢	次不喜欢	最不喜欢	被排斥
张三						
李四						
王二						
……						

第二步：对学生个体在集体中的人际关系距离的计算与分析。

计算团体的社会距离分数，即所有成员对团体某一成员选择结果的统计，其公式为：

团体社会距离分数 = 团体中所有成员对某成员评分之和 /(总人数 -1)

现以所有成员（班级 30 人）对张三的选择结果为例，统计结果如表 8-1-3 所示。

表 8-1-3 人际关系测量统计计算表

等级 选择对象	1 分	2 分	3 分	4 分	5 分	6 分
	最喜欢	次喜欢	再次喜欢	次不喜欢	最不喜欢	被排斥
张三	5 人	6 人	10 人	5 人	4 人	0 人
……						

张三的团体社会距离分数 =(1 × 5+2 × 6+3 × 10+4 × 5+5 × 4+6 × 0)/29=3（分）

该得分越高，表明此人在团体中的人际关系越疏远，团体排斥程度越大，也表明此人人缘越差。

第三步：对全班每个学生的人际关系进行统计与分析。

人际关系矩阵是根据测量团体人数（n，假设本班人数 30 人），制成行列表，横排表示选择者的选择或排斥关系，纵列表示被选择者每一项的得分。首先将各等级分数调整为表 8-1-4 所示。

表 8-1-4 人际关系测量赋分表

3 分	2 分	1 分	-1 分	-2 分	-3 分
最喜欢	次喜欢	再次喜欢	次不喜欢	最不喜欢	被排斥

选张三“最喜欢”的人数 n × 3 分，就是“最喜欢”的总分，其他项依此类推。

其次对数据进行统计，统计表部分如表 8-1-5 所示（仅作参考）。

表 8-1-5 人际关系测量结果统计表

态度 被选择者	最喜欢	次喜欢	再次喜欢	次不喜欢	最不喜欢	被排斥	总计
张三	18	10	8	-1	-2		33
李四	12	2	2	-1	-2		13
王五	3	2	1	-2	-2	-6	-4
陈六		-2	1	-5	-4	-3	-13
……	……	……	……	……	……	……	

从表中可以看出，张三总得分最高，表示他人际关系最好，陈六得分最低，表示他人际关

系最差，得分的高低可以判断一个人在团体中的人际关系的好坏，得分越高，人际关系越好，受到团体的欢迎；反之，得分低，人际关系差，不受团体的欢迎，甚至受到排挤或遗忘。

第四步：如表 8-1-6 所示，选出班级中人际关系测量分数排在前面的 5 名同学，当选为“外交大使”，师生共同探讨他们人际关系的魅力在哪里，5 名同学阐述自我感悟；再选出分数排在后面的 5 位同学，共同探讨他们的问题在哪里，并提出好的建议。最后总结获得良好人际关系的技巧。

表 8-1-6　人际关系能力分析评价表

“外交大使”排名		师生共同评价	自我感悟	建　　议
1	张三			
2	李四			
3	……			
4	……			
5	……			
结论				

训练三：如表 8-1-7 所示，请同学们分成几个组，每组的同学们分别分析自己人际交往中的魅力因素和缺陷，并请同学们互相加以评价和分析。每个人做好总结，并在实践中自觉应用，从而提高自己的人际交往能力。

表 8-1-7　人际关系能力分析评价表

项　　目	自我评价	小组评价	建　　议
我的人际魅力			
我的人际缺陷			
我的改进方案			

训练四：请同学们分组讨论，当压力来临时，各自的压力表现有哪些方面？我们常用的防御方法有哪些？互相交流，掌握几种减压的方法。

我的压力表现：

____。

我的防御措施：

1. ____。
2. ____。
3. ____。
4. ____。

学习评价

学习评价表如表 8-1-8 所示。

表 8-1-8 学习评价表

评价项目	评价内容	小组互评		老师评价	
调适能力	能够理解游客的心理需求，做好自我心理调适	Yes	No	Yes	No
	能够解读自身心理状况，做好自我心理调适	Yes	No	Yes	No
	能够建立良好的人际关系	Yes	No	Yes	No
	能够自我控制不良情绪，做好心理调适	Yes	No	Yes	No
	能够自我减轻心理疲劳	Yes	No	Yes	No
	能够灵活运用心理调适方法	Yes	No	Yes	No
调适知识	相关心理学知识	Yes	No	Yes	No
	旅游从业人员日常心理分析和调适技能	Yes	No	Yes	No
调适态度	乐观积极的工作和生活态度	Yes	No	Yes	No
	善于钻研、肯于探索的工作精神	Yes	No	Yes	No

课后练习

1．简述旅游从业人员日常工作中常会遇到的心理问题。

2．工作压力会导致哪些问题出现？我们常用的应对压力的策略有哪几种？

3．如何建立良好的人际关系？

4．旅游从业人员该如何减轻心理疲劳？

5．探访学长和有经验的老导游，了解他们的工作状态和常用的心理调适方法，并做好记录和总结。

任务二 旅游从业人员特殊情境心理调适与技巧

由于旅游工作的特殊性，旅游从业人员必须独自承受和面对接待、接团、旅途、游览、购物等过程，难免会遇到的一些特殊的情境，产生挫折感。在面对特殊情境时能否勇于承担责任，尽最大努力把突发危机事件的危害减小到最低，进而在危机中发现生机，这关键在于旅游从业人员在面对特殊情境时，能否处变不惊、从容应对，能否体现出超强的抗挫折能力和应激能力。这需要旅游从业人员具有良好的心理素质和优秀的心理调适能力才能实现。

情景描述

26 岁的导游刘琼带团到五大连池，不幸遇到了百年不遇的龙卷风（见图 8-2-1），宾馆停水停电（见图 8-2-2），女游客惊慌失措，男游客抱怨不断。刘琼面对这种情形，格外的沉着冷静，显示出这个年龄少有的成熟和果断。她告诉大家不要擅自行动，并幽默地说："亲爱的各位团友，我们可真幸运，五大连池从来都没刮过龙卷风，居然让我们今晚赶上了，这边的风景一定是别样的风味，特别是今天连电都没有了，想必我们可以在一个纯自然的环境里游玩了。等明天早晨我带大家去泉边打矿泉水洗脸，这可是国家领导级的贵宾待遇啊！”

图 8-2-1　龙卷风来袭

图 8-2-2　宾馆停水停电

心理调适技巧分析

导游刘琼所经历的这种特殊情境，很多导游都会遇到，有的情境甚至比龙卷风还要危急，比如丢失游客、游客东西被偷、游客无理刁难、交通事故、客人发病或猝死、游客间发生激烈矛盾等情境，刘琼之所以面对特殊情境能够沉着冷静、果断、幽默地在危机中发掘生机，给游客充足的踏实感和安全感，这得力于导游员平日良好的心理素质培养和较强的抗挫折能力和应激能力的训练。

1. 挫折的自我心理调适

（1）正确认识挫折，客观分析原因

人生难免会遇到挫折，它既可使人走向成熟、取得成就，也可能破坏个人的前途，关键在于你怎样面对挫折。英国哲学家培根说过："超越自然的奇迹多是在对逆境的征服中出现的。"，没有河床的冲涮，便没有钻石的璀璨；没有挫折的考验，也便没有成长的快乐。因此，旅游从业人员在面对挫折时坦然面对，把它看做自我砺练的试金石，吸取教训，分析原因，冷静地解决问题，对自我的成长会起到促进作用。

（2）学会自我接纳，树立坚强信念

学会做到对自己进行比较全面客观的认识，正视自己的优缺点，接受自我，欣赏自我，并在此基础上发展自我，不断完善自我。同时树立坚强信念，在面对挫折时，坚忍不拔，不气馁，凭借自己坚强的意志去面对挫折，勇于接受挑战，顺利完成工作任务。

（3）运用合理方法，学会心理防御

① 沉着冷静，不慌不怒。

② 审时度势，迂回取胜。

③ 移花接木，灵活机动。倘若原来太高的目标一时无法实现，可用比较容易达到的目标来替代。

④ 情绪转移，寻求升华。可以通过自己喜爱的唱歌、听音乐、舞蹈、体育锻炼、娱乐活动等方式，使情绪得以调适，情感得以升华。

⑤ 学会幽默，自我解嘲。“幽默”和“自嘲”是宣泄积郁、平衡心态、制造快乐的良方。

⑥ 学会宽容，勇于承担。越是遭受挫折，越是要谦让，对别人宽容大度，勇于自我承担责任。

⑦ 转移目标，学会补偿。当我们为了弥补自己某些方面的不足，就在其他方面加倍努力，力求出类拔萃，以求得心理上的平衡，保持自我价值感。

2. 情绪的自我调适

旅游服务工作中，旅游从业人员在与同事和游客接触的过程中难免会产生怨气、怒气和委屈。这都会造成情绪焦虑、抑郁，伤人又伤己，不仅影响人际关系，也影响身心健康，对服务工作也会带来影响。下面介绍一些调节情绪的方法。

① 学会放松。当你过分紧张愤怒的时候，可通过身体的放松来缓解心理的紧张。深深地吸一口气，然后慢慢地呼气，同时不断地暗示自己“放松”、“放松”，把注意力集中在有趣的事物上并停留几分钟。可重复进行，直至不良情绪缓解。

② 学会转移。在发生情绪反应时，头脑中有一个较强的兴奋灶，此时，如果另外建立一个或几个新的兴奋灶，便可以抵消或冲淡原来的优势中心。例如当你有不良情绪要爆发时，试着做以下活动，迎朝阳（见图 8-2-3 所示）、赏花草、听音乐（见图 8-2-4）、观山水、散散步、睡好觉……，这样可摆脱不良情绪的困扰，也为自己换一副好心情。

图 8-2-3 迎朝阳

图 8-2-4 听音乐

③ 学会宣泄。当情绪发作时，人体内潜藏着一股能量，需要借助情绪和发泄来加以释放。否则，长期积累起来，将有害身心。所以，如果一个人有不愉快的事情感到委屈、气氛、悲伤时，不要压在心里，而要把胸中的不平和愤怒，向认为合适的人诉说出来或大哭一场，也可以考虑与引起愤怒的人交换意见，把话说开，都是释放的好方法。

④ 学会自慰。当一个人追求某项事情而总得不到时，为了减少内心的失望，常常为失败找一个冠冕堂皇的理由，用以安慰自己。即“酸葡萄心理”和“甜柠檬心理”，以此冲淡内心的不安与痛苦。

⑤ 学会期望。给自己一个愉快的期望，然后努力去实现它，如制订一份休闲计划。如果能制订一份既愉快而又切实可行的休养身心的计划，那么，在这个时间还未到来之前，你的心情会是愉快且充满希望的。

3. 特殊情境的自我放松方法

旅游从业人员在遇到特殊情境时难免紧张、焦虑、不知所措，甚至使生理与心理活动失去平衡，很难从烦恼、愤恨、紧张、惊慌等不良情绪中解脱出来。通过下面的几种方法可实现内心的平静与淡定效果：

① 深度呼吸训练。全身放松，闭上眼睛，注意体会自己的肺部在一张一合地呼吸，边呼吸边在心里计数。深深地吸气，屏住呼吸，再深深地呼气。吸气时，想象从身体的毛孔中吸进新鲜的空气，呼出污浊的气体，渐渐地你会感觉到身体各个部位都很放松，很通畅，仿佛整个身体融入了大自然中（见图 8-2-5）。

② 静坐与冥思（见图 8-2-6）。有时候，你可能觉得自己的思维很混乱，不能专心地做自己想做的事情。此时你应该收心摄念、闭上眼睛，先静下心来，反视一下自己现在在想什么。一个想法出现了，不要去理它。这时你会发现，你不理它时，它自己就悄悄地溜掉了。这样随想几十分钟，慢慢地睁开眼睛，会感觉到眼睛比先前明亮多了，思路也清晰了，思维也更敏捷了。

图 8-2-5　融入大自然

图 8-2-6　静坐与冥思

③ 自我暗示。自我暗示是运用内心语言或书面语言的形式来自我调节情绪的方法。如心里默念“放松”、“清静”、“别发火”、“我能行”等，每次重复 3 ～ 5 遍。这种方法既可用来松弛过分紧张的情绪，使心里平静，也可用来调节身体局部或全身各部位的紧张状态。此外，这个方法还可用来激励自己的斗志。

④ 意象训练。意象训练的基本原理就是通过想象轻松、愉快的情境（如大海、山水、瀑布、蓝天、白云等），达到身心放松，情绪舒畅的目的。意象训练的效果取决于想象的生动性和逼真性，意象越清晰生动，放松的效果就越明显。这种方法不仅能消除疲劳，恢复精力，长时间坚持训练还可以达到开发智力的效果。

4. 旅游企业员工挫折管理

尽管旅游企业管理者采取种种措施防止员工挫折感的产生，但在实际工作中，由于员工的心理素质存在着差别，生活和工作中的挫折感在所难免。因此，对处于挫折困境中的员工，管理者应采取有效的办法减轻其消极情绪和行为，帮助员工走出挫折困境。

（1）对受挫折的员工要宽容相待

当一名员工遭受挫折时，大多会丧失斗志、心灰意冷，非常需要他人的关心和照顾。因此，旅游企业的管理者或其他员工应持宽容的态度，将受挫者看成是需要帮助的人，帮助他们分析挫折产生的原因并吸取经验教训，而不是漠不关心，更不是嘲笑和讽刺。让受挫者感到温暖，从而降低不良情绪，实现心理平衡。

（2）引导员工正确对待挫折

旅游企业管理者应以鼓励的方式积极地引导员工正确地认识挫折，将挫折的消极体验转化为奋发图强的动力，理性认识挫折并采取积极的、健康的心态和行动有效地应对挫折，使员工尽快地摆脱挫折后的不良情绪。

（3）改变受挫员工的工作环境

旅游企业管理者应创造条件改变员工挫折的工作环境，一是调离原来的工作岗位，避免员工因“触景生情”而继续体验挫折感；二是改变员工工作环境的心理气氛，给受挫者以心理上的同情和温暖。

（4）及时排解员工的不良情绪

管理工作者要注意运用处理人际关系的艺术和技巧，首先疏导受挫员工的不良情绪；然后创造和谐的氛围以利于进一步沟通；最后，适当应用发泄方法，即创造一种情境，使受挫折者可以自由表达他们受压抑的情感。这可以缓释和消除受挫折者紧张、焦虑的情绪，使其恢复正常的理智状态。

相关知识

1. 情绪和情商

（1）情绪

情绪是人们对客观事物是否符合、是否满足自己的需要、愿望或观点而产生的一种内心的体验，是人们由于外界刺激而引起的生理和心理变化，进而产生的主观体验和心理反应。

情绪是由刺激、认知、主观体验、情绪与行为反应等几部分组成的反应过程。这几部分的关系是：出现刺激情境→对情境进行认知和评价→产生主观的情绪体验→表现出不同的情绪反应和行为反应。

人类最基本的 4 种情绪为快乐、愤怒、恐惧、悲哀。

人的情绪往往带有很强的情境色彩，根据情绪发生的强度、速度、持续时间的长短，可以把情绪的状态划分为 3 种：

① 心境：是一种较微弱、持久而具有渲染性的情绪状态。

② 激情：是一种强烈而短暂的、爆发性的情绪状态。

③ 应激：是人对某种意外的环境刺激所做出的适应性的反应。

3 种状态对人的工作和生活都会产生影响。良好的心境是身心和谐的象征，是心理健康的标志。它能使人从内心到外表都感染上愉快的情绪、更容易使人享受到生活的乐趣。积极向上、乐观的心境还有助于提高人的工作效率，增强成功的可能性；积极的激情与理性、坚强的意志相联系，能产生英雄壮举；良好的应激状态可以让人在紧急关头沉着应对。

（2）情商

情商即“情绪商数”，英文表达是 Emotional Quotient（EQ），主要是指人在情绪、情感、意志、耐受挫折等方面的品质。EQ 的内容包括认识自身的情绪、妥善管理自己的情绪、自我激励、认知他人的情绪、人际关系的管理。

什么是情商？美国耶鲁大学心理学家彼得·塞拉维从以下 5 个方面阐述了 EQ 的内涵：

① 随时认知自身的情绪。在某种情绪刚一出现时，便能察觉到并能对其进行理性的审视，这是情感智商的核心。不能认识自身真实感受的人，常常沦为情绪的奴隶；反之，只有把握住自我情绪的人，才能成为生活的主人。

② 能妥善管理情绪。也就是能有效地调控自我情绪，使其表达适时、适地、又适度（这种管理能力必须建立在自我认知的基础上）。要会化解不良情绪，例如如何自我安慰，如何摆脱焦虑、沮丧、激怒、烦恼等消极情绪。

③ 会自我激励。自我激励是指为了实现某一目标而调动、指挥自我情绪的能力。一个人要想集中注意力，激励自我，发挥创造性，就必须具备这种能力。成就任何事业都需要对情绪加以控制，如推迟欲望的满足，抑制冲动的情绪，保持高度的热忱等。具备此种能力的人做任何事情都更有效率，更易成功。

④ 能认知他人的情绪。也叫移情（同情心），具有这种能力的人，能通过细微的社会信息感受到他人的需求和欲望。

⑤ 善于管理人际关系。人际关系管理是调控他人情绪的一种艺术。一个人的人缘、领导能力、人际和谐程度等都与此项能力有关。擅长处理人际关系者，凭借与他人的和谐关系即可事事顺利，使之成为社会上的佼佼者。

可见，情商是一种驾驭自己的能力，高情商的人可以驾驭自己的情绪、思想、意志等，让自己努力去实现愿望。研究表明，人的成功是由 20% 的智商和 80% 的情商决定的。

2. 心理健康的一般标准

虽然世上不可能有适用于任何人的任何心境的心理健康标准，但人们仍在不断探究，并总结出如下心理健康的一般标准：

① 充分的安全感。

② 了解自己并对自己的能力进行适当的评价。

③ 生活的目标能切合实际。

④ 与现实环境保持接触。

⑤ 能保持人格的完整与和谐。

⑥ 具有从经验中学习的能力。

⑦ 能保持良好的人际关系。

⑧ 适度的情绪表达及控制。

⑨ 在不违背团体的要求下，能做有限度的个体发挥。

⑩ 在不违背社会规范的情况下，对个人的基本需求能适当的满足。

3. 导游人员应具备的心理素质

（1）良好的认知能力

作为导游员要有敏捷的认知能力，在认知的过程中注意力要集中，应尽量扩大注意的广度，既具备注意分配和注意迅速转移的能力。导游员平时要多加锻炼，做到“眼观六路耳听八方”，而不致于顾此失彼，手忙脚乱。同时还要“瞻前顾后”，照顾到每位游客。

有了良好的注意力，才会提高认知能力。导游在接团的瞬间就要感知、判断、思考游客的特点，对游客有个初步的认识。在带团游览过程中，要具备较强的记忆力和丰富的想象力。

（2）积极的情感体验

导游在和游客交往的过程中，要表现出积极、乐观、开朗的情感体验（见图 8-2-7），在这种积极的暗示和感染下，游客不仅会配合工作，还会有一个快乐的旅游行程；在带团的过程中导游还要学会控制自己的不良情绪，尽快转变心情，保持良好的心境（见图 8-2-8）；同时还要时刻保有童心、爱心，充满激情和热情地为游客做好服务。

图 8-2-7　乐观、开朗的情绪

图 8-2-8　良好的心境

（3）坚强的意志品质

导游工作是一个需要付出体力的艰辛过程，带游客上山时，无论多么艰险，导游都必须在旅游者面前表现出充分的自信和坚韧。在遇到突发事件时，导游要沉着冷静，坚韧果敢，短时间内妥善解决问题，才能博得游客的信任和敬佩。

（4）较强的能力品质

在导游工作中，导游通过语言表达，向游客传达各种信息，使之从中陶冶情操，增长见识。因此，具备较好的语言表达能力是做好导游服务工作的关键。

同时，导游应有良好的感知力和观察力，要善于观察旅游者并敏锐地感知其不同的心理反应，及时调整讲解的方式和相应的服务，采取必要的措施并运用多变的手法，保证旅游活动的顺利进行。

另外，导游还要有较强的预见能力和心理应激能力。导游应善于从各种现象或得到的各种信息中预见可能会出现的困难或是危险，以平静的心态，审时度势，并且灵活机动地采取相关措施以避免和消除可能发生的意外事故。在发生突发事件时，能够正确看待挫折，保持良好心态，机智灵活地把损害降到最低，圆满完成任务。

心理调适训练

训练一：对同学们的抗挫折能力进行测量，并能对挫折情境进行心理分析与调适。

第一步：测测你的挫折耐受力，请同学们如实回答下列问题，把认为符合自己情况的字母填在括号内。

1．如果有令人焦虑的事发生，你会：（　　）

A．完全无法继续做事　　B．没有影响　　C．介于两者之间

2．当令你烦心的对手出现时，你会：(　　)

A．凭冲动做事，不控制情绪　　B．能克制自己，冷静面对　　C．介于两者之间

3．当生活碰到失意时，你会：(　　)

A．干脆放弃　　B．吸取教训，重新开始　　C．介于两者之间

4．当生活出现阻碍时，你会：(　　)

A．一直担心，不能集中精力　　B．仔细考虑，解决问题　　C．介于两者之间

5．事情做得太多感到很累时，你会：(　　)

A．无法继续下去　　B．坚持工作　　C．介于两者之间

6．所处的条件很差时，你会：(　　)

A．因为条件太差没法干　　B．克服一切，积极改善现状　　C．介于两者之间

7．当人生陷入低谷时，你会：(　　)

A．听之任之，不做反抗　　B．积极奋斗　　C．介于两者之间

8．有难以解决的问题时，你会：(　　)

A．灰心丧气　　B．想办法做好　　C．介于两者之间

9．面临一个大难题或自己不想做的事时，你会：(　　)

A．拒绝它　　B．想办法做好　　C．介于两者之间

10．受到很大的挫折时，你会：(　　)

A．彻底绝望　　B．吸取教训再接再厉　　C．介于两者之间

计分：选 A 记 0 分，选 B 记 2 分，选 C 记 1 分

得分为 17 分以上，说明你的挫折承受力较强，是值得祝贺的！

得分为 10 ～ 16 分，说明你的挫折承受力一般，需要继续加强。

得分在 0 ～ 9 分，说明你的挫折承受力较差，需要参照各种问题的合适选项，积极锻炼自己。

第二步：如表 8-2-1 所示，请同学们以小组为单位，模拟表演下列情境，并请每组中挫折承受力较差的同学充当导游员小章，其他同学分别扮演“吸烟游客”、“管理员”和其他游客。表现在遇到挫折时该如何调整情绪，消除挫折感。

表 8-2-1　旅游从业人员特殊情境的心理分析与调适训练评价表

情景描述	旅游从业者心理分析与心理调适技巧	组间评价	老师评价
小章是某文物景区的导游员，在接待一个团队时，一名烟瘾特别大的游客因抽烟与景区管理员大吵起来，并要求罚款 30 元。 吸烟游客：你们这里也没有“禁止吸烟”的牌子，我怎么知道？ 景区管理员：那不是在拐角处写着呢？（手指向楼角处）不行，就得按规定罚款 30 元。 吸烟游客：不行，就是不给，你能怎么着吧？ 两人争执不休。	游客心理分析：________________________________。 旅游从业者心理分析：________________________________。 旅游从业者心理调适技巧：________________________________。		

续表

情景描述	旅游从业者心理分析与心理调适技巧	组间评价	老师评价
小章正在讲解，闻声走过去。 小章：你们二位就别吵了，有事互相商量，别伤了和气，否则影响了大家的情绪。 吸烟游客：对了，这事怪你。你事先没有提醒，责任在你不在我。 小章：…… 小章很尴尬，而且大煞其他游客的游兴。	游客心理分析：____。 旅游从业者心理分析：____。 旅游从业者心理调适技巧：____。		
小章为了尽快解决问题，就自己掏了30元，了解此事。 事后小章感觉特别憋屈，讲解的情绪也没有那么高涨了，心想：我怎么那么倒霉呢！	游客心理分析：________________________________。 旅游从业者心理分析：____。 旅游从业者心理调适技巧：____。		
努力方向：		老师建议：	

训练二：案例分析。

小高的一天

小高是某旅行社的导游，一天早晨，他7点才醒来，发现已经睡过了头，他惊慌地意识到他今天要去接团，而且已经来不及了！为了尽快出发，他加快速度，结果刮胡子时脸被刮破，早餐也没吃上，脑子里还不时闪现游客找不到接团的导游时的不满的表情。在公路上，由于不能变换车道，他们所坐的车只能跟在一辆行驶缓慢的汽车后面。他在心里小声咒骂着前面的司机。

一到飞机场，就看见已经等得不耐烦的满脸不高兴的游客。他忙不迭地向游客们解释，心理懊恼极了。小高在车上不断地听到游客的埋怨，致使他的自我介绍和欢迎词乱得一塌糊涂。由于慌乱他又不小心把一位游客的旅行水杯碰掉在地上，大家一起盯着他，让他更加窘迫不安。

晚上回家又累又紧张，再加上情绪急躁，小高对孩子发了脾气，又惹恼了妻子，两人争吵起来。整个晚上小高躺在沙发上，盯着天花板直到第二天凌晨。后来终于睡着了，结果他又睡过了头，依旧是急躁不堪。

讨论分析：

（1）小高紧张的最主要原因是什么？在工作中应该如何避免？

（2）小高是如何处理这些紧张情绪的？你遇到此类事件应该如何调整自己的情绪？

（3）请同学们分成小组讨论：小高应该采取哪些行动去更好地处理他所遇到的困难。

（4）每组把正确的应对挫折的措施和情绪调整的情景表演出来，做好相应的心理分析和小组互评，填入表 8-2-2 中。

表 8-2-2 旅游从业者心理分析与心理调适技巧训练评价表

服务情景描述		旅游从业者心理分析与心理调适技巧	组间评价	老师评价
第一组		游客心理分析：______ ______ ______。 旅游从业者心理分析：______ ______ ______ ______。 旅游从业者心理调适技巧：______ ______ ______。		
第二组		游客心理分析：______ ______ ______。 旅游从业者心理分析：______ ______ ______。 旅游从业者心理调适技巧：______ ______ ______。		
第三组		游客心理分析：______ ______。 旅游从业者心理分析：______ ______ ______。 旅游从业者心理调适技巧：______ ______ ______。		
努力方向：			老师建议：	

学习评价

学习评价表如表 8-2-3 所示。

表 8-2-3 学习评价表

评价项目	评价内容	小组互评		老师评价	
调适能力	能够理解游客的心理需求，做好自我心理调适	Yes	No	Yes	No
	能够解读自身心理状况，做好自我心理调适	Yes	No	Yes	No
	具有良好的挫折耐受力	Yes	No	Yes	No
	能够自我控制不良情绪，做好心理调适	Yes	No	Yes	No
	能够自我减轻心理压力	Yes	No	Yes	No

续表

评价项目	评　价　内　容	小组互评	老师评价
调适知识	相关心理学知识	Yes　No	Yes　No
	旅游从业人员特殊情境的心理分析和调适技能	Yes　No	Yes　No
	旅游从业人员应具备的心理素质	Yes　No	Yes　No
调适态度	乐观积极的工作和生活态度	Yes　No	Yes　No
	善于钻研、肯于探索的工作精神	Yes　No	Yes　No
	面对挫折百折不挠的坚强毅力	Yes　No	Yes　No

课后练习

1. 旅游从业人员应具备哪些心理素质？
2. 在特殊情境下我们该如何调适自己的不良情绪？
3. 走访学长和老导游，了解他们曾经遇到的挫折和相应的解决方法，并做好总结记录。

附录

心理学和旅游心理学概述

一、心理学概述

（一）什么是心理学

心理学是研究人的心理现象或心理活动发生、发展及其规律的科学。

心理学（Psychology）研究人的行为和心理活动的规律。人的心理活动发生在头脑内部，对于这种头脑内部的活动我们无法直接观察或度量。但是心理活动总是由外部引起并由外部行为表现，人们外显的行为表现是受内隐的心理活动支配和调节的。通过对行为的观察，我们可以实现对内部心理活动的了解；其次，心理学要研究心理和行为的活动规律。心理活动在行为中产生，又在行为中得到表现和发展。两者之间的联系是按一定的活动规律进行的。

（二）心理学的研究内容

1. 心理过程

心理过程是人脑对客观现实的反映过程，包括认知过程、情感过程和意志过程 3 个方面。其中认识过程是基本的心理过程，情感和意志是在认识的基础上产生的。

（1）认知过程

认知过程是指人在认识客观事物的过程中，为了弄清客观事物的性质和规律而产生的心理现象。感觉、知觉、记忆、想象和思维等心理活动，在心理学中统称为认知过程。

（2）情感过程

情感过程是指人在认识客观事物的过程中所引起的人对客观事物的某种态度的体验或感受。“愉快”、“满意”、“厌恶”“欣慰”、“遗憾”等心理活动，在心理学中统称为情感过程。

（3）意志过程

意志过程是指由认知的支持与情感的推动，使人有意识地克服内心障碍与外部困难而坚持实现目标的过程。

2. 个性心理

个体心理是每个个体所具有的稳定的心理现象，包括个性倾向性和个性心理特征两个方面。

（1）个性倾向性

个性倾向性是个性心理的重要组成部分，是决定个体对事物的态度和行为的内部动力系统，是具有一定的动力性和稳定性的心理成分。它对相关的心理活动起着支配和控制的作用。

（2）个性心理特征

个性心理特征指个体身上经常表现出来的本质的、稳定的心理特征，主要包括能力、气质和性格，其中以性格为核心。

（三）心理的实质

心理是脑的机能，任何心理活动都产生于脑，即心理活动是脑的高级机能的表现；心理是对客观现实的反映，即所有心理活动的内容都来源于外界环境；心理是外界事物在脑中的主观能动的反映。

1. 心理是脑的机能

从进化论看，只有在动物产生神经结构后才有心理活动。随着脑结构的产生及复杂化程度的不同，心理活动亦相应发展和复杂化。从个体发育来看，随着脑的发育、复杂，心理活动亦相应发展。脑的生理学研究也证明，各种心理活动都和一定的脑部位相关，如视觉在枕叶，听觉在颞叶后部，记忆在海马、颞叶、额叶，意志、人格在前额叶。临床观察也证明，任一部位脑损伤时除发生生理功能障碍外，也发生心理障碍。由上述可见，各种心理都产生于脑，人的心理是人脑的机能。

2. 心理是对客观现实的主观能动的反映

脑是心理的器官，但脑本身并不产生心理。人的心理是客观现实在人脑中的反映，客观现实是心理的源泉和内容。没有客观现实，即没有被反映者，就没有反映(心理)，而被反映者是不依赖于反映者而独立存在的。因此，只有在客观现实的作用下，才能产生心理，那怕是虚构的神话(如孙悟空)，也是客观现实的某种反映。据此，我们说人的心理是客观现实在人脑中的反映。

客观现实包括自然环境和社会生活。这两者都是人的心理的源泉，而社会生活是人的心理更为重要的源泉，它是人们的心理的决定因素。因为人是社会的实体，人如果没有人类的社会生活，离开了人类社会经验，就是具备了产生人的心理的物质前提——人脑，也是不可能产生人的心理的。

人的心理作为对现实的反映，是通过感官、大脑而产生的。然而，人的感官、大脑产生心理又不是消极被动的，而是与一个人的知识经验和主观能动性有密切关系。人的知识和经验不同，主观能动性不一样，主观能动性不一样，他们对同一事物的反映及对行为的调节和控制就不同。因此，我们说人的心理是对客观现实的主观能动反映。

二、旅游心理学概述

旅游心理学是心理学的一门新兴的应用性学科，它是把心理学的相关研究成果和有关原理及研究方法运用到分析、了解旅游这一现象而产生的。

（一）旅游心理学的形成和发展

旅游心理学形成的条件，一方面是心理科学的发展为旅游心理学的形成和发展提供了理论和方法；另一方面是商品经济的发展，尤其是旅游业自身的发展，对旅游心理学的形成和发展提出了客观要求。

（二）旅游心理学的研究对象

旅游心理学是研究与旅游现象有关的人的心理活动及其规律的学科。旅游心理学是研究旅游活动过程中人们的心理及其规律科学。旅游心理学的研究内容归纳为以下 3 个部分：游客的心理研究、旅游服务心理研究和旅游企业管理心理研究。游客心理研究主要包括游客的知觉、游客的态度、游客的个性、游客的情绪。旅游服务心理研究主要包括饭店服务心理、导游服务心理、旅游其他服务心理。旅游企业管理心理研究主要包括旅游企业中的员工心理、旅游企业中的团队心理、旅游企业领导者的心理风貌与风范。

（三）旅游心理学的研究内容

从研究旅游心理学的具体内容来看，主要包括以下几个方面：

① 认识研究旅游心理学的意义，掌握好旅游心理学的基础理论，是研究旅游心理学的基本前提。

② 研究旅游者的心理。旅游者是旅游活动的主体，旅游服务的主要对象，也是旅游决策者。了解旅游者心理活动的规律、特点，掌握研究旅游者心理的方法，才能更好地为旅游者服务。该内容的研究较少涉及对旅游者的生理因素和自然、社会环境因素等，而是主要定位于对旅游者心理因素的研究上。目的在于突出原理的系统性和学科的针对性。

③ 研究旅游经营过程中的服务心理。旅游服务是旅游业的灵魂。服务质量关系到旅游业的兴衰成败。在饭店服务、导游服务和旅游商品服务等方面，要想提高服务质量，除了研究旅游者心理外，还要研究旅游服务人员心理及两者的关系心理，为旅游者提供情感化、个性化、针对性的服务。

④ 研究旅游企业管理中的管理心理。旅游心理学研究如何在管理工作中遵循人的心理和行为的特点而采取有效的措施，根据员工的不同心理特点，开发人力资源，研究如何调节和控制个体行为、群体行为及领导行为。

（四）研究旅游心理学的意义

① 有助于提高旅游服务质量，进而提高人们的生活质量。

② 有助于提高旅游企业的经营和管理水平，进而促进旅游事业的发展。

③ 有利于科学、合理地开发旅游资源和安排旅游设施。

参考文献

[1] 田利军，张惠华，是丽娜．旅游心理学 [M]．北京：中国人民大学出版社，2006.
[2] 周静莉．旅游心理学 [M]．北京：电子工业出版社，2008.
[3] 孙喜林，荣晓华．旅游心理学 [M]．大连：东北财经大学出版社，2007.
[4] 苏立，侯爽．旅游心理学 [M]．北京：电子工业出版社，2008.
[5] 庄静．旅游心理服务与技巧 [M]．北京：中国劳动社会保障出版社，2009.
[6] 王春梅，向前．导游员的心理压力与心理调适 [J]．兰州：甘肃农业，2006（1）
[7] 单凤儒．营销心理学 [M]．北京：高等教育出版社，2005.
[8] 聂建波．旅游心理与行为 [M]．长沙：湖南大学出版社，2010.
[9] 郭鲁芳．旅行社经营管理 [M]．大连：东北财经出版社，2002.
[10] 张建融．旅行社运营实务 [M]．北京：中国劳动社会保障出版社，2011.
[11] 彭萍．旅游心理学 [M]．重庆：重庆大学出版社，2008.
[12] 杜江．旅行社经营管理 [M]．北京：旅游教育出版社，2002.
[13] 熊晓敏．旅行社 Sales 外联营销手册 [M]．北京：中国旅游出版社，2009.
[14] 孙庆群，范黎光．旅游心理学 [M]．北京：化学工业出版社，2007.
[15] 张凌云．旅游景区景点管理 [M]．北京：旅游教育出版社，2004.
[16] 周艳波，邢洪君．洞察人心的 18 种方法 [M]．北京：中国水利水电出版社，2006.